書蟲生活

——悅讀中人在天堂

黃岳年 著

認識大陸作家系列

感謝你，我的朋友（代序）

曉漢兄好！

寄來的舊籍新刊十種，已經收到了。心裏洋溢的高興，筆墨寫不出來。那天你打電話，說要寄這些書來，有的部頭很大，很厚重，放在你那裏沒什麼用。我知道，你那是謙虛話。你的用意，是因了我的嗜書如命，和我的喜歡經典，要為我找樂子的。

魯迅錄何瓦琴聯語云：人生得一知己足矣，斯世當以同懷視之。我們的相識，是因為書，我們的相知，也還是書。你說過，能給我的，也就是這些了。在心裏，我銘記著。無以為報，容我且讀且寫，在領受先哲豐厚賜予的過程中，體味無限美意帶來的喜悅。

感謝你，我的朋友。

人的一生是有限的，但生命創造的奇跡卻無限多。人的精神，就是這樣的奇跡。作為人類精神世界載體之一的書籍，可能會傳佈無涯，垂之永久，這也是奇跡，這也許是我們敬畏它、喜歡它的緣由。我們愛書，說到底也是熱愛生命、珍視生存的一種表現，是我們與生俱來的美德。一些人栽樹，一些人乘涼。一些人記錄了生命歷程中的奇觀，一些人在讀書中懂得並欣賞。博爾赫斯說那個過程，就是身在天堂了。從這個意義上說你給了我的，是多麼好的享受呢。

　　奉上拙編一冊，裏面的文字，你都知道，就不再饒舌了。希望你能喜歡，願你開心。

黃岳年

2009年10月31日　晚間

【卷一】

聽櫓小集

　　中午，親友們團聚，正要吃飯，郵遞員打來電話，說有我的郵件，就讓放在值班室。下午取到，是兩個印刷品掛號，一件是姑蘇王稼句先生寄來的《聽櫓小集》，先生俊雅的筆記豎寫在扉頁上：「岳年先生指正。王稼句己丑新秋於吳下。」旁邊是漂亮的朱方篆字印章：「王稼句贈」。書是中華書局印的，米黃精裝，書名是窄窄的紅色書籤樣，下墜一葉扁舟，上載弄笛人，精美極了。可人的書，我愛不釋手。責編李世文，於我曾有搜書之誼。《聽櫓小集》中收有為拙編《弱水書話》所作的序言。

　　先是，9月24日，稼句先生來信中曾說：「《聽櫓小集》已印出，給你寄上一冊，其中收入〈弱水書話序〉，聊存一段書情。」這段書情，當長存我心。中秋月圓的時刻，翻閱遠來書冊，幸何如之，幸何如之。10月5日清晨，先生復發來手機短信詢問《聽櫓小集》可收到？當時即覆，略云：「書是前天收到的。正閱讀中，深服行雲流水及廣博厚實之內容，並有悟於讀寫。先生書，我之無價寶也。包頭書愛家馮傳友昨夜自額濟納遠來，因路不熟，宿於六十公里之外的山丹。驅車往會，相聚甚歡，凌晨始回。言及先生北京雅集，羨甚。今日他將回，連張掖也來不得。」

　　展卷快讀，先生文字裏傳達出的透徹與寬厚，真實地濡染著我。〈題記〉裏說，「櫓聲欸乃」，「這聲音雖然已經是依稀邈遠了，但卻是那樣熟悉，那樣親切」，「在那船上，手裏一卷書，几上一壺酒，書讀得倦了，酒也喝得有點微

醺了，這時就聽聽櫓聲，聊聊水上逆旅的寂寞，就在這櫓聲裏，船在漸行，距離目的地也越來越近了。」櫓聲之外，是世間流傳著的高人逸人故事，或者是「一聲不語」的僧人故事。止庵可識，書船悠悠，吾家丕烈公，葉聖老，錢牧齋，古古今今，漫天飄播。

櫓聲裏飄灑而出的，是閱肆訪書的隔三差五，所得的實用的書，想要讀的好書，比如中華書局的《太平廣記》，等等。謬托知己，於先生處，有些造次，不過先生關於不很看重民國間整理的筆記、別集一類的書，以及一些相關的話，卻正對我的心思，比如「幾乎沒有什麼舊書，雖然對新文學比較有興趣，但讀的大都是新印本或影印本，因為我不想作什麼版本上的研究，如此讀讀，也就可以了。」從這個意義上說，對我的讀寫，這書就成了範本。先生追述，九零年後出書，給陸文夫，陸多次對他說：「你不要引經據典，文字太老氣了，你正年輕，這樣不好，如果非要用那些材料，應該化出來。」先生以為，「他規勸的，大概不僅是指文風問題，也出於對我健康的關心。」以後先生寫的文章，就基本上不引經據典了，《煎藥小品》就是代表作。我，是要把這個事刻在心裏，裝在腦門上，以後照辦起來。

或者更早，從《蘇州雜誌》開始，王稼句先生開始推出關於《浮生六記》的研究成果。我見到先生編校的典藏插圖本，是在嘉峪關的一個小書店裏，站著看了半天，還是嫌時間不夠。後來在先生的書裏，又看到了他對這書進一步的關注，是鉤沉和發現。這回看到的是《畫人沈三白》，那真是一個有眼光，有想法的人，他和乾隆狀元石韞玉為總角孩提之交，石有詩云：「我與沈三白，六法有所受。」勞苦困頓中，沈復曾在家中設書畫鋪謀生，在揚州，也是靠賣畫度日的。石也數次為三白的畫作題詩，並收入《微波詞》。從清末

到民國，隨著《浮生六記》的漸次深入人心，沈三白的畫，也漸次為人發現和推重，鄧之誠、張中行、鄧逸梅、史樹青都有記述。典藏本而後，現在看來，先生對沈三白的關注和研究，也還沒有停下來，是走的更遠了。

太平時節，零八年的先生與往年不一樣的，是朋友給了一張卡，在蘇州不買門票而能隨時入園。近處的滄浪亭裏，就多了一個蕭散的人。滄浪亭是有幸的，蘇子美建了園子後，今日有誰能稱得上是姑蘇名士呢？陸文夫去了後，先生曾連說蘇州沒有人啦，蘇州沒有人啦。

十年裏去得也沒有這半年多的滄浪亭，會為王稼句這半年的流連高興的，吃茶也好，約人也罷，或人影寥落，或老樹漫繞，總之是紅塵裏的佳處，人生中的情味。閒心情成就了先生的讀書和著述，「有什麼書看什麼書，想什麼書看什麼書。」好得很。

那年遊蘇州，大概是在拙政園吧，見有一個粉牆暗色的屋子，上面有一塊牌子，上面寫著柳如是故居的字樣，此前讀《柳如是別傳》，對奇女子已有印象，遺憾處是窄門緊閉，不能窺看。後來收讀相關的書，特別是上海古籍的大精裝本《柳如是文集》入手後，感覺所得已富，應不羨人了。這次讀到書中的《柳如是小影》，方知還差得遠。斯文於先生，是在深秋之夜漫讀舊籍聊慰寂寞的事，於我等讀者，則是欣慰無限、多識多知的佳遇良辰。柳如是生前入畫的三幅真跡，看來我是一幅也沒有看到，陳寅恪的書裏沒有收進，不怪，因為他那個時候是沒有辦法的，谷輝之輯的大本《柳如是文集》未收一幅像樣的，就讓人氣餒。若非稼句先生，我之眼目，在這點上或即成盲。

2009年10月6日寫畢，午間十二時報時鐘聲剛好響起，豔陽遠照，焚香啜茗，好看書也。

撥通讀書堂的電話

　　2009年4月14日，下午3點50分，撥通六場絕緣齋龔明德先生的宅電，那是「書香聖地——成都市玉林北街三十四號」的讀書堂。

　　電話的那一頭，傳來了熟悉而親切的聲音，是先生。先生在家啊，先生安好！言語間的欣喜穿越秦嶺，穿越巴山，過千里過萬里，傳達給可親可敬亦師亦友的龔明德先生。

　　從2005年開始，先生的文字就作了我的精神養分，先生的書自然成了我的案頭清供。不是天天讀，是天天在眼前，在身邊，也在心上。先生苦心，是要做成書香社會。蓋不了廣廈千萬間讓讀書種子在其間自由讀寫，就弄一個讀書堂在網上，地不分南北，人無論長幼，來者隨緣，言者有情，一言半辭，俱領雨露。點石成金，因人而異，因緣而異。我，是受益人之一。昨天，先生在堂上給我留言：「岳年：大著兩部（《弱水書話》）妥收，是好書，正在累倦中做休歇讀，謝謝。」06年夏，和先生在大草原相會，親承馨咳，得仰丰采，一席話勝讀十年書，茅塞頓開，喜盈心扉的我自此更好地邁向理想中的書世界。

　　電話裏的明德先生說，收到你寄來的《弱水書話》了，是好書，蠻好，蠻好。我知道，這是在鼓勵我。先生說，書中寫王稼句的那一篇好，我正在給研究生講課，就用那篇做範例，講結構，確實好。聽先生這樣說，我心裏的喜悅，有些不能自制，虧得不在先生面前，他看不見喜上眉梢的淺薄相。我

說，那篇文字在《出版人》和《書脈》上刊出過，後來又收入了《閒話王稼句》一書。

我向先生提出了不情之請。是新集成的文字一帙，取名《枕山集》，想入先生和阿泉編的紙閱讀文庫，想請先生作序。都沒來得及忐忑，先生的話已從天府之國傳了過來：可以呀，可以。先生囑咐，將文稿交給阿泉，定稿後小樣出來，看稿時便寫出序言，那時好寫。

事大如天，乾坤定矣。

又說起了新出的紙閱讀文庫第一輯，先生說給我簽名的自己的著作《有些事，要弄清楚》毛邊本已經弄好，是贈送的，不收錢。我說萬萬使不得，先生書好，得已不易，更兼簽名，稀有難逢，豈可吝惜區區幾十元不出，款已打出，先生勿復多言，我只等著拜讀華章，一新面目呢。

先生說流沙河也給我簽了名。我得隴望蜀，又向先生約，請先生相助，《枕山集》書名請沙河老題寫。先生爽快，應聲說沒有問題，可以可以。詢及沙河老身體，先生說很好。我說給老人寄一本《弱水書話》過去，以表敬仰。先生說，他那裏的看過後給老人看就行了。想，先生是在為我惜錢，怕給我添麻煩。先生又說，沙河老近來忙累了，要休息一下，老人的眼，看小字也費勁了。我看明德讀書堂紙閱讀文庫首發茶聚上的老人，精神矍鑠，白髮蒼蒼，俯首題簽，也有些心疼。

說到了文庫的首發茶聚，先生說來的人多，很熱鬧。阿泉也來了，現在還在，要不要說話？我說當然要。先生喊阿泉，阿泉過來了。欣喜莫名，想不到這個電話一打三響，驚動了龔明德先生，還見到了阿泉。

阿泉說收到了昨天的手機短信。那是我說《枕山集》編就，要寄過來，請審定的。當時阿泉就回了短信。不想今天又

得此緣。阿泉說，在要寄給我的新書上簽名的時候，看到了六場絕緣齋裏剛收到的《弱水書話》，那麼漂亮的文章，沒有印得很好。見到紙閱讀文庫，就知道做的是很認真的。紙閱讀文庫對文字的要求很高，只認文章不認人，今天的通話很有意義，已成了三方會議，寫序不易，很累人，難得明德先生竟然答應，《枕山集》由著名的讀書人作序，這不僅對作者很重要，對讀書界也很重要。阿泉笑著說，大西北少有讀書的人，你是我們北方，是大西北的讀書星座。我說兄過獎了，不敢當的。阿泉囑我，一定把好文章選進來，要保證質量，出最好的書。

　　電話放下了。我打開電腦，記下上面的文字，改起前人句子：

　　長憶讀書堂上，欹枕楊柳春風，迢迢山水空。記得先生語：香在讀書中。一席溫馨語，千里快哉風。

　　　　2009年4月15日清晨朝日初升之際寫畢，愉快的一天開始。

一品《清泉》

　　《清泉》已經終刊，但物化為一部大書的《清泉》簽名本，卻常放在我的書桌上，成為我朝夕相處的友人。

　　這是張阿泉辦過的一份報紙。這份報紙是書齋裏值得珍藏的上品物什。龔明德曾經說過，讀書人如果把《開卷》隨手扔掉了，那這個人一定不是真正的讀書人。類推一下，這人要是把《清泉》隨手扔掉了，那麼這個人便算不得雅。

　　《清泉》創刊的時候，我不知道。那是2003年3月16日。那一天的發刊詞上說：那是「俯仰古今中外，吐納天風海濤，以書會友，以文會友，以友弘文，以友輔仁」的報紙。發刊詞的題目是《讀四海奇書，交天下清友》。後來，由於《清泉》的緣故，由於阿泉的緣故，我見到了一批好的師友。有了這些人，我有了不虛此生的感覺。奇書未必讀，清友已然生。

　　《清泉》的作者群很棒。谷林的文字不用說，張放的《時還讀我書》中的句子，通脫有用，讓我不免想抄下來：

　　　　現代社會不是古代「老死不相往來」的封閉時代了，
　　　　更多的交往甚至應酬，也不能說都是煩人的事。一個
　　　　平和普通的人，他總得考慮別人，為他人服務。自己
　　　　呢，也不該是個怪人。

　　　　到得你脫身處於自己書卷馨香一隅了，全身放鬆，拿
　　　　起書來，與世界上曾經有過或尚在世的優秀人才、傑

出智者對話，歡樂與共，歌哭同拍，美感溢生，心竅洞開。這時候你還覺得剛才塵俗的沉悶與鬱鬱嗎？這時候你不覺得如坐春風嗎？

你每靜坐把卷時，你就回來了，你就昇華了，你一生中這樣的時間越多，你生活在這個世界上的歲月就越長、越充實，這樣高級自在的享受難道還不可對那些被俗繩捆縛的人產生一種憐憫之心嗎？

「經其戶，寂若無人；披其闥，其人斯在。」這真是靜美光明的風景！「兩園花事日新，佐以醇酒，坐臥萬卷中，作老蠹魚，大堪送日。」這真是「唯美主義」的浪漫！「室無君子，則與書史為友」，這真是神通廣大！

朋友，可別輕視古人呀，再過幾百年，在後人眼中，今人全是古人！

《清泉》上有王稼句〈齋名並存的書房〉一文，插有稼句先生補讀舊書樓內書房中的電腦和書的照片，有他城南小築中的書和碟機，有他夢樂齋中的開放式書架，觀照片思人，不禁長想親切的先生在姑蘇城裏的熱情相待。

聽說自己非常看重的人有病，老是惦記著「怎麼樣了，怎麼樣了呢」的時候，得到來信說是痊癒了，很是高興。自己所愛的人被人家稱讚，又為高貴的人所賞識，說是不尋常的人，這也是很高興的事。
新木梳，做得很精緻，也覺得高興。無論什麼，凡是關於所愛的人的，都比自己的事讓人高興。

這些清少納言《草枕子浮世繪／日本格調》中的文字〈高興的事〉，以「書海風向標」的欄目，被置於第七期《清泉》的頭版頭條，讀後在莞爾中想起當年的「最高指示」，不同的是這是在讓平凡的人高興起來，快樂起來，找尋一份安寧愉悅的心境。

　　「催稿費真是斯文掃地的事」。謝其章一篇〈酸甜苦辣說稿費〉，讓人忍俊之餘，也為斯文之不存而慨歎莫名。此文是在作者試探過後，「張總編輯回函：『大作我未改，原樣照發，作一家之言。儘管多有商議處，然痛快淋漓，乃性情文章。』」後寫下的，可為投稿者參閱。

　　〈走近綠版〉是張阿泉述說《清泉》緣由的文字，讀過不免動容。一次幾個朋友閒著沒事，閒聊中聊出了這份報紙，「滿懷虔誠，放膽吐納」的作略，在天下供上了如許綠蔭，如許甘泉般的文字，這是要深謝的。也就是這一版上，有查志華1998年11月拍攝的張中行先生在《解放日報》駐京辦事處的照片，有谷林先生和夫人2002年2月在朝內大街家中的照片，臨報瞻仰，又是一年春草綠，借張放語說，是「揣摩修沐」，「平生得坐冷板凳，得識二三風誼兼師友的清風長老」，不亦快哉！

　　龔明德以《中國，你要善待這個人》為題，在《清泉》上介紹了詩人程寶林。龔師引述的程寶林《託福中國》一書中〈權我所欲〉有言：

　　　　我一生中也不曾遇到過一個將全人類視作自己的財富、對人類承擔責任的人。這樣的人，不論他從事怎樣低賤的職業，他都會贏得我最大的敬意。

　　龔師說：「與其說這是一種呼喚，不如說這就是陳寶林自己的心願。」方以類聚，人以群分，其實，這心願也應該是和陳寶林聲氣相應的龔明德先生自己的。說到龔師，還要重申的是，中國，也該善待者個人。

　　鍾叔河有一篇文章，是〈人和人的差距〉。說的是蕭乾文潔若夫婦翻譯《尤利西斯》的事。那是「二十世紀公認難譯」的作品，但是他們終於做完了這件事。赫胥黎有言：「人和人的差距，有時比人和猿的差距還要大。」知道這些，不把人，主要是自己，做成了猿，就是我們的幸運了。

　　薛冰的《金陵女兒》一書出版時，付印前被突然抽去的壓軸之作〈天國謠〉，「假《清泉》一角，將此文公之於眾，也請讀者朋友，指示其不宜見人的道理。」實際上，〈天國謠〉裏所披露的，也不過是洪天王們的醜陋和荒淫，而這正是導致天國短命的真禍首，為一個不相干的，早已覆滅，被釘在柱子上的人或者集團諱，只是表明了時下某些出版社個別人神經的衰弱，和水平的低劣。主流意識形態的明白人，大約不會買這樣無見識者的帳，這類人，是連奴才也不會做的。說實話，洪天王和李闖比，是不知要壞上多少倍的，〈甲申三百年祭〉作整風文獻下發的時候，都沒有人為之諱言。說起來，那樣的文章，還真正是能幫，也幫了大忙的。《清泉》的不俗，於此可見。

　　在《清泉》上，有大家名家，有朋友也有老師。牧惠先生生前說：「很喜歡《清泉》，每期都有在別的報刊上看不到的文章，除自己看外，我還專給朋友們看。」誠哉斯言。

書林佳葉

　　輕輕地，我開始翻讀李福眠先生的《疏林陳葉》，唔對遠在滬上的超級書蟲。夏日炎炎，酷暑時節，書可消暑。

　　書是前天收到的。

　　同時寄來的，還有自印的信箋，上面是黑白照片，作者跨在岳廟清潔車上，很精神。左題：蘇堤再就業圖，右題：○九年二月廿一日影於杭州，陪九十四歲母親遊錢塘。照片下面是古味十足的文字：

　　　岳年同道大鑒：

　　　　弱水大作，教弟遙懷大漠奇崛之漢簡。奉貽簽鈐毛邊拙集《疏林陳葉》一冊，閒玩而已。

　　　　弟近於上海博庫書城，覓得中華書局版《庾子山集注》一部，回聘憩覽。又於季風書園，購得山東畫報社版《小山畫譜》，似掬六朝清品。

　　　　所鈐印為：疏林樵子、李福眠印、子夜習作、李福民印、福眠讀過、了無痕、天津李氏、自別燈花、李、編輯之餘、初中生、李福眠淘得、文學報編輯記者、眠、花橋遺野（已購房江蘇昆山花橋）、福民書畫、六六初中小屋。

　　　肅此敬頌

　　　夏祺

　　　　　　　　李福民○九年六月廿八日　海上
　　　　　　　　　　　　　　　　　　　梅雨溽悶

信箋的背面用鉛筆寫著：「為藏拙。敝箋於前勒口反面。」

前勒口反面，則又是精美異常的法書：

岳年同道閒玩

〇九年六月廿七日海上雨驟潦雷聲劈瓦
津門李福民志

那天，我在日記上寫道：書大好，人高興。今日得書，歡喜莫名。李先生《天鑰書屋散札》乃弱水軒插架佳什也，日前剛剛讀過。此書所鈐印章極佳，翻書，不啻入藝林洞天也。福眠賞吳昌碩諸印曰：「天地雖小，氣象萬千，充溢著詩情畫意和人文精神的朱白文篆印，是身處春寒秋肅之境者，心靈深處清澈的一畝方塘。」易句中的「春寒秋肅」為「酷暑炎炎」，則我之心情亦出。

書給我的第一感覺是從容和淡定，信帶來的是民國才有的書香溫潤。

拙文〈關於施蟄存〉剛剛在《人物》上刊出，所以看到書裏有施先生，就急急翻檢起來。「一九八九年一月，我改捧文學報飯碗後，似乎無意中，接近了生存邊緣書蟲心目中的施先生。直到他謝世，從拘謹的煙水閣走出來的我，沒有借報碗，一登北山無相庵，造訪心儀已久的施先生。」這份操守和情緒，值得深味。

施先生在91年除夕日伏案給福眠的信裏說：「勿寫怪字，一樣費時間，還是走正路多臨古帖。」看望裘柱常、顧飛賢佗儷時裘老的話：「讀書與書法同理。寫字終守一帖，便可名世。終守即專心致志，名世即獨樹見解。」十三年後再訪，「只見裘先生伏於方桌，依然以己筆意，在臨王集《聖教

序》，一如終守一帖之情。」想起趙孟頫在蘭亭十三跋裏終守數字，便可名世的話，看到長者的身教言教，想到自己的塗鴉，是彷彿身臨其境，請益受教的感覺。

又十六年，裘先生已辭世六年。李福眠附記稱：「書蟲韋泱來電話說白天在顧飛先生女兒陪同下，造訪了顧先生。韋泱與坐在紅木椅上之百歲顧先生合影，十五分鐘後起身告辭。顧先生輕緩地說：『怠慢噢。』」風儀如斯，想往不止。

《硯邊書蟲》這組造像，記憶深的是姜尋。姜氏1947年就曾以臨《蘭亭序》獲得「中正文化美術獎金」之冠。福眠見他時，他已是七十六歲的老人，「每晚讀書臨帖至子夜。唯有《聊齋志異》一書，是在晴朗的中午，坐在室外陽光燦爛下選讀的。假使在陰暗之屋，或冷寂的晚上讀此狐鬼文章，毛骨悚然，恐有生命危險。他這閱讀妙諦，我當時聽了，真不可思議。而今，我已過天命之年，回味尋翁《聊齋》讀法，隱感不無道理。」我在晚間臨睡前，常看的書就是一套上海古籍79年版的鑄雪齋抄本的《聊齋》，和從石印本影印的《閱微草堂筆記》，現在要改過來了。福眠的感覺，是對的。范泉，這位我每到青海就常常想到，也寫文章深憶的前輩，他給福眠的話也是隔世對我囑咐嗎？「可以利用雙休假日，寫些文章，這是天賜良機，不可多得，務望充分利用，指日可獲成果。」善寫人物的福眠先生，寫到的來滬淘書的龔明德，也讓我又見到了那熟悉的身影和聲音，都是教益，身教與書教，於我有用處的，是我的讀和寫。

「後二日，稼句引領作陪，溯江南通常熟。春雨潤物，瞻仰張謇之故居；楊風泠泠，憑弔留影於柳如是之墓。雖無紅豆可採，有赭石可拾，徜徉江南煙雨，亦書蟲之無窮盎然樂趣。同遊者：峙立、止庵、薛冰及叨陪末座之我也。」書生遊樂之趣，往往持卷勝於遠遊，有賞心悅目之享受，無奔波

勞苦之疲累。福眠此段寫給友人又錄入書裏的題簽，於我是又親切，又導遊。引領者王稼句，係深結緣者，拙編《弱水書話》出版，就由稼句先生作序。狀元張謇，紅妝柳如是在焉，讀書種子哪一個不心往神馳。而赭石一典，更吾家大癡公黃公望墓地所在處。福眠引稱的李日華《紫桃軒雜綴》裏曾說，黃公望終日只在荒山亂石叢木深篠中坐，意態忽忽，人不測其為何，又常常去湖邊的通海口，看激流轟浪，即便是風雨驟至，水怪悲鳴也在所不顧，這就是大癡之筆沉鬱變化，幾與造物爭神奇的由來。這份緣，與夫讀書之福，可云少乎。福眠稱：「名山大川，宜於書中或風光片前神遊。一旦疲命親臨，殊覺無味。」善哉斯言。

福眠云：「少年書情，悅有涯之生，致無窮之樂。」他是每購一書，皆留發票，並簽鈐日期、地點及印章，細繹我之搜書讀書也相彷彿，只是不如先生般有恆和細緻，自然有疏漏，不過想來還是覺得有意思，不免心馳，浮想聯翩，又似隨書或遠或近，或深或淺，踽踽於人生歲月流金中。

〈姑言線裝〉一篇，盡說與線裝書結緣的趣事。且多九十年代後在博古齋「以書棧為穴，進出如鼠」，例如95年8月29日，「中午，收銀小姐伏案小憩，工作人員倚椅閉目養神。我悄無聲息，翩然側進東屋外賓室，打開平時唯有隔著玻璃門朝裏觀望、豔羨之中式書櫥，迎眼一部疑古錢玄同題署，扉頁馬廉自書『紀念慈母』而於1934年8月4日影印之《雨窗欹枕集》上下冊……輕手輕腳，神經兮兮，將書攜至外間書架上，作冷處理。再攜至帳台，在收銀小姐瞌睡懵懂中，付款蓋章，溜之大吉。」書蟲情緣，於斯為盛。福眠去博古齋，是急衝衝的。迄今，我尚無緣此一丹黃爛然的琅嬛洞天，不過亦師亦友的博古齋主人陳克希在焉，又復有何憾，俟諸異日，當滿我所欲。

一接清暉，情深潭水。李福眠淘得的書中，有幾個很見風致的圖章，光緒間刻本《西齋偶得》鈐印：「燕京大學圖書館章」、「燕京大學圖書館重本依原價出讓之印記」；商務印書館1934年版四部叢刊《馬氏南唐書》封面鈐有「藝芳女校圖書碑帖各舊書店不得收買」朱篆印；福眠的購書發票上則是「文物不准出口」的楷書大藍印。讀來或可笑頌一聲：悵望千秋不灑淚，正是異代不同時。

　　李福眠與韓羽的交往，是令人欣羨的。書裏收錄的韓羽文章〈不以我為貪〉，專述李韓交往。是韓羽信裏說了購書有些難，之後福眠便不斷地寄來書，十數年間未謀一面，卻千里牽掛，念想不止。《韓羽文集》網上有售，搜來說明文字，知翁已七十有八，畫如其人，書法亦如其人，土裏土氣而靈秀迫人。功力極深，又偏不讓人看到功力。只看到無法之法，一種氣韻，令人迷醉。「未入過黨，未當過官，地地道道畫壇一布衣。他的作品在讀者中有兩種反映：褒者，癡之迷之；貶者，譏之嘲之。……他的文章妙語如珠，含蓄蘊藉，影影綽綽，如假如真，順手拈來，讓人忍俊不禁。」意趣之間，作者陶然，觀者粲然。韓羽文曰：「福眠，福眠，濡我以沫也。」

　　1993年，福眠喬遷新居，韓羽、華君武揮毫作賀。又四年，華君武寄來一畫：「一鼠坦坐牛頭，爽爽然展閱淘來之籍，書名《福眠淘書》。此圖之妙，正副我與太太屬相，雖屬巧合，淘書林之志乘。」這是可入新儒林傳的逸事。

　　福眠見「唔對前人」閒章，覺悟後有得道語：「心靈唔對前人之時，鋪紙寫作之地，即為書房。而牛背閱讀，倚馬揮書，大塊假我以文章，才是臻境。陋屋出傳世精品，無所謂書房不書房。」他日見得福眠，要討來一方「唔對前人」閒章，壯我心行。

金性堯先生題贈福眠詩曰：

在山泉水本自幽，每聽潺緩去復留。
若道辭山能作澤，也應長自向低流。

低調的福眠評說如是：「藏書聚散依依。諸書蟲偭偭吹簫入秦，曝寒購淘，伏撰疏林邊緣之書，終必『長自向低流』，滋養後昆，且被淘藏。」

7月18日宴起。臥讀福眠書畢。福眠一生夢硯，至以夢硯為女兒命名，注情之深，自不待言。書以李氏三哥回滬上探親，於蘭州購得綠色洮硯送福眠終篇，豈其與甘肅有奇緣乎？甘肅書蟲，兄應無識者，我可湊數乎？先生喜歡六朝書帖清品，若先生一臨居延，余自當一為前驅，導夫先路，且視此為莫大幸事也。福眠，福眠，益我福緣乎！暑天讀書，清涼無倫，洵人生之至境，脈望之洞天也。出戶，至養心齋，檢視《天鑰書屋散札》，睹華君武福眠淘書大圖，於莞爾中草畢札記，致書滬上福眠，續新書緣。

2009年7月18日上午寫畢，午後天雨清涼中改定。

梵澄先生

　　收到揚之水寄來的《梵澄先生》，歡喜踴躍。最先知道這書，是在寫一篇關於陳寅恪文章的時候，當時尋找資料，見梵澄先生有精妙的話，就記錄在揚之水的日記裏。有些詫異，因為未見過麗雅先生的日記文字。

　　揚之水的書，特別是新出的《古詩文名物新證》，很耐讀。揚之水是熱愛生活的人，其熱愛，更多地關注於古代的、傳統的方面。就是說，集中於文字、古物和山河裏，這樣，就集合了諸多的第一義諦。那麼些書蟲，老的，過往的如張中行，徐梵澄，中年如俞曉群，李傳新，管風琴等，愛其書，敬其人，就很正常。

　　我是個心性散淡之人。看山，發思古之幽情，覺得山有了靈氣，便分外可親。見水，興稀有之歡，覺得有了水，便有了生機。看山看水之間，更多的時候看書。看來看去，漸讀漸少，雖然尚未達到金克木先生「書讀完了」的境界，但興趣已逐步集中，向著閒適，經典，書卷氣的方面。揚之水的書，現在是首選。梵澄先生云：「書，無論是什麼寶典，也究竟是外物。」我說，揚之水的除外。

　　揚之水和徐梵澄每次道別，都要說：「我認識了這樣一位大妹……」那天，又特別加了一句：「讀了這麼多書，知道這麼多事。」「我認識先生太晚了，不然會有些長進的。」「現在已經很有長進了。」

　　梵澄先生說他度日的方法：練字，讀書，寫文。我就想，除了這些，我也還有別的事嗎？回答是，沒有了。

梵澄先生作畫，畫好一幅，「就在靠牆立著的大床板上推敲，欣賞。畫了新的，再把舊的摘下來。」他寫字，也是這樣。我寫不好字，卻喜歡寫字，以後就照著這個樣子，弄好一張，就掛起來，寫了新的，就把舊的換下來。

梵澄先生該學的地方多。看過這書，想不長進，似乎也難。

徐梵澄先生說，要蓋棺論定，俞平伯要高於馮友蘭。馮，是可以理解的。馮氏三松堂書，俞平伯的全集，寒齋都有收存，讀到梵澄評說，頗覺可以會心一笑。

1939年，好朋友蔣廷黻對從德國回到重慶的的徐梵澄說，國民黨辦了一個幹訓團，「這個團一期只有兩個月，出來之後，我保證可以讓你幹個圖書館館長。」徐說，即使只有一個月，出來後你能用金子為我打造一所房子，我也不想去。蔣後來辦了台灣故宮博物院。

徐的友人賀麟晚年入黨，揚之水問梵澄先生為什麼不？答：賀不甘於寂寞，我甘於寂寞。

甘於寂寞不一定好，但甘於寂寞，可能是仁者壽的必要條件之一。虛生白，「靜則生明」，耐住了寂寞，也就贏得了人生。梵澄先生有言：「待自己心思更虛更靜，知覺性潛滋暗長」，就會恍然明白，「沒有什麼疑難了。」

梵澄先生以為，「人總該給這個世界留下一點可以留下的東西。」揚之水問：「那麼先生認為自己可以傳世的，是什麼呢？」舉出的是《五十奧義書》、《薄伽梵歌》、《老子臆解》。謝天謝地，我是都有的。這書緣深深了。僅那本《老子臆解》，先生就寫了二十五年，「有二十三處發前人所未發」，只獲得五百元稿費的。我在二十一年前的9月30日買下，發票夾在書中，不知地厚天高的批註也落在書葉上，當年逸事，豈不懿歟！

揚之水的字寫得好。張中行也曾為之傾倒。梵澄先生大笑著說過「你的字比王羲之還好！」後，遂又認真地說：「你的字可追你的本家趙松雪。」「趙松雪可不好，他的字，人譏為媚。」「他的媚卻是從北魏而來。」「北魏是拙啊。」「對呀，但他去其稜角，不就是他的媚了嗎？」有朋友去信的時候說，這字，是能換鵝了。有字如金的揚之水贈書時寫給我的，在彩箋上。箋的上半部約三分之二是空白，落下蘭亭風雅的意蘊，我所有的，是二十五個，已足慰我心。下半則是淡淡花色的印痕，瑟瑟如雲煙，想得到的是天水一朝的灑金瘦金。

梵澄先生說揚之水：「你可以算作是出世的。」展讀揚之水《脂麻通鑒》、《詩經名物新證》、《終朝菜藍》，興觀群怨，臨風懷想，知言不虛也。那梵澄先生，「一生也沒有匡世救國的心，不過求學問，求真理，一日不懈此志」的信仰，淡泊名利，亦成動力，深印在心。所讀書多有所同，即可稱有緣。讀者與作者，亦可稱有緣，如此，則緣分亦即福分。書中有一位「母親」，瞪過梵澄一眼，過後病體便愈。「這目光是一種力，一種巨大的精神之力。」那麼這書呢？揚之水是寫過《詩經》裏的一句話給梵澄：「不忮不求，何用不臧。」梵澄說：「是的囉，是這樣的。」不嫉妒別人，不貪求身外之物，還有什麼行為不通於為善呢？朱熹與高亨的注釋差稱，說忮，是嫉妒，求，是貪得，用，猶行也；臧，善也。

「說起『文』，先生說：『有個訣竅，寫白話要如同寫文言，這樣就精煉得多；寫文言要如同寫白話，這樣就平易得多。』」揚之水的述說，讓我想起了啟功老人的話，草書當作楷書寫，楷書當作行書寫，可免粘滯。引申一次，可否說老年當作童年過，少年當作成年過？行不行的，由市場決定。

　　梵澄先生本來一再說，不說周作人，從來不談，一個字也不說的。後來又說了，是極看不起。「那一槍打錯了（他說那一槍是愛國人士打的）。沒有那一槍，周未必就出任偽職；打了這一槍，又沒有打死，反而使他起了反感。」梵澄說：「讀通王陽明，可以受用一生了。」王陽明比周作人幸運，時代也。

　　彗星撞擊木星的時候，梵澄先生致信揚之水，問近來「大妹無恙否？」思之可發一笑。應付杞人憂天的辦法，他給的方子是：「抄書日課百紙，啖瓜姑限一車，亦養身之要訣矣。」改一下就很適合我，抄，可作讀，吃西瓜在炎熱的夏日，是鄙人最喜歡的，當年鼓腹，曾有詩記其事：一個西瓜頌生涯。

2009年8月27日向晚寫畢。

薛冰的《金陵書話》

　　薛冰《版本雜談》出版後，滬上陳克希先生在電話裏說，這書值得一看，就想法子搜來了，這樣，薛冰的關於書的書，加上插架所有的幾本，能見到或聽到的，就都有了。差不多在為拙編《弱水書話》作序的同時，也就是2006年10月23日，姑蘇王稼句先生寫下了〈說薛冰〉一文，盛讚「往來最久，見面最多」的南京朋友薛冰，「談書文章寫得好、寫得多，結集的就有《舊書筆譚》、《止水軒書影》、《淘書隨錄》、《金陵書話》、《紙上的行旅》等」。以是因緣，親近薛冰，就成了一個心結。

　　王稼句說：「薛冰是寫小說起家，以『工人作家』著名，正因為寫得有成績，得以從南京鋼鐵廠調入作協機關。他的小說，有長篇《群芳劫》、《天長地久》、《青銅夢》，中短篇集《愛情故事》等。」這些書我都沒有見過，當然也就沒有讀過。

　　《金陵書話》是收在六朝松隨筆文庫裏的。這套叢書的主編是雷雨和秋禾，即王振羽、徐雁兩位。說來都因文字結過善緣，是認識的。展卷閱讀，覺得爽爽山所謂「詩篇倩我親書稿」的話，說的就是此刻。薛冰讀書的品味很純正，說「從不強迫自己去讀某一本書，無論它的聲名顯赫到何等程度，但只要有一行字吸引了我，能調動我的個人體驗，我也決不放過任何一本書。」不過話說回來，他自序中的這幾句話說得又滿了些。要推敲，就有些問題。不過，經得住推敲的東西，這個世界上本來也就不多的。

《金陵書話》開篇,是作者在南京江心紫光田園裏的一張全身照。很休閒,很自得的樣子,對照董寧文兄在嘉興曝書亭上拍攝,收在《淘書隨錄》裏,邊上豎著「何處老翁來賦詩」半聯的薛冰大半身照,讀《說薛冰》,想得到其人之風雅。書分五輯:檻外讀中大,書香漫金陵,故典憶江南,淘讀綴散札,序引存舊蹤。中大,是指南京大學,亦民國年間的中央大學。說的都是書,記的都是實。人則是黃侃、程千帆、龍榆生等,還多有照片。

〈枉拋心力作詞人〉一篇,談龍榆生。文章提到的關於龍榆生的幾本書,諸如《龍榆生先生年譜》、《龍榆生詞學論文集》、《近三百年名家詞選》、《唐宋名家詞選》等,恰好寒齋都有。對照著看,可以拍案,浮一大白的地方,自然不少。據云,五十年代中期,「出版社擬請龍榆生與夏承燾先生合編詞選,而夏先生在別人一再勸告下放棄了合作」,原因是龍氏有漢奸的帽子罩著。龍只好獨自做下來。夏承燾的日記是收入了全集的,五十年代的都在。得暇尋看,該是很有意思的事。不過,據黃永年《記先師龍榆生先生逸事》所述,因為抗戰後期龍榆生幫新四軍策反郝鵬舉,與陳毅結下深厚情誼,在鼎革後受到陳毅特別關照,1956年曾被特邀列席全國政協會議,受到毛主席接見和宴請,並當場寫下「喜得傍太陽,身心俱暖」的頌詞,直到六五年,他還兩次夢見毛主席,醒來誦讀毛詞,並賦《念奴嬌》詞。當日純真,依稀可見。

作為詞人的龍榆生,對汪精衛的知己之感,是很早就有的。在後來的從龍諸臣中,龍榆生也很特殊。〈枉拋心力作詞人〉裏稱引了上海古籍1997年出版的《龍榆生詞學論文集》中的一篇文字,是〈陳海綃先生之詞學〉。該文涉及到1942年的汪精衛。原文是:

本年六月二十一日，國民政府主席汪公，自粵還京，甫下飛機，即馳書以海綃翁下世告。謂翁以前兩日（夏曆五月初六日）病逝，在粵猶及致賻云云。次日敬謁汪公。談及翁之學行，深致推挹，本擬相見，時已病不能言。汪公旋復致電粵中，從其家屬商取未刊遺稿《海綃詞》卷三及《海綃說詞》各一卷，飛遞入京。將為出資補刻，而命予任校勘。予念翁暮年蕭瑟，得彊邨先生為揚譽於前，汪公為表彰於後，詞客有靈，應亦可以無憾矣。

　　薛冰先生對龍集所收的這段文字是很不滿意的，他說：「選編者與責任編輯對此均未作處理，也不做相應說明，是很不妥當的。不知出版者此舉，是有意為之還是無意疏漏。」其實此集的編者是很懂得龍氏的心思的。誠如薛冰先生所言，龍榆生「從來就不是一個政治上的糊塗人。」「龍氏在出獄後，直到臨終，對於汪偽時期的經歷，坦然而不諱，與當年同樣『落水』的友朋仍過從甚密，吟詠唱和，並不怕重新勾起當年的『苦痛』。他始終保存著汪精衛的手札、詞稿、照片；甚至去監獄探望陳璧君，還要做了詩去送同是漢奸的曾仲鳴的老婆方君璧。」薛冰還批評了《龍榆生年譜》的作者張暉及其導師張宏生，以為一個年輕，一個模糊，大不應該為龍氏落水強為辯解。

　　1958年夏秋間，龍榆生寄給方君璧的三首七絕其一說到了探望汪精衛夫人陳璧君的事，詩曰：「江城重見老冰如，往事尋思淚眼枯。只為殘棋差一著，秣陵煙樹總模糊。」這年五月，龍榆生被打成右派，降為五級教授，原有社會地位喪失。殘棋差一著，是說龍試圖策動偽軍起義，轉向解放軍，結

果是隨著汪精衛的棄世大部分沒了著落。薛冰說，龍「甚至到了日寇投降，他還是堅持著維持殘局；甚至在審判漢奸的法庭上，他還堅持為已死的汪精衛辯解，大談對汪的感恩知己之情。」

說實話，始終一貫的龍榆生，和同是做過從龍之臣的錢仲聯比起來，磊落多了。錢在世的時候，對那一段個人的歷史，是諱莫如深的。當然，很可惜的，龍榆生記日記「四十餘年不曾間斷」，卻銷毀了那五年的日記。

對龍榆生，薛冰也很贊同張暉的評價，說是中國現代詞學史上最有成就的人之一，但薛冰用的題目是「枉拋心力作詞人」，這也不是薛一個人的看法，1934年4月4日，龍榆生在南京拜訪黃侃，兩人在中央大學的六朝松下暢談學問，由於師弟間感情篤愛，黃侃遂諷龍榆生「別求實學，勿專為詞」。道理是有的，不過，能把詞學弄到這個份上，也已夠了。多少人青燈黃卷，堙沒不彰，不也無可奈何麼？竊以為，黃永年氏輓龍榆生詩云：「但期異日恩仇盡，樂苑重光第一燈」，要是把題目換做「樂苑重光第一燈」，也很好。當然，也有看不上學詞的，這又是另外一回事了。

《金陵書話》裏談書的文字相當密集，僅僅是「淘讀綴散札」一輯，就收有六十五部書，且這些書多是愛書者所看重的，例如商務民國二十六年版《張菊生先生七十生日紀念論文集》，就是當時中國學術界以最高規格所印者，由胡適、蔡元培、王雲五領銜倡議編輯。三位都有文字收入，此外是張君勱、葉恭綽、陶希聖、馬寅初、孟森、謝國楨等人。初版後不久即再版，可見受歡迎的程度。手此一冊，恍然金陵書肆，亦我家也。

看著，看著就想，還要去金陵，去了，就要去看看薛冰，和他的書們。

2009年9月18日向晚寫畢。此日讀書記三校稿審讀畢，交秀威發印，收到小染新著《中國建築》。友人朝山，拜普陀觀音，喜悅也。

書脈

　　暑天炎熱，驅車前往西寧。西寧涼爽，正好讀書。所攜之書是徐明祥的《書脈集》，翻開來讀，不免憶及五月的濟南之行。

　　到濟南後蒙自牧兄盛情款待，徐明祥也來了。一次晤泉城兩位名士，福分不淺。席間自牧兄頻頻勸酒，儒雅的明祥微微含笑，李桂熙先生說過的似《世說新語》裏六朝人物的明祥如朗星之目，格外明亮。酒不醉人人自醉，竟然忘了合影留念，造成莫大憾事，歸來後懊悔不迭，只好找出明祥文字惡補。進入明祥心靈深處，是山陰道中，目不暇接的感覺，恍然我與明祥，已是數世相知，相通處處，當然，是自命的，不過，也自以為樂。

　　明祥是名士，是大名士自風流。和孫犂交，和張中行交，和鍾叔河交，和流沙河交，和范用交，和姜德明交，和倪墨炎交，和王稼句交，和徐雁交，要不沾染仙氣，怕都不行。耳濡目染，明祥的文字，潔淨明達，就自然而然。

　　明祥給自己的集子取名「書脈」，羨煞讀書人。書不用說，脈作一脈相承解，好得不得了。是西諦般的，好的弗得了。加上已經被俞曉群註冊的脈望典故，那個數千年來生存在書裏的蠹蟲，或者傅月庵命名的蠹魚，懾人心魂，搖人心旌，都是引子。後來友人辦雜誌，逕取《書脈》，暢行天涯，可以作一個好的注解。

　　徐明祥的成就是有來由的。當年，未滿二十的明祥在曲阜師大讀書，沁入心脾的是盧梭的聲音：「假如有這樣一種境

界，心靈無需瞻前顧後，就能找到它可寄託，可以凝聚全部力量的牢固的基礎，時間對它來說已不起作用，現在這一刻可以永遠持續下去，既不顯示出它的綿延，又不留下任何更替的痕跡，心中既無乏匱之感也無享受之感，既不覺苦也不覺樂，既無所求也無所懼，而只感到自己的存在，同時單憑這個感覺就足以充實我們的心靈。只要這種境界持續下去，處於這種境界的人就可以自稱為幸福，而這不是一種人們從生活樂趣中取得的不完全的、可憐的、相對的幸福，而是一種在心靈中不會留下空虛之感的充分的、完全的、圓滿的幸福。」這以後，從《聽雨集》，到《書脈集》，到《潛廬藏書紀事》，加上《國情知識辭典》，林林總總，逾百萬字的修煉，充實的明祥幸福著，圓滿著，也感喟著：「人生終究離不開一個緣字，而書緣是其中清淡、綿遠、純粹的一種。」他找到了真正的樂趣。

王稼句說徐明祥是「真讀書人，且具一副好筆墨」。明祥則是沒有精神的書不讀，沒有精神的文章不寫。自牧的《抱香集》出版後，明祥有一評論文字，內裏說看過清樣後當面相告作者：「這兩年除了日記，寫的東西太少，應該減少社會活動（包括有益於文友們的活動），增加新作。」自牧出山，是本著入世的精神做事的，惠及書林無量。對此我的看法和明祥的有所不同。世界上多一個行菩薩道的人，就能開數扇度人的門。把金針與人，大家都得道，是自牧苦行的意義。自牧寫在天地間的大塊文章，我的看法，是值。當然，明祥所說的「一個人的時間、精力是有限的，顧此難免失彼」，也很中肯。

1992年，徐明祥在寫到天熱的時候曾說：「評論在你，我自風涼！」這或許是他自己的一個人生態度。從旁觀的立場看來，對明祥，我覺得楊棟說的話很動聽：「要以書比喻徐

明祥的話，他該是黃堯圃的題跋。」吾家堯圃公，一生嗜書如命，號稱佞宋主人，三百年前成不世之功，流風餘緒，沾溉至今，《士禮居藏書題跋記》和續編，是常常在讀的。近日購得台灣商務版岫廬文庫第四十九種《士禮居黃氏學》，風簷展讀，有大欣慰。明祥讀書，也作記錄，《書脈集》就是，《潛廬藏書紀事》亦夫如是。這些記錄，與堯圃公一脈相承，是書脈流傳的好狀態。留有堯圃公手跡的書，今日都是國家一級文物，這明祥和他的書，也於人於國有用。他日有好事君子，成得一冊「潛廬明祥學」，可勿怪也。

2009年7月21日晨間寫畢，西寧涼爽宜人，香格里拉空氣清新，
花香撲鼻，朝陽朗照，青山滿目。
2009年8月3日下午接明祥來電，快談書事。4日燈下改定於弱水軒。

溫暖

　　流沙河新著《關於龍及其他》的序言題為〈五句說明〉。一篇文章，只是五句話。第三句、第四句和第五句，尤為感人：「蒙讀者的厚愛和鼓勵，拙著尚有小小的市場。」「世間總有一些不可救藥的讀書人，耗費『即金錢』的時間，來讀一些無用之書如拙著者。」「年衰體弱，朝夕畏寒，難得蒙賜這小小的溫暖，在下道謝了。」

　　復憶孫犁《曲終集》後記裏的話了：「集內文章，不再評論。讀者都是故人，自去理會好了。」彷彿聚集了所有的溫暖，這些文字要把年近九旬的長者心意傳達給這個世界，這是我們這些讀者的幸運。

　　龔明德先生在自己的新著《有些事，要弄清楚》的扉頁上，題下了這樣一些字：「岳年仁棣：破費了兄之錢財了，甚歉……請閒時正之。龔明德二〇〇九年四月成都。」一方精雅的印章配著灑脫的筆跡，得了寶貝的我，歡喜著呢。是在紙閱讀文庫發行之前，陶霞說先生毛邊的書就要到了，要給我題簽好送給。書到了後我把錢打到了陶霞那裏，請買下包括先生書在內的其他幾本。先生在電話裏曾制止我，不讓寄錢。但我想，名滿天下的先生，高質量文字的背後，是高投入買書讀書的消耗，一本書，買，對先生來說起不了作用，卻是我的態度，一份支持。天下的讀書人啊，態度裏應該有對先生的珍惜。

　　一個真正喜歡書的人，是把書當作了友人，把讀書當作了和朋友會面交談的人。孫犁、流沙河，則是把讀者當作了故

人、賜予溫暖的人。鍾叔河先生在寫給筆者的信裏，也曾說作為作者，對於願意、讀和能讀的「第二人」，總是感謝的。讀著這樣好的人寫的那樣好的書，在書世界裏享受如此溫馨，是可意的。有這麼些樣子在前，落筆的時候，就常常想，該怎樣把心裏的好意和善念，透過文字傳達出來，傳達給我的朋友、親人和後人呢？只願他們見到的，是溫暖和親切，美意和祝福。

冬天就要到了，漫天的瑞雪會飄起來。屋子裏暖洋洋的，我寫下這些文字，希望它成為暖流中的一份子，溫馨這個世界。

2009年10月23日

香韻

　　揚之水在《古詩文名物新證》裏說：「宋人的燕居焚香原是一種真實的生存方式，『詩禪堂試香』曾是故家風流的『賞心樂事』之一。『卻掛小簾鉤，一縷爐煙嫋』，平居日子裏的焚香，更屬平常。」宋人畫筆下廳堂、水榭、書齋、閨閣、松下竹間的「一個小爐，幾縷輕煙，非如後世多是把它作為風雅的點綴，而是本來保持著的一種生活情趣。」「兩宋香事便總在花中雨中平平靜靜潤澤日常生活。」兩厚冊不惜血本印刷精美的《古詩文名物新證》第一冊中，有幾近一半的篇幅述論先人香事，我可是真開了眼界。

　　是多少年了，香事不再潤澤我們的生活？

　　又多少年了，我們的生活是如此浮躁？

　　黃庭堅的《寶薰》詩云：「險心游萬仞，躁欲生五兵。隱几香一炷，露台湛空明。」這香，是能讓人心清明的。

　　要是在雨天，讀書的時候，燃起一炷香，當細雨如線在屋外簷間飄落時，沏一壺茶，看輕煙嫋娜，品茶香氤氳，那是怎樣的境界呢？

　　天高雲淡的日子，高樓隱隱，沐浴焚香，憑欄遠望，一品香茗，夕陽都不忍歸去。此時有國樂風華響起，又是何等寫意？

　　大明是文人特別會享受生活的時代，屠隆在雜論文房清玩之事的《考槃餘事》裏談到香的時候說：「香之為用，其利最溥。屋外高隱，坐語道德，焚之可以清心悅神。四更殘月，興味蕭騷，焚之可以暢懷舒嘯。晴窗搨帖，揮塵閒吟，

篝燈夜讀，焚以遠辟睡魔，謂古伴月可也。紅袖在側，秘語談私，焚以熏心熱意，謂古助情可矣。坐雨閉窗，午睡初足，就案學書，啜茗味淡，一爐初熱，香藹馥馥撩人，更以醉筵醒客。皓月清宵，冰弦戛指，長嘯空樓，蒼山極目，未殘爐熱，香霧隱隱繞簾，又可祛邪辟穢，隨其所適，無施不可。」

只是香爐，也很可以寄託一份優雅的情懷。

清代一個長29.6釐米，附有木座的如意香薰，就是薰香之爐，整體呈如意形，爐蓋上鏤空小篆銘文曰：「讀易一卷、彈琴一曲、坐久心清、快然自足。」香薰以物詠志，爐把讀書彈琴、修身養性、清淨淡泊、超然世外的雅趣表現得淋漓盡致。

難怪，西方一位哲人在辭世的時候，說如果有來世，下輩子自己會在東方的中國，那是最適合人類生存的地方。

清代又一個花卉詩文銅薰爐腰身上的銘文則說：「芝蘭氣味，雲霧清芬，瑞靄奇飄。」詩情畫意，哪是人間煙火，真的是人生極致。

老鄉中有一位走出鄉村，打拼不息的女子，後來和翰墨結緣，製得一種奇妙的書室香爐，在一回茗香合意的時候，為我所得，助我書香清心。我想，世間可貴的，莫過於人心中那縷似有還無，生生不息的心香。

2009年4月4日晚間。

人書不了情

　　朋友的〈購書經眼錄〉裏說：「我每次去萬邦書城，都能看見那套打了五折也沒人問津的《李儼錢寶琮科學史全集》，內心有些悲涼。從俞兄的文章中得知他編過很多暢銷書，但這套書才是他『親手編輯的最重要的著作之一』，書的內容極具學術價值，枯燥深奧，無論如何都夠不著暢銷書門檻，甚至沒有一點商業價值，不賠錢都算是好的。就這樣一部冷僻的大部頭著作，竟能讓俞兄傾注大量心血，其良苦用心昭昭可見。有這種遠見和膽識的出版人，著實是文化的幸運。」我看重朋友話裏的「幸運」二字。十卷本《李儼錢寶琮科學史全集》是俞曉群自己最得意的編輯成果，是獲得過國家圖書獎的好書，從內容到形式，都是一流。深刻影響著俞曉群的李約瑟有言：「在中國數學史家中，李儼、錢寶琮二位的工作特別突出。」

　　俞曉群所帶來的這份幸運，我是領受著的。新世紀萬有文庫，書趣文叢，我很喜歡。沈昌文說，當年新世紀萬有文庫出版的時候，有一個為書香社會而奠基的口號。友人說，書香社會已全面破產。俞兄2007年6月26日題簽贈予的《人書情未了》，是「一個出版人的手記」（副書名），一份「無法忘卻的紀念」，一次「夜色中生命的斷想」，一回「沉重的拜謁」（文標題）。我甚至想，僅僅因為有了這本書，「書香社會」即便真的破了產，也不枉奠了一回基。何況不是僅僅。人在，書在，情在，都還在，都未了，也了不了。

書印刷得好。不愧是愛書，懂書，會出書的人的書。是窄32開本，輕型紙，封色佳，文字描述不得，我只說，是手邊心上的極品。

配得上這書的，是沈昌文的那一篇序言。讚不絕口的沈昌文說：「他的編書之道，頗合我當編輯時老人家們對我的教導：以文會友。」「俞曉群先生在以文會友上，則不僅肯，而且善。他於學問之道相當有心，辦事胸有成竹，言不多發，發則必中，的確難得。我把他介紹給呂叔湘、柯靈、陳原等前輩，他們都頷首稱善，肯把自己的著作託付給他。」書編的好，緣於人做的好。書好，是情太濃，濃的化不開。書裏的人和事，都說是情未了。感動了作者的，也一樣在感動著讀者。

他是深諳哲學的。他深究那個奇怪的《周易》，說是有好多沒有弄清的事。我說，他已經探得真諦，是智者了。《大戴禮》上說：「宰我問於孔子曰：『昔者予聞諸榮伊，言黃帝三百年。請問黃帝者人邪？亦非人邪？何以至於三百年乎？』」孔子回答說：「勞勤心力耳目，節用水火材物，生而民得其利百年，死而民畏其神百年，亡而民用其教百年，故曰三百年也。」智慧留與後人用，福祉世代三百年。我看這俞兄，也前知了三百年，後知了三百年，或者他想的更遠，更多。當然他不是黃帝，他是黃帝的裔孫，中國人都是黃帝的裔孫。他說這是學問：「此等學問，已經在千百次形神互化的過程中達到出神入化，它托起了一位脫俗的聖人，又化無形為有形，融入一個偌大民族的精神底層。」他說的是孔子，可他不是孔子當世的好傳人麼？「凡是活著的中國人，都躲不開也避不過儒學的網絡。怎麼辦？答案是：孔子不能不尊，孔子不能不批。」起孔子於兩千年前，會頷首的。《周易》裏說，群龍無首，吉。「中國文化像一條銜著自己尾巴的蛇，處處都是始終，處處都是迴轉，正所謂易窮則變，物極必反；即使到了最

後一卦，仍然是『未濟』，它告誡你事情尚未終結，眼前險象環生，但努力奮鬥也可以化險為夷。」數學專業出身的俞兄拼了心血弄出《李儼錢寶琮科學史全集》，豈非俞版《周易》的好詮釋？

雅到極致，俗到極致，返璞歸真後深刻到極致，婦孺皆知，代代咸宜。孔子之學是這樣，俞曉群走在這個方向上。〈下雨了，我們還在憶舊〉這個題目，是懷人的，收在書裏，是一篇文章，五年後的現在，他又掛到了網上，是幾十篇，情未了，筆不止，是活了百歲的施蟄存，是黃裳，是親近一生的文化老人葉聖陶，是呂叔湘的二十二封書簡，他們都老了，或去了，追思與故事，伴著小雨，斷斷續續，情不能已，注入半畝方塘，潤澤渴念的心靈。

董橋的書在牛津出版，友人劉學文喜歡牛津版的董橋，剛剛說買了一套沉浸其中，惹得我心裏癢癢的。可是拿在手裏的俞兄這部書，我想或許，是抵得過那牛津的書，和董橋的文字的。牛津是羞於雄辯的，曉群兄也是不辯解的，「予豈好辯哉，予豈好辯哉！」強讓說自己和自己的書，曉群似乎也不。他是願意向老輩們學習的，「因為前有古人，後有來者。」他與牛津，與劍橋，與吉尼斯，與美國國家地理，這些世界頂級的出版社謀了合作。他問，「你想，一個與一大批一流出版社合作的出版社，它是否也會與一流『貌合神似』？」我想笑著套用一次：一個與一大批一流「書蟲」有往還的人，是否也會與一流書蟲「貌合神似」？今日恰收到超級書蟲、滬上李福眠韻味十足的法書與贈書，豈不快哉。這是否是阿Q式的？呵呵，不管了，且樂著。

俞兄述，陳原喜好安靜，拒絕三人以上的聚談，「充實的精神生活淹沒了世俗的侵襲，他的坦然，讓人清晰地看到一位長者的胸襟。」納訓在抗戰時期翻譯了五冊《一千零一

夜》,「由商務印書館出版,所得的稿酬還不夠買一次公共汽車票。」他們都是卓越的讀書人。其實在《孤燈童趣讀書夢》裏,俞曉群也有坦言:「孤獨是讀書人的一種境界,一種物我兩忘的必備條件,一種無以名狀的精神享受,書與人的溝通正是以此為橋樑實現的。」真的讀書人看到這些可以稱引的同道,由感想而共鳴,是可以生出力量的。

《人書情未了》裏有一篇文章的題目是〈噢,他們也會出錯!〉說的是許多名家、大家也都出錯。文曰:「無論名聲多大的作者、無論多麼嚴謹的學者,都免不了會出錯。」而且挑錯,「也會為我們的文化生活平添許多樂趣。」在另外的地方,他也說過,青年郭沫若譯《浮士德》上部,未得出版,十年後補譯,發現已被老鼠咬壞,老郭說:「把其餘的殘稿重新閱讀,實在要令人汗顏……耗子竟成為我的恩人,使我免掉了一場永遠不能磨滅的羞恥。」在錯誤之上,人與我,都會站起來的。

美國人弗萊德曼因談工作離開他的設在世貿大樓上的公司來到中國,就此躲過「9‧11」一劫。後來俞曉群送他一本美國「國家地理學會旅行家系列」中的《紐約》中文版,「他翻開第一頁,見到那幅精美絕倫的照片:夜色中,在世貿中心的襯托下,紐約港的自由女神像顯得璀璨奪目!驀然間,他受到巨大的震動,禁不住熱淚奪眶而出!」一樣震動了我的,是《捉刀弄筆萬種情》裏如下的話:「我最需善待的是那些初次涉足於創作門檻的人,他們沒有經驗和技巧,只有一顆熱望的心伴著不安的心情:輕輕地叩開編輯室的門,緩緩的步履,微傾著上身,三言五語之後便急切地取出一個紙包,拆開三兩層報紙,必見一個或數個鼓鼓的信筒,小心地遞到你的手上。他們的手大多有些發抖,目光中的內蘊使人不忍直視,好似抱著自己的孩子請求你給一條生路。這可能是他數年

的勞動成果，家人和鄰里大概都已經認定他是作家了。你說我有什麼理由慢待他們、輕視他們，傷害他們！我想他們並不僅僅表現著個人的意志，而且還反映了一個國家、一個民族的精神活力。」「一些耄耋老人，漫長的人生旅途使他們有機會把學問玩味得極為純熟，操作起來從心所欲，身體的衰老與精神的長青形成強烈的反差；此時你凝視他的目光，傾聽他的述說，再望一眼陳舊的書屋，老夫人溫和的笑容，滿是皺紋的手送上一杯香茶……啊！一代學人，一代風流，正等待著時光的塵封，只有精神還在奮力抗爭！」「最難忘的是一位用生命寫作的人，他是一位優秀的中學教師，一生為學生寫過好多書；後來他老了，病了，但仍然拖著疲憊的腳步定時到編輯室來『領任務』。一天他又來了，問：『有題目嗎？』反問：『您身體行嗎？』他挺一挺腰身說：『只要有好題目，我就會好起來。』答：『沒有。』他起身慢慢地走了，再沒來過。」認真讀寫的人，有沒有經歷這個過程的嗎？

　　止庵寫的跋語云：「斯人主一室，則一室可能有文化；主一社，則一社可能有文化。」也是在這裏，他說俞曉群主政遼教時出版的谷林《書邊雜寫》已經是經典。書讀完了，我在書尾部提筆作注：此書可讀性不遜於董橋，而意思過之，推重未及，誰之過歟？

2009年7月10日午後寫畢。13日午後改定。暑假即將開始，可以讀書，可以寫作，可以會友，可以旅行，不亦快哉。細想不禁神馳。

圖書館

　　一直夢想，能隨心所欲地、盡情地去讀喜歡的書。可是這個夢想實現起來，又是很難，很難的。

　　在博爾赫斯看來，世界是一個圖書館，天堂也是一個圖書館。一切，早已由這個萬能的圖書館記錄了下來，我們唯一的問題，是釋讀。赫氏的這個說法，可以說深得我心。豈止是深得我心，應該是深得「有見識的人」之心。

　　只是把有書的地方作為圖書館，是理所當然的，我所謂夢想的地方，也是那裏。朋友中，有極好的人，是把家建成了圖書館，樓上樓下，除了書，還是書。不過，這還不能令我羨慕。

　　讓我心儀的，是5月在北京，見到久違的一石的時候。一石整理書稿，住在了北京，旁邊是國家圖書館。友人逗趣，一石也不無得意地說，自己是把國圖當做書房的人。我說，這一石，是住在天堂了。就在那一次，我見到了司馬光《資治通鑒》的手稿，宋版的《范文正公文集》，還有《四庫全書》的原冊頁和《永樂大典》。當天的日記，我用了《國圖驚豔》的題目。我跟一石說，買房子，就買在這裏吧，弄好了，我來借住，可不要攆我走，天堂裏，有朋友才好的。一石笑了，滿口應承。讀書好、編書也好的鍾芳玲女士，有一本叫《書天堂》的書，我覺得那書名真好，應該吸引滿天下讀書人的眼球。情在師友間的徐雁先生，門弟子皆在圖書館，江少莉在蘇州圖書館，童翠萍在中山大學圖書館，蕭永杉在深圳圖書館，林英在太倉圖書館，我說，那是一個願意讓全世界都變成天堂的人啊。廣廈千萬間，應該這樣才好。

一石的新書是昨天收到的。書帶來了天堂的氣息，把玩不已，不忍放下。這個人是把故鄉山河，萬古江天和草木收進了書裏。對著書，我想，一石和他的書，又是一個世界，一個如來。我們的天堂，其實是自己建成的。自己的世界與博爾赫斯給我們描繪的天堂，並無二致，身在其中，並盡情享受，是值得慶賀，和歡喜的。

2009年10月19日

閒心情

　　人有閒時間，是很好的事。閒，首先是心要有閒。有閒心情，是更好的事。舊小說裏的才子常是詩詞歌賦，無所不曉，琴棋書畫，無所不通的，加上有閒，或偷閒，就有佳人喜歡上才子，從而演出一出悲歡離合來，進而惹得天下人或歡呼雀躍，或傷感無限。

　　張伯駒是有閒心情的人。他是與張學良、溥儀弟弟溥侗、袁世凱兒子袁克文一起，被人稱為民國四公子的。還別說，真就如右派之首的章伯鈞所稱，中國文化很有一部分，是由統治階層裏沒有出息的子弟們創造的。遠說，陳思王曹植、後主李煜、道君皇帝趙佶，是這些人的代表，近世，就有四公子等。張伯駒就在玩古董字畫中，玩出了大名堂，有了大貢獻。張伯駒是一個心閒的人。做公子哥兒，是他的工作。他的妻子潘素，原本是花國總統，其內秀被開發，成為一代名畫家，亦老張閒心情所致也。據章詒和說，別人跌倒了，往往說爬起來，可張伯駒跌倒後，給人的感覺就好像沒跌倒，所以也就不用爬起來。其實在今天看來，那所謂跌倒摔跤，本來是很不該有的，叫做瞎胡鬧是合適的。個別人胡折騰，大家跟著遭殃而已。1956年，張伯駒和夫人潘素把他收藏的西晉陸機《平復帖》卷，隋展子虔《遊春圖》，唐李白《上陽台帖》，杜牧《贈張好好詩》卷，宋范仲淹《道服贊》卷，蔡襄自書詩冊，黃庭堅《諸上座帖》，元趙孟頫《千字文》等書畫捐出，心如古井，不起波瀾。心要是不閒，這是辦不到的。如今想這樣的人，讀張伯駒女兒張傳彩回憶父母和親友的文字以

及圖片，就有風景遠去，長想神往的感覺。今之視昔，張伯駒是高人，後之視今，還有如張伯駒者否？

天和地，對任何人來說，都應該是沒有區別的，可是有閒心情和沒有閒心情的人看來，是不一樣的。張伯駒的《浣溪沙》詞云：

> 半世如經說法場，春來春去夢中忙，眼前風景總斜陽。
> 病酒願為千日醉，看花誤惹一身香，老年狂似少年狂。

人生世間，夢在天上。春來春去，看花留香。這大概就是閒心情了。要是沒有閒心情，張伯駒的傳奇，可能就沒有了。

2009年10月19日寫畢。

讓青少年讀好書

　　浙江蒲雅琴君來信，說「為了推動青少年對於經典作品和優秀文字讀物的閱讀，上海市作家協會、巴金研究會、無錫錢橋中心小學共同發起「大家一起來讀書/作家、學者、教師向青少年推薦閱讀書（篇）目活動」，徵集推薦閱讀書目。

　　想起說過「書讀完了」的金克木先生，曾說有十部古書是漢代以來的小孩子上學就背誦一大半、一直背誦到十九世紀末的，它們是：《易》、《詩》、《書》、《春秋左傳》、《禮記》、《論語》、《孟子》、《老子》、《莊子》等。這十部書是青少年應該讀的一個基本書目了。可是，要求現在的青少年課外去讀這些書，只能是提倡，實際是做不到的。

　　作為中學老師，給孩子們薦書，責無旁貸。為浦君的盛情所動，我也填了一張表格寄過去。並表達了「感謝你和朋友們為孩子們所做的有益工作」的心意。蒲君就有復信，說需要在書目後「再注明一下適合小學、初中、高中哪一類學生」。我心裏想，大約有些說明會更好些。弄好後寄過去，這信的部分內容就上傳到了巴金研究會的網站，浦君並言：「我想把你的信推薦到《點滴》」。我覆信說：「在《點滴》刊發沒有意見，只是寫的隨意了，不一定好，請斟酌修改之，以不誤人為好。」結果又有新命：「如果不怕麻煩，你自己可以改一下的。」恭敬不如從命，就改起來吧。以下就是改定的文字。

　　所選的幾本書，都是讀有成就者、有學問者所著，文字背後的厚實，足可信賴。范福潮是工科出身、學林之外的高

人，《書海泛舟記》文字洗練精緻，意蘊豐厚，流覽一過，對人生對進取，會有助益。海倫·凱勒及其《假如給我三天光明》，則震撼人心，不獨對青少年，就是對成人一生，也不無小補，毋庸贅述。莎翁書，是這個世界上人們必須要讀的書之一，古人說，不學詩，無以言，今日世界，不讀莎翁，則缺修養。莎翁書以朱生豪的譯本為最佳，惜部頭大，退而求其次，只好用編譯本暫代，待孩子們有了餘力，自會延伸和擴大視野，汲取養分。編譯本早的有蕭乾的本子，後來好的也有，可斟酌篩定之。《唐詩三百首》是相對較好的本子，手有一編，頗便背誦。祖國是詩的國度，唐詩是最寶貴的財富之一。從唐詩背誦入手，是傳統文明教育的一個好的入口。先人總願意把最好的東西留給子孫，經典就是這樣的東西。

張新穎是有成就的學者，是博導，也是《儲安平文集》的編者，研究儲安平的專家。《讀書這麼好的事》是他應《上海中學生報》編輯之約，俯首為孺子們的寫的書，內容扎實，文采斐然，可讀性也強。比如他說：「想要瞭解西方文化，必須得有《聖經》的知識，這是不依傍其他而其他依傍它的，如果沒有這個知識就無法讀懂西元以後的書。要理解伊斯蘭教世界的書，第一重要的是《古蘭經》。西方文學茫無邊際，但有幾個文學家的書是不能不讀一點的：荷馬、但丁、莎士比亞、歌德、巴爾扎克、托爾斯泰，再加上一部《唐·吉訶德》。不要滿足於這些書的提要和評論，要讀這些書本身。」張新穎以為，青少年閱讀應該建立起基礎書、核心書、「書的書」的意識，否則空泛地閱讀，無根地閱讀，效果一定是不理想的。

真正適合於自己的書是需要自己去摸索，去尋找的。對於別人重要的書對於你不一定重要，一千個讀者，就有一千個哈姆雷特。張新穎說：「人要有朋友，要有自己鍾情的人，對

於書，也是一樣。也許別人可以幫助你去摸索，去尋找，但最終還是要你自己去找到，你自己去建立起感情。」

我是同意張新穎觀點的。我覺得，有了好書的引導，我們的學生是能找到適合自己的好書，形成自己的閱讀意識，幫助自己成長的。

此次活動的最終成果是推出一本帶有專家導讀的青少年課外讀本，我想這個讀本會出好的，因為有這麼多認真的人參與。

2009年9月26日上午

漢簡

　　廣場上有書法家舉辦展覽，我去看了。人未變，字體變了，變出來的是漢簡上的字。憶及五月間前往居延，路過漢簡現身地金水關，看關卡孤處大戈壁，屹立千餘年，念大史學家班固來此事件，不免感慨萬端。

　　當日，光武帝劉秀時候，竇融領河西五郡大將軍張掖屬國都尉，班彪在這裏避難。台北版《班固年譜》，史書上的班固本傳都說，班固行中郎將征北匈奴至居延塞私弘渠海，這正可以和居延漢簡上的文字相互印證。饒宗頤先生說，班固，是史學家中親至居延塞的第一人，不可不為之表彰。多少風沙吹過去了，金水關已經頹然老矣，僅餘蒼蒼。先生編輯了簡牘編年，細細梳理出了砂漬塵埃裏的歷程，地下埋藏的簡牘，今日竟又有了意義，這是這些簡牘的主人，那些邊關戍卒們無法想到的。

　　友人吳君，有數枚漢簡。殘舊斑斕的木片上，幾顆並不見佳的隱隱的毛筆字，也是隸不像隸，楷不似楷。可是無論如何，對那些千餘年前寫就，留了下來的古漢字的敬畏，會使人心熱有加。簡牘上靜靜流瀉的仕宦世情，絲絲扣扣，讓人低徊想往。那一筆那樣潦草，是軍情急切？那一筆如此沉穩，是舒心愜意？是見過班固的人寫的麼？賞玩時一不小心，會疏遠了班固，還是親近了班固？看的是他看過的文字，想的不一定是他想過的問題，誰俘獲了誰呢？那風華絕代的班昭妹妹，給皇上寫的摺子，也是這樣的木片呢。曾經在國家圖書館，看到過

貝葉經的片子，大小正和這個簡牘相仿，豔麗和迷人處，沒有被歲月的風塵所淹沒。

那個地方，現在是人跡罕至的遺址了。不遠處，是聞名遐邇的衛星發射中心。今天的簡牘，是寫在太空中的，又一千年後，誰來發現，如何賞讀呢？

靜靜地，我攤開精緻的傳世書法，一方木製的朱紅印鑒在淡黃的冊頁間顯現：張掖屬國都尉。也是一千年呢，這金水關的寶物，當年是怎樣地叱吒風雲，一千年來，它又經歷了怎樣的風霜雨露。神奇的故事，就這樣在彌天沙塵間傳了過來，超然世外。我在冊頁間唔對，如老友間的親密。

2009年10月22日

讀書消暑錄

　　「易兄好！《讀書消暑錄》收到，好書也，喜。未能參加江西讀書年會，憾事也，因而錯過見面機會，又憾事也。由拙編《弱水書話》而識君子，人生之幸也。」這是收到《讀書消暑錄》後，我發給作者有不讀齋主人易衛東兄的消息。

　　早上九點拿到書，下午兩點上班的時候，我已經讀完了。《讀書消暑錄》只有七萬五千字，一百二十二頁，僅印一百冊。從書裏看，80年十四歲的易衛東，今年該是四十三歲，妻子賢慧，女兒易昕，也好讀書，是一個幸福的家庭。

　　我和易兄多相通的地方。套用一下《讀書消暑錄》裏的句式，則得：易兄所讀，亦我所讀；易兄所好，亦我所好；易兄所言，亦我心中所感而未言者也。再說，就還有，我們都是教師，都是六十年代人，而且，我們的孩子，或者都在大二念書。

　　過兩年是知天命之年，一本書拿在手裏，不放下，一氣讀完，這樣的時候很少了。《讀書消暑錄》，是一氣讀完的。中午吃飯的時候，一手是飯碗，一手就是《讀書消暑錄》，妻子說，你到底顧得上吃，還是顧得上讀？我支吾一下，繼續讀。

　　他是學數學教數學課的。文字簡潔，或許與職業有關，精和短就成了特色。想到我的文章長，就不免慚愧起來。「應信村茶比酒香」。易衛東是拿這句子說啟功的，我卻喜歡這句子所傳達出的禪意。他贊孫犁文字說：「真如陳酒之醇，歷久彌香」。用這話來說《讀書消暑錄》，估計易兄要說

NO，但是秉自由之精神，獨立之人格，我想這樣說，其奈我何？呵呵。

羨慕易衛東的，是他的第一本簽名書，是張中行的《留夢集》。這書我也有，但哪裡能再得如此風光？何況他見過老人，聆聽過老人的話，收到過老人的回信。鳳兮鳳兮，韶光已逝。儘管我也深染「疑」的教化，想把這榮光看淡，可人之常情，又豈能全部免卻。

這人也有怪癖，自立規矩，只買印數在一千冊以內的書。在煎熬難耐的時節，讓女兒摹寫線描《紅樓夢》插圖，自己強讀以精校著名的龔明德先生著作《昨日書香》，想找出差錯來，還真就得逞。欣賞那個《東寫西讀》作者陸灝是「無學可治，不寫學術論文，不求文憑，不寫書評的普通讀者」。

易衛東說：「一個因書緣而未曾謀面的朋友，讓人體會到世界美好的真情。」我們沒有見過面，我們因書而結緣。讀著這話，親切感就油然而生了。

易衛東的文字不循情。他稱頌葉聖陶的孫子葉兆言，末了說：「小說家寫散文未免馬虎，葉兆言先生把『許壽裳』誤作『許壽棠』就是個顯著的例子。『許壽裳』應該是讀過點書的人都知道吧。」說實話，葉氏可能是筆誤造成的，私心裏，覺得易兄可以不說這個，可是在書店裏見到葉兆言的《看書》的時候，易兄的話還是飄過腦際，就把書放下了，不買也罷。

他讀王蒙的文學研究著作《雙飛翼》，說「誠如自道：『走火入魔』了，讀過來有點煞風景」，中國的詩詞還得讀者自己體會，不必管什麼注釋評說。而我覺得，《青春萬歲》後的王蒙，更多的是名氣，真願意辭官當文人，王蒙之外，六十年間無第二人。不過其書，讀起來還是很費勁。曾經買得一本人民文學出版社2003年版的《王蒙自述：我的人生哲

學》，本來是抱有期望的，不想讀來覺得和坊間粗製的所謂葵花寶典差距很小，話也多師爺味，就放下了。

陳丹青《退步集》名滿天下。易衛東說：「五十開外的青年導師，有事就說事，批評就批評，非要弄一副憤青的腔調，未免矯情得緊。」陳在行文中夾入「國罵」，易說「徒然添一分噁心」，「還有那些故意玩弄詞語，顧左右而言他，言不及義的答問，讓我覺得這個人活的並不真實。」

贊成易衛東提到的這句話：「在世一日，就要做一日好人，讀一日好書。」這樣有什麼好處呢？我願意引傅月庵的話來說：「愛讀書的人未必有錢多金，未必功業彪炳，未必情場得意，未必家庭幸福人生美滿。然而每當橫逆來襲，挫折迎面之際，他們總比不讀書的人多了一份餘裕的迴旋空間和從容的應對姿態。這樣的人，中國人尊他『無欲乃積壽，有福方讀書』。在西方，類似的讚美出自伍爾芙夫人之口，她在《普通讀者》書中說：我往往夢見在最後審判的那一天，那些偉人──征服者和律師和政治家──都來領取皇冠、桂冠或永留青史的英明等獎賞的時候，萬能的上帝看見我們腋下夾著書走近，便轉過身子，不無欣賞地對彼得說：等等，這些人不需要獎賞。我們這裏沒有任何東西可以給他們。他們一生愛讀書。」

易兄是愛讀書的人，《讀書消暑錄》能夠證明。說他一生都會這樣，應該也不會錯吧？

2009年5月28日端午節晚間寫畢。

張中行趣說紅樓

　　說《紅樓夢》的人多。讀張中行《負暄續話》，見《真龍假龍》一篇，內中說到了關於紅樓夢的一些意見，頗覺有趣。

一、荒唐事

　　荒唐的，是所謂（北京）西郊的曹雪芹故居。其他大小破綻且不說，請問，乾隆初年的農村民居，到現在還能找到幾間？輕信這個的人，大概連滄海桑田的成語也忘了。忘而信，或不忘而信，這也是典型的葉公，見假龍而愛不忍釋。

二、缺常識

　　與《紅樓夢》拉上關係的恭王府，據說不只是保護，而且要開闢為什麼點，賺外國人的錢了。稍有歷史常識的人都知道，曹家的官並不高，在北京是沒有資格住這樣的府的。非曹門所住，今天買票進去，發思秦可卿淫喪天香樓之幽思，與葉公之滿牆刻畫假龍何異？

　　張老還有過一個聲明，說該文本意不是嘲諷有些人眼不明，吃假藥，喝假酒，以至騎著假鳳凰車去逛假大觀園（按，今天要說，就是開著借來的賓士車去逛假大觀園了。其實今天搭計程車去，也蠻好的）。

三、滑稽

　　如果萬一乘阮籍之車，走到所謂曹雪芹故居的門口，進去看看，設想這位玉兄晚年，曾與新婦寡居表妹，在這裏煮小米粥吃，於是而產生伏白首雙星等等遐想，總是有點滑稽。

　　長者精明睿智，於嬉笑中道出肯綮，要言不煩，勝過多多許吃紅學飯的才子佳人，可記也。

丁玲

　　晨間讀《2005中國年度隨筆》，有張鳳珠文〈記丁玲〉。文前首引孫犁的話，算作是題記：「一顆明亮的，曾經子夜高懸，幾度隱現雲端，多災多難，與祖國同命運相伴相隨，不失其光輝的星，隕落了。」張鳳珠是丁玲的秘書，曾經在49年後的幾年間和丁玲在一起生活，很有感情，她目睹了丁玲落難的過程，感受了世態炎涼在丁玲身上的顯現。文中說，丁玲在獲得史達林文學獎後在青年中的的聲望和影響，是現在大家所熱衷期盼的諾貝爾獎所無法想見的。丁玲的影響力，不僅在文學上，更在她參加革命上。丁玲自述，她曾經去試過當電影演員，由於受不了那種男女演員間的摟抱與曖昧，最後逃跑了。後來是愛人胡也頻的犧牲，再後來是紅妝文將軍，戰地黃花，分外香。《太陽照在桑乾河上》給她帶來了前呼後擁的熱鬧，榮譽是巨大的。丁玲後來的落難，本來不稀奇，在那個年代裏，無災無難的人才是怪物。讓人難受的是，堂堂的中央大員，在批丁玲的大會上竟是這樣一副嘴臉：

　　　　中宣部長陸定一親臨大會，傳達中央政治局對報告的批示，並發表講話。他講「丁、陳反黨集團」和「胡風反革命集團」是裏外呼應，互相配合的，說到這時，忽然環視會場怒不可遏地問道：杜鵬程來了沒有？杜鵬程應聲而起。陸定一怒斥道：你給路翎寫信，說你看了他的作品後，恨不得把自己的作品都燒

了，你說你這是什麼意思，你燒了沒有？現在燒給我看看。全場寂然無聲。這位部長仍然怒氣不息，又說：你要燒作品，可又拿人民付給你的優厚稿費，你怎麼說？這時主席台上不知什麼人說了句：都交黨費了。部長才緩和下來，說了句：那就好。

　　一向敬仰的劉白羽，竟也是出爾反爾的變色人。還有周揚，本來是魯迅不滿意的「四條漢子」之一，建國後身居高位，對迅翁之「誤」大家也不以為意，沒曾想在丁玲的問題上也是出奇的「小」，人啊人，是本性之惡，還是時代之惡？還是別的什麼？我們慶幸的，是畢竟走出了那個時候。丁玲倒楣的時候是五十多歲，她去了北大荒。丁玲說過：「人要在寂寞中、孤獨中、恥辱中熬煉，熬煉出一副鋼鐵的意志，和一顆對自己也要殘酷無情的鐵石心腸才行啊！」問題是，人人都能煉出「一顆對自己也要殘酷無情的鐵石心腸」嗎？多少人在那個年代裏或懸樑，或投湖，走上了「自絕於黨，自絕於人民」的不歸路。後來的周揚、陸定一他們，也遭受了牢獄之災，這個苦果，能說不是這些人自己釀造的嗎？

　　丁玲有偉大領袖賜給的特殊牌照：

臨江仙・給丁玲同志

壁上紅旗飄落照，
西風漫捲孤城。
保安人物一時新。
洞中開宴會，
招待出牢人。
纖筆一支誰與似？
三千毛瑟精兵。

陣圖開向朧山東。

昨天文小姐，

今日武將軍。

　　這闋詞最初的時候是用電報發到丁玲的手裏的，後來又蒙御筆親書，應該是一張好的護身符，可是人之倒楣與否，似又與牌照無關。丁玲一生兩度坐牢，有人說她三十年代坐牢，因為文章是紅色的；七十年代坐牢，文章成為白色的了。她一會是頭號右派，忽然之間又成為輿論上的極左人物。這是歷史在開玩笑嗎？還是這就是人生呢？

　　1984年8月，《關於為丁玲恢復名譽的通知》發出，丁玲是在病榻上看到了這個通知，她對老伴陳明說：現在我可以死了。

　　旅美華裔作家於梨華訪問丁玲，「丁玲和她談起北大荒的生活，講自己養了幾年雞，幾乎成為飼養能手，講了很多飼養方面的趣事，講得很有興頭。於梨華卻聽得很難過，很激動。她說：丁玲是世界知名的大作家，怎麼竟會讓你去養雞呢？這不是對天才的糟蹋嗎？你又怎麼忍受得了呢？於梨華一連串的問，丁玲沉默有頃才回答：我愛我的文學事業，但我首先是共產黨員，共產黨員可以在任何處境下去做任何事情。我在延安參加過大生產運動，勞動對我不是負擔，我要求自己不把這看做恥辱，我是作家，在基層生活更親近了人民，從另一個角度看，倒是難得的收益。」丁玲的這些話是一種執迷不悟呢，還是開悟者的得道語？作為後人，我不能妄加評判。但活了一輩子，半輩子身陷囹圄的丁玲，卻不能不說是可憐的人。七十年代的丁玲曾說過：「憶幾十年大好年華悄然消失，前途茫茫而又白髮蒼蒼，心高命薄，不覺悵然。」誠哉斯言。

【卷二】

桃花源藍本

　　歷史文化名城張掖，有許多名勝古跡，奇聞軼事，但要說天才的田園詩人、「古今隱逸之宗」陶淵明到過這裏，恐怕就鮮為人知了。

　　但是，陶淵明確實到過張掖並留下了詩作，而且，他那個在人類文明史上佔有輝煌位置，讓中國人陶醉了一千五百年的理想國「桃花源」的藍本，也正是被譽為「塞上江南」的張掖。

　　翻開《陶淵明集》，陶淵明記述行蹤、悼國傷時、追慕節義的詩章赫然在目：

> 少時壯且厲，撫劍獨行遊，
> 誰言行遊近？張掖至幽州。
> 饑食首陽薇，渴飲易水流，
> 不見相知人，惟見古時丘。
> 路邊兩高墳，伯牙與莊周；
> 此士難再得，吾行欲何求！
>
> ——《擬古九首》之八

　　從本詩所述之志和《擬古九首》末章「種桑長江邊，三年當望採，枝條始欲茂，忽值山河改」的句子看來，前引詩作應寫於元熙二年（420年）前後。宋武帝劉裕於義熙十四年戊午（418年）十二月幽禁晉安帝於東堂，立恭帝。恭帝元熙二年庚申（420年）六月，又逼恭帝禪位於自己。陶淵明是晉

室大司馬陶侃的後人，他發「山河改」之類的感慨是很自然
的事。此時的陶淵明，已經五十六歲，「烈士暮年，壯心不
已」，晚年的陶淵明，雖已隱居多年，但顯然仍在關心著時
事，難以忘情於壯志滿懷的青春歲月和自己的理想，關心著自
己到過並且留下了深刻印象的張掖。

那麼，陶淵明為什麼會到張掖來呢？

原來，晉代自「八王之亂」以後，中原地區就已經被逐
鹿爭雄的統治者弄得兵連禍結、民不聊生了，正如當時民謠所
唱的那樣：「秦川中，血沒腕。」可是，河西一帶在西晉滅亡
之後，卻由於原西晉涼州刺使張軌的兒子張寔治理得力，子孫
保有一方，成了西北中國唯一政治安定、經濟繁榮、人民安
居樂業的好地方。許多中原大族、文人學士相繼攜家大批來
此，百姓們也絡繹不絕，奔向這塊樂土，躲避戰亂（即《桃花
源記》所謂「避秦時亂」）。河西的經濟文化呈現出一種極為
罕見的興旺景象：那個時候，我國與中亞地區的文化交流主要
在這裏進行；敦煌的莫高窟、武威的天梯山石窟、張掖南部
的馬蹄寺石窟也都在那個時候開始營建；文化巨人、譯經大
師鳩摩羅什也在那時駐錫張掖。「區區河右，而學才埒於中
原」（《北史‧文苑傳》），「號為多士」（《資治通鑒》卷
一二三）。這些都標誌著河西學術在當時的盛況。陳寅恪先生
曾就此指出：「劉（淵）石（勒）紛亂之時，中原之地悉為戰
區，獨河西一隅自前涼張氏以後尚稱治安，故其本土世家之學
術既可以保存，外來避亂之儒英亦得就之傳授。」（《隋唐制
度淵源略論稿》）陶淵明的另一篇詩作《贈羊長史》證明，作
為將門之後的青年陶淵明，從西歸將士的口中聽到過上述情形
並流露了由衷的欽羨。自然，「少時壯且厲」的陶淵明對於河
西，就免不了懷有一份「心嚮往之」的激情了。於是，在尚遊
士風的影響下，一向追慕古人、稱許過俠士荊軻的陶淵明，就

隨著西來的人流，仗著熱血青年的豪氣，「撫劍獨行遊」，欣然來到了遠離戰火的世外桃源、物候條件甲於河西走廊的塞上明珠金張掖。

對張掖的風土人情，陶淵明應該是十分熟悉而且喜愛的，張掖在兩晉人心目中的地位也是很醉人的。不然，晚年的陶淵明是不會念念不忘、賦詩以記並引為自豪的。

陶淵明來張掖的路線，是從絲綢南路經大鬥拔谷（今民樂扁都口）到達張掖。因為這是當時中原通往河西的最佳路線。大鬥拔谷橫穿祁連山，兩山峽峙，一水中流，群峰爭勢，風景如畫。入山則鳥語花香，樹木蔥蘢；出山則一抹平疇，沃野千里，於峽口放眼張掖，但見「阡陌交通」，「土地平曠，屋舍儼然」，與《桃花源記》所述內容極為相似。

陶淵明生於西元365年，卒於西元427年。29歲任江州祭酒、鎮軍參軍等，41歲任彭澤令，此後掛冠去職，不為五斗米折腰，再未出仕。他到張掖來的時間，當在22歲至28歲之間（387～393年）。此時，正是後涼呂光在位（386～399年）時期，張掖屬呂光所轄，河西相對安定。

在這樣一個特殊時期感受了張掖人民安樂生活的陶淵明，面對中原一帶飽受戰亂的局面，時時想到張掖這個世外桃源般安定和平而又文明美麗的好地方，就是一種最自然不過的事了。也就在寫過《擬古九首》詩後的第二年，57歲的陶淵明又一次揮筆，以他所瞭解並印象深刻的張掖風土人情為原型材料，昇華和勾畫了寄託自己的社會政治理想，也為炎黃子孫夢寐以求的理想國「桃花源」，並寫下了不朽的傳世之作《桃花源詩並記》。

據陳寅恪先生《桃花源記旁證》的考證，桃花源材料的主要來源和依據是西征將佐歸來後所談西北人民逃避苻秦暴政的情況，而其所寄託的社會理想成份，亦與《擬古九首》所述

事相似。可惜的是陳先生的考證沒有引起人們足夠的重視。陳先生未明確指出「西北」即張掖，固然是由於他治學嚴謹的原因。但先生未能深究《擬古九首》，對張掖地況缺乏實際體察，也可能是一些重要的因素。

總的說來，陶淵明時代的張掖，既未受前秦滅前涼、呂氏建後涼的兵事大災，那麼在物候優越的自然條件下，平疇沃野，阡陌縱橫，富庶一方，便也是自然而然的。因而，歷經戰亂的陶公到達後把這裏視作與世隔絕的人間仙境，也就不難想像了。至於後來陶淵明在他的作品中懷念張掖、藝術地再現張掖人民的生活並藉以寄寓自己的理想，也就更可以理解了。

讀陳寅恪詩

　　雪壓松枝，又是假日，焚香掃地，展卷遠思。給千里之外的友人發出一個短信，隨即就有回應：「讀經宜冬，其神專也。冰封大地日，南面百城時。何經君興發，殷勤遙相問。」烹茗啜飲，想入非非。眼前的幾卷書是新到的：中華書局的《花隨人聖庵這憶》三冊、廣東出版集團的《陳寅恪詩箋釋》兩巨冊。前一種，我已備齊大陸可見的四種版本，後一種書，雖然書裏面掉出一頁，顯得裝訂不佳。不過，由於心儀已久，內容無損，心裏的偏愛之情竟也絲毫未減。想陳寅恪先生，以民族斯文傳薪人的身份，守身南國，結得紅豆之緣，相思無已，紅妝相頌，雖百折患難，猶香染萬古，誠書界之楷式，亂世之南針。

　　這一部《陳寅恪詩箋釋》是由胡文輝寫成的。胡氏以陳寅恪史家之詩的解人揮筆，用心周密。書前寫序的羅韜說，胡釋陳寅恪詩，可以和胡三省注解《通鑒》方比。注解陳詩，篳路藍縷的工作潛山余英時氏曾做過，但所解詩有限，胡文輝著作可以說是後出轉精，勝於前前。陳寅恪最有名的話，是他在《王觀堂先生輓詞》裏說過的「獨立之精神，自由之人格。」讀書人看重陳氏，除去其著作特有的魅力，這句話的感召力也很強大。

　　前輩學人對陳寅恪先生的評說夥矣，多讚譽。不過，不滿且中肯的亦復不少。

　　有名的，是揚之水日記體著作《梵澄先生》中的那一段：「說起陳寅恪的詩，我說，總覺得一派悲慨憤懣之氣，

發為滿紙牢騷。先生說，精神之形成，吸納於外，以寅恪之祖、之父的生平遭際，以寅恪所生活的時代，不免悲苦、憤慨集於一身，而痛恨政治，世代雖變，但人性難變，所痛所恨之世態人情依然。寅恪不滿於國民黨，亦不滿於共產黨，也在情理之中。其詩作卻大遜於乃父，緣其入手低，——未取法於魏晉，卻入手於唐，又有觀京劇等作，亦覺格低，幸而其學術能立，否則，僅憑詩，未足以立也。先生說，他與寅恪原是相熟的，並特別得其稱賞。後來先生聽說他作了《柳如是別傳》，很搖頭，以後也沒有再來往。」梵澄言，很精彩，亦老輩知人論世之論。

此外是朱東潤，他認為，傳記首先應當用以表彰仁人志士，激揚民族之氣。在一次會議上，朱東潤對陳寅恪的《柳如是別傳》有微詞，認為不合適以洋洋八十萬言為一妓女立傳，晚年付所有精力研究一個妓女，不值。引得在座陳寅恪先生的弟子現場拍案，復又拂袖。

搖頭之外，對陳寅恪持讚譽肯定態度的夏承燾，在《天風閣學詞日記》裡也有說叻，1947年5月27日日記云：「閱陳寅恪連昌宮詞箋證一篇。念著書有三種：最上，令讀者得益；其次，令此學本身有發現；其三，但令讀者佩服作者之博學精心。陳君之書，在二三之間。」

我於二十年前讀得先生《柳如是別傳》，十年前讀得陸鍵東《陳寅恪最後的二十年》，後來又收齊先生及錢牧齋柳如是著作，傾心仰慕，自不待言。

現存陳詩不滿三百首。但就這些詩，已使陳先生名列現代史家中影響最大的詩人。其詩機關暗藏，暗碼重重，讓人既想讀，又想索隱。是橄欖枝，難得而耐咀嚼。先生以文史宗匠而親歷五朝，寫的有都是當時的大事，眼底風雲，盡收筆底。以其眼力心力，多可補史之缺，發微揭覆，自然大有意義。

打個不恰當的比方說，杜甫的詩是詩家之史，多詩家之清新。陳寅恪的詩是史家之詩，多史家之清醒。清新和清醒，對讀者來說，都有意義。老杜是史詩，陳的是詩史。史詩和詩史，側重不同，情趣不同，用心則一，都是要讓人活，活得好一些。概言之，史家之詩，說到底是以史為料，詩家之詩，說到底是以詩為歌。羅韜序云：「其詩豈餘事哉，皆蒿目而憂世之患，不能已於言者，一生歌吟，可作當代史論觀。於詞章則周濟所謂寄託，於書法則劉知幾所謂用晦；往往取瑟而歌，事邅意邅，微而顯，志而晦，婉而成章，是詩史也，亦心史也。」

　　陳寅恪一代史家，史識一流，文采一流，可是他畢竟是書生。陸鍵東以為，他是能保護自己的，他很清醒地躲過了運動中的數次劫難。或許他是對的，但也或許，要是他去成了英倫，人生和貢獻，會是另一番風景。

　　比如對抗戰的認識，他就趕不上《論持久戰》的眼光。不唯趕不上，還是「反動」的。陳寅恪的《殘春》詩有句：「孤注方看博死休」。胡文輝注引《吳宓日記》第六冊本年七七事變後的7月14日記述：「晚飯後，7～8時與陳寅恪散步。寅恪謂中國之人，下愚而上詐。此次事變，結果必為屈服。華北與中央皆無志抵抗。且抵抗必亡國，屈服乃上策。保全華南，悉心備戰，將來或可逐漸恢復，至少中國尚可偏安苟存。一戰則全局覆沒，而中國永亡矣云云。寅恪之意，蓋以勝敗繫於科學技術與器械軍力，而民氣士氣所補實微。況中國之人心士氣亦虛驕怯懦而極不可恃耶。宓按寅恪乃就事實，憑理智，以觀察論斷。但恐結果，徒有退讓屈辱，而仍無淬厲湔祓耳。」（《吳宓日記》第6冊第168頁）

　　當然，他一定是一個有氣節的人。七七事變後北平淪陷，陳寅恪先生的父親散原老人在重病中拒藥絕食，憂憤而

逝，陳寅恪和全家南逃。因為要往英國醫治病目，1939年春，西南聯合大學教授陳寅恪接到牛津大學邀請，準備攜全家赴英國主講東方漢學。假道香港候船西行之際，逢珍珠港事變發生，滯留九龍。《陳寅恪書信集》所收的陳寅恪1942年6月19日致傅斯年、朱家驊和葉企蓀等人書信中寫到了當時的情景：「弟於疾病勞頓九死一生之余，始於6月18日攜眷安抵桂林。」日子是難的：「……弟當時實已食粥不飽，臥床難起，此僅病貧而已；更有可危者，即廣州偽組織之誘迫。陳璧君之凶妄，尚不足甚為害，不意北平之偽『北京大學』亦來誘招，香港倭督及漢奸復欲以軍票20萬（港幣40萬元）交弟辦東亞文化協會及審定中小學教科書之事，弟雖拒絕但無旅費離港，其苦悶之情不言可知……」這期間，日本人曾經以重金和優越的研究條件相誘惑，要陳寅恪先生出面辦「東亞文化學院」，也遭拒絕。《吳宓日記》1944年12月15日還有這樣的記載：「聆寅恪述前年在港居一千門萬戶、曲折迴環、而多複室密隧之巨宅（電影《白雲仙鄉》所取景），日軍及台灣兵來避擾，幸獲脫免事。及拒絕漢奸誘入東亞文化之團體，並名人某某輩，實已甘心作賊，且奔競求職情形。」

不過，陳氏以後對汪精衛仍有同情，顯然與他的抗戰觀有關。1944年在燕京大學時，有詩《阜昌》：

> 阜昌天子頗能詩，集選中州未肯遺。
> 阮瑀多才原不忝，褚淵遲死更堪悲。
> 千秋讀史心難問，一局收枰勝屬誰。
> 世變無窮東海涸，冤禽公案總傳疑。
> 題下注：「甲申冬作，時臥成都存仁醫院。」

在《陳寅恪詩箋釋》裏，胡文輝用了長達十頁的篇幅，專釋這首詩。

據《吳宓日記》，1944年12月17日吳到成都存仁醫院看望正在因眼病住院治療的陳寅恪先生，「寅恪口授其所作輓汪精衛詩，命宓錄之，以示公權。」公權係蕭公權，是陳寅恪和吳宓此時的同事、朋友。「阜昌」一詩是輓汪精衛的。在這首詩中，陳寅恪是把汪精衛和南宋偽齊帝劉豫相提並論的。

陳寅恪對汪精衛的態度不是簡單的譴責，更多的還有惋惜之情，憐才之意。縱是對辛亥革命，陳寅恪也沒有熱情讚頌過，他在《王觀堂先生輓詞》中曾經明白地表示過對清王朝的懷念，在這一點上，華夏文化的傳人陳寅恪、王國維、吳宓有同戚焉。汪精衛的哥哥汪兆鏞曾罵了汪精衛一輩子，說汪精衛從來就不是什麼好人，汪兆鏞先汪兆銘而死。陳寅恪的幽微心緒更具史家情懷。自己的民族氣節是一回事，對歷史的認識是另一回事。認識歷史有時候甚至比捨生取義更難。

陳詩云：「千秋讀史心難問」，胡箋釋：「此處當謂從歷史角度看，汪精衛的功罪未易評說。」要言之，是說陳同情汪的動機和主張，否定其行為和後果，以其後來成立偽政府為非，不以其議和為非。心，確實難問。詩的疑，貫徹始終。說到「勝」，胡引了葉聖陶1946年4月22日日記中夏丏尊的話：「勝利，到底啥人勝利，無從說起。」末了說「冤禽公案總傳疑」，汪精衛從生到死，都是疑問，為了什麼？怎麼死的？他怕死麼？胡文輝說陳寅恪「至少是半信半疑」。至於是不是日本人害死的，胡進一步說：「連汪氏原來的醫生都有此疑，何況一般人？當時民間有此類傳說，可見汪氏在淪陷區仍有一定的聲望。正是因此，1946年還都前，蔣介石才會命令手下炸毀梅花山上的汪墓，焚骨揚灰以消除其政治影響。」

胡文輝在書裏收進了難得一見的汪精衛梅花山墓圖片。

有輓詩，寄同情，寓悼念意，是陳詩的主旨，胡文輝的箋釋則發覆完滿。國難家仇，攜婦將雛，遠走大西南，流徙萬里，八年離亂，飽受顛沛流離之苦，乃至因病雙目失明，延醫無門，成終生之恨。照理，假如汪精衛確實不齒有餘，陳寅恪斷然不會也不必要對其下場有如此情緒反應。

《陳寅恪詩箋釋》的一大特點，是以專題的方式來詮釋陳寅恪的華章。一題就是一篇，可作專題論文看，一篇又是一首，可作詩歌鑑賞讀。當然，作為史家的每一篇作品，又無一不包含著豐富的史料意味。起於1910年的朝鮮亡國，訖於1966年的「焚書」與「破四舊」，半個世紀的風雨雲煙，盡數羅列，洞微知著，靡不盡見。

陳原在《人書情未了》序言中曾說，十三年前，六十五歲的他，有了些閒時間的時候，在紐約，更多的，主要是看上海「孤島時期」前後若干年的舊書舊刊，原因是早年在上海灘混日子，腦子裏有一大堆解不開的謎。其實何止是陳原，現代真正的讀書人，對那個時代，心裏都存著解不開的謎。我們的今日，是來自於那個時代。

現代書林裏很特別的一本學術著作，是《花隨人聖庵摭憶》。作者黃濬，字秋岳，又稱哲維，號壺舟，室名花隨人聖庵，生於清光緒十六年庚寅（1890）。據高拜石《古春風樓瑣記》，黃秋岳本籍台灣，其父黃彥鴻，字芸淑，光緒十四年戊子科舉人，十六年庚寅科進士，簽分戶部主事，供職北京。台灣淪日後，久居都下，改籍貫為福建。黃濬十七歲畢業於京師大學堂譯學館，授舉人，七品京官。曾留學日本早稻田大學。入民國，任北京政府陸軍部承政廳秘書科科員，交通部法規編纂員，交通部秘書，財政部僉事、秘書、參事。得汪精衛等人賞識，1932年8月，任南京國民政府行政院秘書，薦至

地位僅次於秘書長之簡任級機要秘書，得與聞機密。1937年8月，以通日罪，父子在南京伏法。

《花隨人聖庵摭憶》一書，是黃濬的精心之作，曾經在《中央時事週報》上連載，絕大部分篇幅述鴉片戰爭以來發生在晚清七十年間的諸多歷史事件，如祺祥政變、海防之爭、中法戰爭、甲午戰爭、戊戌變法、庚子事變、兩宮西狩、東南自保、割台事件、洋務運動、清末新政、洪憲稱帝、張勳復辟、以及辛亥革命等。黃濬以其廣博的文史知識，悉心搜集的名人書札、大臣奏稿、宮廷邸報、佚文詩帖等第一手資料，綴成全書。其所記無論涉及政治、經濟、外交、軍事、文化等重大事件，抑或是對於時政軼聞、儒林風尚、社會世相、人際糾葛的敘述，皆材料詳實、論述完備，堪稱上品。由於議論恰切，援引廣博，論斷精確，新解層出，故陳寅恪甚為看重。

《陳寅恪詩箋釋》裏有專篇「黃秋岳之死」，解說陳寅恪1947年寫的一首詩：

> 丁亥春日閱花隨人聖庵筆記，
> 深賞其遊暘台山看杏花詩，因題一律
> 當年聞禍費疑猜，今日開編惜此才。
> 世亂佳人還做賊，劫終殘帙幸餘灰。
> 荒山久絕前遊盛，斷句猶牽後死哀。
> 見說暘台花又發，詩魂應悔不多來。

據《寒柳堂記夢未定稿》自述：戰後自歐洲回來，「重返清華園，始得讀秋岳之書，深賞其暘台山看杏花詩『絕豔似憐前度意，繁枝留待後來人』之句，感賦一律云……秋岳坐漢奸罪死，世人皆曰可殺。然今日取其書觀之，則援引廣博，論

斷精確，近來談清代掌故諸著作中，實為上品，未可以人廢言也。」學者中，陳寅恪當是最早肯定《摭憶》史料價值之一者。陳寅恪弟子劉適（石泉）引黃萱函稱：「陳師對於黃秋岳的《摭憶》備極讚賞，他說：『秋岳雖坐漢奸罪死，不當以人廢言』」。

陳寅恪是就文字說的，曹聚仁則質疑黃的漢奸案，有專文《也談黃秋岳》申說。曹聚仁說：「黃秋岳父子，以文士的散漫習氣，終於替日本方面做情報工作，那是事實。但做情報工作，乃是他做中央政治會議的秘書時期，他實在也很懶，只是把政治會議的決議案原封不動交給日本使館而已。這樣，日本方面所公佈有關國民政府的政治會議決議案，和南京方面一樣迅速。這就引起了國民政府當局的懷疑。經過了偵察，知道和黃秋岳的秘書工作有關。因此，1935年春天，便把黃秋岳從中央政治會議的秘書職位調開，他就失去了參與機密的機會了。邵力子先生也對我說：黃秋岳是不會知道軍事會議的軍事秘密的。」當時，曹的身份是全國各界抗日救國聯合會常委、《申報》及《大晚報》戰地記者，邵力子是當時是黨國元老、國民黨中央的宣傳部長。曹又說：「1937年8月間，日方已有在沿海作戰的計畫，因此，把他們在長江的海軍集中到長江下游來。他們的軍艦下駛，比國軍沉船封江早一星期，所以用不著黃秋岳父子來送情報的。到了今天，還說出賣長江封鎖計畫，也就等於說『九一八』之夕，張學良陪著蝴蝶跳舞一樣，不合事實。」

黃秋岳生前，將編定的書稿郵寄給瞿兌之，瞿進行了一些修訂。後來輾轉，書稿仍回到了黃家。黃家在北平付印，並乞瞿氏作序。序寫在1943年。初版僅印百部，未廣流傳，且非全編。上世紀六十年代，香港龍門書店高伯雨據1943年初版影印。該二種版本相同，僅收至1936年12月為止，全目347條。

黃氏友人林熙（高伯雨）稱，在黃被誅後，林「很懷念這部筆記，深恐年深日久漸被消滅，而不知北平已有單行本也，因耗重資請人入某大學圖書館檢出《中央時事週報》，以一年之力鈔為八大冊。未經印入單行本那部分文字，曾於1966年刊於《大華半月刊》，今又印單行本，名曰《補篇》云」。

《摭憶》一書，刊印初版的黃澄懷、瞿兌之，以及居港之林熙，或為黃氏兄弟，或為生前舊雨，尚有某種親情故誼在，他們是《摭憶》成書的功臣。而與黃澹毫無關係者，若鄭逸梅、鄧雲鄉諸先生，亦高度評價該書之文史價值，促成重新刊印。上世紀六十年代，旅美房兆楹教授（美國恒慕義《清代名人傳略》主要撰稿人），對香港龍門書店老闆周康燮推薦此書，稱「它的史料價值很高，而且在近五十年來用文言寫的筆記中，堪稱首屈一指，實在值得予以翻印，供給學術工作者參考」。因而周氏決定影印發行。

大陸方面，在1949年鼎革後，《花隨人聖庵摭憶》有過幾次印刷，我手頭有這樣幾個版本：

1. 上海古籍1983印本，16開，這是在1943年印本基礎上補入缺少部份後的影印本。

2. 上海書店1983年影印本，大32開，更小了。版本和前面的一樣。

3. 山西古籍出版社1999年9月版，簡體橫排本，上下兩冊，便於持讀，是比較好的本子。

4. 中華書局2008年7月版，豎排本，三冊。應該說，這是最好的本子。

對著書，就不免發生奇想，寧為太平犬，不為亂世人。奇才如黃秋岳，要是生活在今日，豈能罹禍。不過黃的友人瞿兌之，倒是活到了太平時日，可是也沒有在文革中倖免於難。人之命運，真是難以說清。

　　徐梵澄說「寅恪不滿於國民黨，亦不滿於共產黨」，這是近世知識份子的共同悲哀。其實，陳見過蔣介石，也在瑞士聽過列寧演講。如此淵源，卻都沒有見知，遺憾嗎？

　　答案似乎見於陳三立贈梁啟超詩殘句：憑欄一片風雲氣，來作神州袖手人。陳寅恪秉乃父之志，不亦可乎？

　　胡文輝注《藍霞》「甘賣盧龍無善價」句時引《胡適日記全編》稱潤之指示云：「中日之戰，是本黨發展的絕好機會，我們決定的政策是百分之七十發展自己，百分之二十作為妥協，百分之十對日作戰。」這算是史料嗎？就是起陳寅恪於地下，也未必說得透徹。

　　陳寅恪沒有離開大陸，沒有去台灣。但也沒有北上。

　　為什麼不北上？1953年，人在廣州的陳寅恪在《對科學院的答覆》裏說：

> 我決不反對現在政權，在宣統三年時就在瑞士讀過資本論原文。但我認為不能先存馬列主義的見解，再研究學術。我要請的人，要帶的徒弟都要有自由思想，獨立精神。不是這樣，即不是我的學生。你以前的看法是否和我相同我不知道，但現在不同了，你已不是我的學生了，所有周一良也好，王永興也好，從我之說即是我的學生。否則即不是，將來我要帶徒弟也是如此。
>
> 因此，我提出第一條：「允許中古史研究所不宗奉馬列主義，並不學習政治。」其意就在不要有桎梏，不要先有馬列主義的見解，再研究學術，也不要學政治。不止我一人要如此，我要全部的人都如此。我從來不談政治，與政治決無連涉，和任何黨派沒有關係。怎樣調查也只是這樣。

因此，我又提出第二條：「請毛公或劉公給一允許證明書，以作擋箭牌。」其意是毛公是政治上的最高當局，劉少奇是黨的最高負責人。我認為最高當局也應和我有同樣的看法，應從我說。否則，就不談學術研究。

至如實際情形，則一動不如一靜，我提出的條件，科學院接受也不好，不接受也不好。兩難。我在廣州很安靜，做我的研究工作，無此兩難。去北京則有此兩難。動也有困難。我自己身體不好。患上高血壓，太太又病，心臟擴大，昨天還吐血。

那年，陳寅恪已經六十三歲。六十而耳順，但史學家陳寅恪卻是天真的。只是這天真，保有了千萬年的真誠。他比錢牧齋強，比吳梅村強。不過代價，也就高。

那年，陳寅恪有《癸巳七夕》詩，寫到了紅妝：「笑他欲挽銀河水，不洗紅妝洗甲兵」，據胡文輝注，是指北朝鮮紅色政權。

那年，陳寅恪在《次韻答龍榆生》一詩裏說：「煩君一譜曙光紅」，也就是讓龍寫一首歌頌的作品。龍列席1956年政協會議期間，受到毛的接見，賦《絳都春》，有「喜得傍太陽，身心全暖」句。

又十年，是1961年年2月，毛潤之題李進所攝照云：「中華兒女多奇志，不愛紅妝愛武裝」。1961年8月，陳氏云：「留命任教加白眼，著書唯剩頌紅妝」。是巧合，亦頗耐人尋味。

不過陳寅恪是清醒的，精明也足夠。他把自己的最珍視的思想留給了歷史。

1953年，陳寅恪把論著託付門生蔣秉南。有詩為證：

廣州贈別蔣秉南

孫盛陽秋海外傳，所南心史井中全。

文章存佚關興廢，懷古傷今涕泗漣。

蔣天樞在1953年9月11日抵廣州謁見陳寅恪，歷時10天，前詩之前，陳寅恪另有同題詩：

不比平原十日遊，獨來南海弔殘秋。

瘴江收骨殊多事，骨化成灰恨未休。

同時寫就的，還有《贈蔣秉南序》：

清光緒之季年，寅恪家居白下，一日偶檢架上舊書，見有《易堂九子集》，取而讀之，不甚喜其文，唯深羨其事，以為魏丘諸子值明清嬗蛻之際，猶能兄弟戚友保聚一地，相與從容講文論學於乾撼坤岌之際，不謂為天下之至樂大幸，不可也。

當讀是集時，朝野尚稱苟安，寅恪獨懷辛有索靖之憂。果未及十稔，神州沸騰，寰宇紛擾。寅恪亦以求學之故，奔走東西洋數萬里，終無所成。凡歷數十年，遭逢世界大戰者二，內戰更不勝計。其後失明臏足，棲身嶺表，已奄奄垂死，將就木矣。

默念平生，固未嘗侮食自矜，曲學阿世，似可告慰友朋。至若追蹤前賢，幽居疏屬之南、汾水之曲，守先哲之遺範，托末契於後生者，則有如方丈蓬萊，渺不可即，徒寄之夢寐，存乎遐想而已。嗚呼！此豈寅恪少時所自待及異日他人所望於寅恪者哉？

雖然，歐陽永叔少學韓昌黎之文，晚撰《五代史記》，作《義兒》、《馮道》諸傳，貶斥勢利，尊崇氣節，遂一匡五代之澆漓，返之純正。故天水一朝之文化，竟為我民族遺留之瑰寶。孰謂空文於治道學術無裨益耶？

蔣子秉南遠來問疾，聊師古人朋友贈言之意，草此奉貽，庶可共相策勉云爾。

甲辰夏五七十五叟陳寅恪書於廣州金明館

將這篇文字和《王觀堂先生輓詞》合起來，則陳寅恪一生志業，已成完璧。志業千秋，其精明豈常人可及哉！

友人劉學文稱引，陳遠在《書城》之〈不採蘋花即自由〉文中說，中國的知識份子似乎和政治的瓜葛特別深，近現代尤其如此。大家熟悉的朱自清和聞一多，我們在其作品中似乎看不到多麼強烈的政治色彩，但是他們聲名的得來卻在很大程度上是因為政治。單純的知識份子，世俗名聲往往都不大，比如顧隨和許地山。謝泳《書生的困境》這種感覺更加強烈。一個典型的例子是謝泳書中說到的王瑤。王瑤師從的，正是朱自清和聞一多，但謝泳通過梳理之後注意到，在王瑤的學術道路中，存在比較深的「陳寅恪影響」，這在以前的王瑤研究中很少被注意到。1953年，陳寅恪被邀北上出任中國科學院中古史研究所所長，但因陳寅恪提出不學馬列的條件未得到當局滿足而終於沒有出任此職。隨後，陳寅恪用柳宗元的典故表明心志：「柳家既負元和腳，不採蘋花即自由。」「採蘋花」和「要自由」似乎是知識份子身上與生俱來的氣質。陳寅恪的詩句，一方面顯示了他學術上的自信，一方面表現出他對於無孔不入的泛意識形態的厭惡。在歷史翻過了新的一頁的今天，重溫陳寅恪的詩句，無論對於這個時代，還是身處其中的知識份子，都會有益。

葉昌熾・張掖・敦煌學

葉昌熾生平

《藏書紀事詩》在中國文化史和藏書史上聲名顯赫，其作者葉昌熾作為中國藏書史傳的開山人物，也譽滿天下，香滿書林。治中國文化和藏書者，沒有人繞得過葉昌熾的《藏書紀事詩》。作為彙藏書家於一編的專門體裁，《藏書紀事詩》為後來續補仿作者奉為圭臬。被譽為「書林之掌故，藏書之詩史。」

葉昌熾（1894～1917）字頌魯，號鞠裳，晚號緣督，清代江蘇長洲（今蘇州）人，一生坎坷，家境貧寒，門祚衰絕，不得不為生計而奔波。自光緒二年（1876）中舉後，直到光緒十五年（1889）才與他的學生江標一起會試同榜及第，授翰林院編修，兼國史館、會典館兩職，光緒二十八年（1902），出任甘肅學政，升授五品翰林院侍講。當時敦煌遺書現世，他曾建議藩台將遺書及相關文物運往省城保管，可惜他的意見未被採納，致使大批文物被劫掠國外。酒泉縣令將王道士送去的經卷佛像送了些許給葉昌熾，葉考訂為唐代卷子，一直收藏到他逝世後流出。晚年杜門校書，不與聞民國事，稱病鄉里，著述終老。葉兩到酒泉，敦煌近在咫尺，可惜未能前往。去世前一年，葉昌熾在上海為嘉業堂劉承幹校讎宋本四史，法國人伯希和攜敦煌文獻也到了上海，邀國中名士同觀。商務印書館總編輯張元濟邀葉昌熾同宴伯希和，看到唐宋

古物，葉昌熾深為感歎：「如能捷足而登，敦煌之寶藏不至為外人賄購而去矣。」

葉昌熾學問淵博，尤其精通金石、版本、目錄、校勘之學。當時許多藏書家聞名與他訂交，如書鈔閣蔣鳳藻、滂喜齋潘祖蔭、鐵琴銅劍樓瞿氏、嘉業堂劉氏等，都先後延請葉昌熾為他們校勘。這是由於他有深厚學養的緣故，也是由於他家境貧寒的緣故。光緒十年，昌熾館於滂喜齋，既見潘氏藏書之富，又嗟歎天下和自己一樣貧而好書的人不知多少，乃發為古來藏書家立傳之願，這就有了後來享譽書林的《藏書紀事詩》。《藏書紀事詩》成於光緒十六年，初為六卷，光緒二十三年，江標在湖南學政任內刻入《雲鶴閣叢書》；宣統元年（1909），葉昌熾再行修訂增刪刻為定稿七卷；1989年，上海古籍出版社出版有王欣夫補正本，內容更為翔實。1999年，北京燕山出版社又有王鍔、伏亞鵬點校本，亦稱佳制。葉昌熾畢生沉醉於典籍金石，收藏金石、古書甚多，蓄有碑拓八千通，藏於「五百經幢館」，規模僅次於繆荃孫的「雲自在龕」，並以此為據，撰寫出《語石》十卷，對金石學貢獻巨大。他的《緣督廬日記抄》和全部手稿影印本《緣督廬日記》，是晚清四大著名日記之一，記述了從同治七年（1868）至民國六年（1917）四十九年間的見聞，可補史書所缺者甚多。

頗為有趣的，是《耕堂讀書記》裏說過的事。孫犁稱：「民國後，他還常穿戴翰林的服裝，出門去給人家『點主』，遭到群眾的圍觀譏笑，使他頗為難堪，可謂不識時務。」「頗似一書呆子，然又負知人之明。長沙葉德輝去與他聯宗，遭到他的拒絕。據他說，是看到葉德輝的眼睛裏，有一種不祥之光，斷定他不得好死。不幸而言中，這倒使人不知他所操何術了。」

　　葉昌熾也是藏書家，只是由於經濟條件的限制，他的藏書只有一千部，且宋元刻本無幾，但他的藏書自有特點。他生前未曾將全部藏書編目，宣統二年整理書架後也僅含糊說及新舊藏書共三十三箱，精本一架，不全本三架，拓片九箱。《緣督廬日記抄》裏曾記說：「二十年塾師，二十年宦遊，十束之脡，五斗之奉，盡於此矣。」然而與《藏書紀事詩》中千百藏書家一樣，葉昌熾的藏書，也難免於聚散之必然。葉氏生前為生計所迫，且門祚既絕，託會無人，乃將所藏碑版八百通廉值售歸劉世珩聚學軒，此人是老友，卻也吝嗇不肯出價幫助。葉曾在日記中寫道：「物得所歸，亦不必求善價」，「鄙人此舉三十年精力所聚，棄如敝屣，不過忍痛一割，為療貧計」。聚學軒書散出後，其碑拓輾轉為潘景鄭先生收得，建國後全部捐贈上海圖書館。葉氏治廧室藏書抗戰前已有部分散出，抗戰後其家屬編成《治廧室善本書目》求售，曾有人在報上呼籲收為公有，結果不了了之，此後似無蹤跡可尋。

　　葉昌熾到我的家鄉張掖來了四次。

第一次來張掖

　　光緒二十八年（1902）六月初九日，五十四歲、履職剛剛一月的葉昌熾以甘肅學政身份向西巡學，來到河西走廊並進入張掖境，初九日經山丹，初十日早發東樂，過甲子墩、逍遙墩，到達古城子（即仁壽驛，今城灘鎮古城村），張掖縣令葉敦吾在驛外迎接，同來迎接的還有甘州府仁圃太守瑞，是在驛館裏見到的。到達張掖城東關後，各界人士來迎，葉學政和他們相見畢，即進城，在城內西北面的貢院下榻，進行休息。

六月十一日早上九點，葉昌熾率甘州太守、張掖縣令和師生在文廟拜謁孔夫子，這是當時學宮的制度，學政官員在府縣開展工作，第一件要做的事就是這個。甘州府知府、張掖縣縣令都隨諸生叩首行禮作揖三次，頗為整肅，給葉學政留下了很好的印象。大概過武威的時候拜謁孔廟，府、縣官員沒有隨同行禮如儀，葉昌熾說甘州府「謁廟禮節與涼州迥別」。葉昌熾給士子講話訓導畢，拿出帶來的宣紙和毛筆放在桌案上獎賞他們，讓他們拿取，不料這些士子生員亂哄哄擠作一團。惹得老大人只是搖頭，在日記薄上大發感慨：「諸生群取，一哄而散。以禮始，不以禮終，惜夫！」

回到貢院，甘肅學政葉昌熾放告，發出告示牌，請官民遞呈狀紙。他收到了兩份文書。一份是要求開復衣衿的，情有可原，葉大人准了。另一份則說別人毆辱自己，毫無證據且情辭支離，像是瘋子在說話，受到了葉大人的嚴厲斥責。葉昌熾覺得張掖和武威留給他的感覺大不一樣，他在日記中感喟：「涼州無一訟牒，而以節孝請者十餘紙，風俗厚薄，相去遠矣。」他是說，在武威，他沒有接到一個告狀的案子，收到的是十幾份請求表彰節孝的文書。他不滿意張掖的民風。

六月十五日，葉昌熾主持了甘州府的童生歲試。臨睡前，山丹縣學教諭苟萃珍忽然敲門，說廩保張聯輝雙目失明，無法識字，也沒有來應考，等等。當即，葉大人即令遍查學冊，發現認保沒有來考試的有十個人之多，並有丁憂者五人。學官幫忙為之隱蔽，此事「斷難姑息」。只是時間已經很晚了，老葉隱忍未發。第二天，葉昌熾發出佈告：「甘州府學及張掖縣教官均記大過一次。山丹教官從寬申斥。認保廩生張聯輝，姑念年逾六十，雙目失明，給與衣頂。趙振基降附。派保廩生均降。增發生一等。案。府學十四名，趙懷泰第一。張掖十六名，張鴻儒第一。皆取古。山丹十二名，李福年第

一。」發落生童的工作一直持續到廿一日，這天，葉昌熾收拾行李，打算繼續西巡了。

然而，夜間開始下雨了，雨腳如麻，斷續徹夜。廿二日，僕人來告，說黑河突然漲水了，平時水深一尺，轎夫挽起衣服就可以過去，若水漲到二尺，就必須要用牛車凫水而過了。午後，葉縣令也來了，說是水已經漲到二尺六寸了，還沒完，山上的積水正在下來，還沒有停的樣子。老學政很是鬱悶。

廿三日這天，葉昌熾的日記上是這樣記載的：「黎明夢回，甫開瞼，奴子在榻旁啟云：水深三尺矣。及起，盥沐畢，巡捕王晴嵐亦來稟此事，即令其往水次察探，並命戈什、承差各一人同往。晴嵐甫出城關外，巡捕王典史即自河畔回，云：水深湍急，洶湧異常，其寬幾二十里，一望汪洋，牛車之輪，高於常車，前俯後仰，淺處已將濡尾，若驟駕之轎車，則幾滅頂矣，其勢萬難涉險。葉大令來，余告以行止遲速非可刻期，請無供帳。堅不允。瑞太守亦來請留。又見王典史，略詢水勢。遍問圉人騶卒，有無迂道可繞，皆不能對。束手莫展一籌。過午，重雲蔽日，又有雨意，如之奈何。」一百一十三年前的黑河情狀，從葉昌熾的文字裏是可以想見的。圉人騶卒，是指那些養馬趕車的人。

廿四日黎明，雨歇了，天空中陰霾仍在。上午，派去探水的人回來說，黑河裏漲起的水已經平復，要快渡河。問為什麼雨後河水反而轉淺了，回答是黑河水的漲大，本來就和下雨關係不大，有關係的是山上的積雪，「天氣晴暖，四山融雪奔騰而下，其勢可以驟盈」，昨天天陰，山上寒冷，今天的太陽還照不上，雪化不了，要是猶豫不決，等到明天，「則盈縮不可知矣。」葉昌熾就傳令束裝，大約十一點，出西門而行。「但見流潦縱橫」，途泥滿轍。他們渡河的時候，用的

是牛車，「輪高八尺，圓徑二丈餘，駕一健牯，水卒五、六人，左右夾持，迂回從淺處行約二十里，幸水勢分流，水所不經處皆沙灘，共涉巨流三、四處，細流十餘處，沿東岸一流最浩瀚，湍亦最急。展輪徑渡，水聲若雷，浪花噴薄，激濺襟袖。至中流，牛將沒頂，四足盡浮，昂首側行而過。視從騎，水皆及馬腹，一騎已仆於水中，群援得免。」

廿五日，葉昌熾到達臨澤，此後歷高台而向酒泉，繼續他的西巡。

第二次住在張掖

光緒甲辰九月十四日，葉昌熾自酒泉東返，又到張掖。此前路過高台，葉盛讚西關月牙湖：「平疇淺水，菰蘆蕭瑟，有江鄉風景。若於湖中築土為釣台，建亭其上，架木為長橋，以屬於堤，堤上植楊柳，繞以回廊，水中種荷芰之屬，夏日花開，紅衣翠蓋，不減吾鄉莫愁湖也。」

這一次，葉昌熾在甘州府住了整整二十天，處理相關政務，至八月初四日，才離開張掖。

第三次重遊張掖

光緒三十年（1904）八月十二日，西巡中的葉昌熾再度到達張掖，途次賦詩，得七律二首，五律一首。

此次路過山丹，有關於大佛寺的記述，那天，山丹縣令巢歧村「至此送別，即導登佛閣。大佛依山鑿石，為像高十三丈，閣凡七層，再上一亭，曰四明樓。前年到此，尚在版築，今已竣工。無濟勝具，僅至第三層即下。稍憩，又行三里許，渡河，為弱水之東源，河濱有廟，倚山麓，門殿頹廢。循

山而上，其正殿額曰：弱水龍王廟，像設黝然無色。階下當門樹十餘株，一字排列，郁蔥甚茂。以意度之，當是築室在前，種樹在後。蓋廟已古矣，否則經始時，何不縱斧，顧留此以礙出入邪？殿左巨石如磐，方廣盈畝，赫如渥赭，其上一層為觀音堂，崖側豎一碑，年月已剝泐，額曰觀音碑記，首有山丹衞云云，明刻也。再上一亭，翼然高聳，為關帝閣，尚未傾圮。守廟一胡僧，黃裳銅箍鬚如蝟磔，牽犬而出。稍徘徊即行。」

十三日，「辰刻發，渡弱水，登下崖子，前年由甘赴肅，過黑水時，波浪洶湧，以牛車渡，今年水深處不過尺許」。到臨澤是十四日，高台縣知事曹耀崐越境來迎，說明天是中秋佳節，想攀留一天。葉昌熾高興地答應了。到達高台，葉昌熾作七古詩一首。十五這天，是中秋節，高台縣令曹耀崐送來瓜果月餅等時令佳品，並犒勞從者，最好的是當地特產，花牆子出的哈密瓜，令老學政甚為感動。夜間，曹縣令便服來談。葉昌熾作七律二首。十六日，曹縣令送別至宣化堡。過月牙湖時，葉氏「徐行湖上，流連景光，作七絕二首，又七古一首。」十七日過花牆子，野老跪獻果品，晚間複作古詩一首。一路行來一路歌，老人是高興的。

這以後，就是中國文化瑰寶敦煌寶藏和葉昌熾的相值了。

敦煌學發軔之初

按敦煌文物光緒二十六年（1900）面世，葉昌熾光緒二十八年（1902）到甘肅任職。光緒二十八年（1902）葉昌熾西抵酒泉，惜未去敦煌，未見藏經洞。這次是隔年復來。

八月二十日，在到達酒泉後的第二天，謁廟、放告後的葉昌熾，收到了敦煌縣令汪宗瀚的饋贈：「汪栗庵來函，貽

《敦煌縣誌》四冊朱拓一紙，稱為裴岑碑，細視非漢刻，似姜行本碑，又宋畫絹本，水月觀音像下有繪觀音菩薩功德記，行書，右行後題於時乾德六年，歲次戊辰五月癸未朔十五日丁酉題紀。又大字一行云，節度行軍司馬金紫光祿大夫檢校司空兼御史大夫上柱國曹延清供養。又三行云，女小娘子宗花一心供養慈母，娘子李氏供養，娘子陰氏一心供養。其幀僅以薄紙拓而千餘年不壞，謂非佛力所護持邪？又寫經三十一葉，密行小字每半葉八行，行三十三至三十五字不等，旁有紫色，筆如斜風細雨，字小於蠅，皆梵文。以上經像，栗庵皆得自千佛洞者也。」這是最早研究敦煌學的的中國學者在最近距離處研究敦煌經書的記述。

當然，此前在蘭州，上一年的十一月十二日，葉昌熾曾收到過汪大令的饋贈，亦敦煌文物。日記云：「汪栗庵大令自敦煌拓寄唐索公碑，其陰《楊公碑》；《李大賓造像》，其陰《乾寧再修功德碑》；經洞大中碑皆六分，元《莫高窟造像》四分，《皇慶寺碑》二分，皆前所已收。惟《武周》上缺『柱國李君□□□□龕碑聖曆元年歲次戊戌五月庚寅朔拾肆日癸酉』。……又舊佛像一幅，所繪係水陸道場圖。……又寫經四卷，皆《大般涅盤經》。……敦煌僻在西荒，深山古剎，宜其尚有孑遺。聞此經出千佛洞石室中，至門熔鐵灌之，終古不開，前數年始發而入，中有石幾石榻，據上供藏經數百卷，即是物也。當時僧俗皆不知貴重，各人分取，……《大中碑》亦自洞中開出。」此番在酒泉，這些也一定是葉昌熾所記掛的事，九月初二日，汪大令繼續有函來，饋贈敦煌文物給葉昌熾，其中之一是一通罕見的吐蕃石刻。後來收在《語石》卷一中，葉氏歎為僅見，並高興地說：「窮邊荒磧，沉埋一千餘載，不先不後，自餘度隴而始顯，得以摩挲之，考證之，不可謂非墨林之佳話。」

另外的收穫是在三天後。「九月初五日，夜，敦煌王廣文宗海以同宗之誼饋唐寫經兩卷，畫像一幀，皆莫高窟中物也。寫經一為大般若經之第百一卷，一為開益經殘帙。畫像視栗庵所貽一幀筆法較古。佛像上有貝多羅樹，其右上首一行題南無地藏菩薩，下側書忌日畫拖四字，次一行題五道將軍，有一人兜牟持兵而立者，即其像左一行，題道明和尚，有僧像，在其下方，有婦人拈花像，旁題一行云；故大朝於闐金王國天公主李氏供養。元初碑版，多稱大朝，然不當姓李氏，此仍為唐時物耳。公主當是宗室女，何朝釐降，考新舊唐書外夷傳，或可得。」

這些日子，葉昌熾似乎每天都在談莫高窟。「初七日，夜，敦煌王廣文來，云莫高窟開於光緒二十六年，僅一泥丸春然，扃鐍自啟，豈非顯晦有時哉！」

就近親近敦煌文物，是葉昌熾的幸運。他的記述，也難能可貴地為後來的敦煌學研究提供了基礎。比如前所述的《水月觀音像》，後來流落，輾轉到了王國維手裏，跋語收入《觀堂集林》時，字跡多已模糊，只好空缺。特別是後來據以考訂歸義軍曹姓世系及瓜沙西域問題時，就產生了特殊的效應。王氏斷言畫中的名字是曹延恭，是因為他沒有見到葉昌熾的記載，弄錯了。等等。葉昌熾的錯誤，是他後來在宣統元年（1909）日記中的愧疚：

十月十六日：「午後，張閭如來，言敦煌又新開一石室，唐宋寫經畫像甚多，為一法人以二百元捆載去，可惜也。俗吏邊氓，安知愛古，令人思汪栗庵。」按實際只一石室，被王道士瞞過。法人即伯希和，在葉離開甘肅那一年抵敦煌，是以一個元寶，即五十兩銀子，換去一千五百多卷精品漢文卷子。敦煌文物發現時，亦正汪宗瀚當政時。

十二月十三日：「午後，張闇如來，攜帶《鳴沙山石室秘錄》一冊，即敦煌千佛山莫高窟也。唐宋之間所藏經籍碑版、釋氏經典文字，無所不有。其精者大半為法人伯希和所得，置巴黎圖書館。英人亦得畸零。中國守土之吏，熟視無睹。鄙人行部至酒泉，雖未出嘉峪關，相距不過千里，已聞石室發現事，亦得畫像兩軸、寫經五卷，而竟不能罄其室藏，輶軒奉使之為何？愧疚不暇，而敢責人哉！」這是賦得永久的悔了。國人在這一點上，一直對葉昌熾有詬病。

葉昌熾曾讓汪宗翰責令王道士將發現的文物和文獻放回洞中封存起來，等候處理。但落實實不可能。1906，葉昌熾被撤職回鄉；此後來了的是斯坦因、伯希和、橘瑞超、鄂登堡等外國探險家，敦煌文物的遭劫，已無法避免。

富有傳奇色彩的，是民國五年（1916）六月二十二日，葉昌熾和伯希和在上海見面了，那一次的召集人是張元濟，與會的除葉昌熾外，是嘉業堂主人劉承幹、清史總纂繆荃孫、海日樓主人沈曾植。那天，他們欣賞了伯希和帶來的莫高窟寫本《尚書王肅注釋文》等殘字照片十一張。當年十二月二十日，伯希和又托張元濟帶給葉昌熾兩本法文書。

第四次到張掖

九月初八日，帶上所獲敦煌文物，葉昌熾離開酒泉。十二日，葉昌熾抵高台，瞻仰學宮。十四日，抵張掖。十五這天，葉昌熾在張掖度過了自己的生日。謁廟，「廟即在貢院之西，一雞飛地。宮牆面城，城上樹木闕中為『龍門』兩字。闕之左為文昌魁星兩閣。」廿七日，葉昌熾查閱《郡志》，「下龍神廟（此間龍神，有上中下三廟）有西夏時黑河龍神敕，其陰國書。廟在城西十里，弱水之濱，即肅州往

返、郡僚送迎之所也。命工往拓，得十餘份，不加椎毯，正面字尚可辨，淡若無墨。其陰則一片模黏，為之爽然若失。」他在《語石》卷二中說：「在甘州城外得西夏《黑水龍神廟敕》。」廿八日離開張掖，廿九日到達山丹。此次，葉昌熾在張掖待了十四天。

且讀「類鈔」說徐珂

最早知道《清稗類鈔》，是在瀏覽魯迅先生日記的時候，孫犁先生說，魯迅先生的書帳，是他買書的指南。我不能跟兩位先生比，但私心裏由仰慕而效仿的不自覺，卻也是沒有辦法的事。這樣，不管有沒有用，按照先生們的書單，我也就有了不少至今看來也還可以自豪一下的書。

《清稗類鈔》到我手中的時候，已經是晚至去年的事了。原因之一是，此前壓根就沒有辦法見到，之二是，即便有書，錢也不足以買得起。去年我見到《清稗類抄》了。煌煌十二大冊，可惹眼了。那是在外地，由於種種原因，我和書擦肩而過。回家與愛人謀，剛好是喜氣洋溢的春節前夕，毫不費力便達成了百分之百的絕對一致，這書，就就由網路做媒在我家落了戶，成為我的過年上娛。

大家都說，這《清稗類鈔》的不好是不注材料的來源出處，用起來不方便。我卻不這樣看，我覺得，看書老要想著去用多累呀。不如就只是看書，為看書而看書，為破悶而讀書，來得輕鬆自如，不要什麼負擔最好。這樣一轉彎，我這《清稗類鈔》可就成了天下第一奇書了，它帶給我的，自然也就是歡欣無窮。

《清稗類鈔》是關於清代掌故遺聞的彙編，其內容可以說是五花八門，應有盡有。舉凡現在文人雅士大寫特寫，大炒特炒的吃喝玩樂，無不包羅殆盡。國家大事，陽宅陰第，也都不一而足。政客風神，小民滄桑，無不在書裏留有影子。前人介紹文字有云，《清稗類鈔》是晚清遺老徐珂編。書中遍涉清

時各科，紛糅雜陳，語頗拙樸，雖繁冗贅砌，刻意於微末，卻依舊可為清史之補正，可資談助，可為嗜好者同享。《清稗類鈔》的材料來源是清人、近人的文集、筆記、札記、報章、說部，徐珂從中廣搜博採，仿清代順治、康熙年間潘永因《宋稗類鈔》的體例，最後編輯成書。愛屋及烏，近日，我又不惜銀子，弄了一部《宋稗類鈔》，以明淵源。我有發現，這發現就是，還是後後勝於前前，無論從形制，還是從規模上看，徐珂的書，都有更好的的成就。《清稗類鈔》中記載的事，從順治、康熙朝開始，一直到光緒、宣統時期，可以說涵蓋了整個有清一朝。全書分九十二類，一萬三千五百餘條，凡327萬字。書中涉及內容極其廣泛，軍國大事、典章制度、社會經濟、學術文化、名臣碩儒、疾病災害、盜賊流氓、民情風俗、古跡名勝，幾乎無所不有。由於編者寫作的態度比較嚴肅，書中的許多資料，特別是關於社會經濟、下層社會、民情風俗的資料，對於研究清代社會歷史，很有參考價值。分類詳細、查檢方便是其最大的優點。缺點是選錄得不夠精煉，有的地方過於蕪雜瑣碎，有的則又有遺漏，這些和作者當時所處的環境，生活，材料的收集以及獨立著書的局限有關。

徐珂（1869～1928）原名昌，字仲可，別署中可、仲玉。浙江杭縣（今杭州）人。光緒舉人，為《辭源》編輯之一。著述甚多，除《清稗類鈔》外，還有《國難稗鈔》、《晚清禍亂稗史》、《歷代白話詩選》、《古今詞選集評》、《歲時景物日詠大全》、《佛說阿彌陀經注釋會要》、《夢湘囈語》、《純飛館詞》、《聞見日抄》、《小自立齋文》、《康居筆記》、《可言》、《清詞選集評》、《康居筆記彙函》、《天蘇閣叢刊》初集、二集等作品。

徐珂的事蹟，在長期從事教育和寫作，桃李滿園，著作等身，民國初年寫下了大量文史掌故載於報刊空白處，人稱

「補白大王」的鄭逸梅先生所著的《近代名人叢話》中有比較詳盡的的記述。從鄭先生的文字裏，我知道了一個對讀書人來說委實可以師法的徐仲可。徐仲可在袁世凱小站練兵的時候就曾參與戎幕，後來進商務印書館，編《辭源》，述往事，成就一代典章掌故，貢獻於後世的，不能說不多。

徐珂和康有為、梁啟超很熟，梁曾集宋詞書贈徐珂一聯：「春已堪憐，更能消幾番風雨；樹猶如此，最可惜一片江山。」蔡元培也曾經給徐珂的住所題聯云：「白粲大可惜，青苔到處生。」徐珂也喜歡自己作聯榜於門，我喜歡的聯語是：「掃徑待延客，閉門思讀書。」徐珂還是個語言天才，他能夠操各地方言與人會話，有方言不通的，他常居間翻譯。他喜歡的書是《紅樓夢》和《海上花列傳》，曾言：「欲學京蘇方言，不可不讀這兩書。」

徐珂說自己是不中書之中書君。原來，他曾任內閣中書惟四直，但他不善書，寫的書札很不容易辨認。一位朋友曾經開玩笑說，生平有兩件可怕的事，一是怕兵亂，一是怕徐珂寫來的長信，送信的人等著作覆，急切中越讀越讀不明白，彷彿歲科考不許點燈，天色已晚，而監考官在旁催促交卷一樣。

徐珂生計艱難的時候，也不大麻煩別人，據稱，他記得自己的父母懿訓，「君子不輕受人之惠，雖兄弟姊妹，勿受其周濟。」徐珂好吃麩皮麵包，色黑難吃，他認為營養比稻米為多。妻妾們曾經笑著阻止，說他上輩子一定是豬。

這位徐仲可最讓人忘不掉的，是他對寫作的勤奮和執著。他是沒有一天不寫作的。有一回眼睛生病，他彷惶苦悶，竟然終日不知所措。每天臨睡的時候，他都要準備一支鉛筆，一個小本子，放在床頭，偶然想起什麼來的時候，就爬起來記下，哪怕是影響了睡眠，他也不管。所以，徐珂一生的著述，就比別人要多得多。

　　徐珂於1928年去世，年六十。晚年，他曾囑咐，不要因為自己的原因使兒子的廉潔受到影響。所以，終其一生，徐珂都在貧困中度過。徐珂留下的逸事還很多，也很有趣，有時間的話，整理出來，也是蠻有興味的。他為後人留下了這樣豐厚的文化精神遺產，我們不應該忘記。

2006年4月26日

購讀《士禮居黃氏學》

一、王雲五與岫廬文庫

關於黃丕烈，研究而形成專著的，並不多見。所以看到台灣商務印書館民國六十七年十二月初版、窄小四十開本、一百七十五頁的封思毅著《士禮居黃氏學》可買的消息，不免竊喜。含郵費寄去二十四元後，約十天，就收到了書。是岫廬文庫四九冊，王壽南、陳水逢主編，淡黃花紋的封面，繁體豎排，書名是黑體字，正是心裏喜歡的樣子。環襯上的作者介紹很簡潔：

> 封思毅，四川綦江人，民國十年生。
> 中央政治學校畢業。
> 曾任編審、教授。現任國立中央圖書館編纂。
> 著有《老子述義》、《莊子詮言》、《韓非子思想散論》等書。

書前是民國六十六年六月一日，九十歲的岫廬王雲五先生在生日這天，長篇草書的手跡序言，略云：「往歲余八八初度，政大政研所諸舊游，集文為壽，秀才人情，余不能卻，亦不當卻也。」之後除發起諸君子人各一文外，風起相應者數十人，成《我所認識的王雲五》一書，兩年間刷得三版，盛事也。是年先生年屆九秩，「舊遊諸君子復以文為壽，惟稍異於

前：蓋前者人各一文，彙集成書，今則人各一書，為其心得之作，純屬學術性，足以流傳久遠者也。」兩年後雲五先生身歸道山，岫廬文庫、新岫廬文庫持續印行，意義特殊。可以嚴耕望先生把自己的著作交由商務發行的事來說明：「是我自己要求納進岫廬文庫的，我這樣做是有原因的。岫廬文庫是小本子的書，書價又便宜，這種書最合適學生，《治史經驗談》是我寫給年輕朋友的，當然要他們歡喜的式樣。書價便宜，我的版稅自然少，但學生們買得起。我年輕的時候是窮學生，知道學生想買書又嫌貴的心理，所以，我把《治史經驗談》放進岫廬文庫是有我的想法的。」1984年，嚴耕望又把《治史經驗談》的續編《治史答問》交給王壽南，並囑仍置於岫廬文庫中。1991年冬，他又把《錢穆賓四先生與我》的書稿交給了王壽南。這本書雖然談的是與錢穆的師生情，但文中透露出的卻是兩代史學大師的人生意境與為學旨趣，與《治史經驗談》和《治史答問》一起，被稱為嚴耕望的《治史三書》。多年後，已在唐史研究領域卓有成就的王壽南教授回憶起這段往事，不無感慨地說：「嚴老師是一個純學者，不爭名，不逐利，只埋首在他的研究室裏，但他又絕對不是獨善其身、不傳秘法的人，嚴老師的《治史三書》足以看出他對年輕人的關愛和兼善天下的胸襟。」

剛剛讀過滬上李福眠先生新書《疏林陳葉》，還沉浸在喜悅裏。李先生曾有發表在《開卷》06年第七期上的文章〈王雲五主編《人人文庫》〉，說「二十世紀四十年代，有則『四百萬起家，三百萬下台』、打一人物之迷面。答曰：王雲五：『四百萬』是指其繼高夢旦之研究而發明四角號碼檢字法；編輯《百庫全書》；主持《萬有文庫》。『三百萬』是指其一九四八年任國民黨政府財政部長時，制定以偽法幣三百萬元折換金圓券一元之法令。因此令不得人心，其遂下野。1964

年，王雲五結束寓居海外的生活，重返台灣，出任台灣商務印書館董事長。1966年夏天，他創刊《人人文庫》。」《人人文庫》印行至1973年底，已達一千五百種，此後賡續，至二千四百餘種，惠人無算。

王雲五是近世少見的大出版家，有卓識，抱負大，擅長科學管理，也有魄力。他組織全國學者出版《大學叢書》三百多種，主編《中山大辭典》，出版《萬有文庫》，影印《叢書集成》，發明四角號碼檢字法，功業不可盡述。友人俞曉群作序的《岫廬八十自述》大陸刪節版讀後，我記住了胡適評王雲五的那句話：「此人的學問道德在今日可謂無雙之選。」

然則1978年之岫廬文庫，為先生九十二年駐世的最後光華。然而這個光華的燭照強烈，又非尋常可以想像。

王雲五岫廬文庫序稱：「嗣思明歲余既決計擺脫本館，在卸責前，不得不作較長期之設計與努力，初延聘宏博新編疑籍外，並廣徵各科名教授，分別為撰《大學叢書》為數十種，總共三百冊，於三年內陸續交稿付印。譬諸作戰，先謀充實餉械，俾立於不敗之地。」他是要為繼起之負責者，備足資源，「至少在相當時期，得以措置裕如。今者舊遊諸君子自動以心得之作，原則上為余壽者，實際上加惠於本館，此因求之而不易得者也。更奚可峻拒？於是翻愁改圖，一循本館徵稿通例，分別與各書作者訂約奉酬，版權共有，同時相與商定體例，以五萬字為單冊，十萬字為複冊，十五萬字為特冊；字數更多者得分為上下二冊。全書命名岫廬文庫。」「定議甫二三月，自動參加撰稿者約當半百之數，迄今已交稿者幾及卅種，預計今歲六七月間，同時出版不少於廿種，此後逐月增有新作問世，蟬聯不斷；假以時日，不難漸臻百種或數百種，不亦盛歟！」

關於《士禮居黃氏學》，王雲五在書前也有專門的題詞：「本文庫時承政研同學以外之學者專家贊助，以其大作加入，本書即其中之一，為本文庫增光不少謹致無上之謝意。雲五附啟。」看著龍飛鳳舞的手跡，很難相信這是九十歲老人寫下的。但這確實是真的。王雲五年逾九旬高齡時，雖記憶力稍差，但頭腦清晰，分析力倍增，牙齒好，消化力強，精神仍極健旺。其養生習慣，主要是「勤用腦多走路」，早睡早起，每夜3時即起床寫作，每寫作50分鐘，即繞著書房走10分鐘，自認不出門走10里，走出了健康人生。他接近大自然吸收太陽、空氣、水，自然界的三寶，增進身體的能量與健康。此一「飲光」鍛煉術不僅在其友人間流行，有趣的是，已故蘇聯領導人勃列日涅夫生前曾接受了一位來自「東方國家」的保健師的勸告，在克里米亞療養地試行此術。秘書後來回憶：「增加了這個神秘的內容後，我們驚異地發現他（勃列日涅夫）變得步履輕快，因吸煙而困擾著他的肺氣腫也消失了。可惜他不是個善於持之以恆的人⋯⋯」

二、《士禮居黃氏學》

由於研究黃丕烈的專著少，案頭可置的，《士禮居題跋記》、續記外，僅有江標《黃丕烈年譜》、姚伯岳《黃丕烈評傳》而已。《士禮居黃氏學》，姚伯岳《評傳》所列參考書目中居然未收，該書在大陸傳播的情形可以想見。

吾家丕烈公，天資英發，得六部主事後旋即歸里，杜門撰述，然畢生謙抑，少有專著，雖則今日古籍但有黃跋，即為國家一級文物。「黃跋」之學，已成專門。故見黃跋及有關丕烈公之文字，即告欣喜，不獨我，亦天下讀書種子之常態也。《耕堂讀書記》云，其書「學問不深，趣味甚濃，玩物者之記錄，非考據者之著作也。」

丕烈公自述書魔書福，其兩兼之，且有詩云開卷之樂：

手中葉展真奇絕，心上花開喜欲顛。

——題硯箋舊抄本

半是書房半臥房，晨昏作伴有青箱。
閒來磨墨親揮翰，一硯隨身友最良。

——題硯箋校宋本

《士禮居黃氏學》引言分四方面條述其志，並引丕烈公語證之，夯實論說：

旅程勞頓，不改其常。
節序推移，不廢其業。
生死疾病，不減其趣。
倫常大故，不入其心。

合觀其志與行，可見堯圃翁非常人所及。

封思毅氏曰：「堯圃專著無多，各書題跋文字，正為其學術思想之所寄託；雖多屬碎義散辭，苟能加以爬梳分類，排比合觀，當可得其崖略。且堯圃致知繼以篤行，自藏書、讀書、校書以至刻書，畢生知行一貫，故兼據之綜述其學。」此《士禮居黃氏學》之大略也。

前人云，堯圃翁積晦朔風雨之勤，奪男女飲食之欲，以沉冥其中。於書，非惟好之，實能讀之，傳播之，醉心有在，萬古不磨。封思毅氏此書，亦傾慕之作也。

書分五章。即堯圃公目錄學、版本學、校勘學、學行之影響、學行之評議。文有實證，多述文獻。如言目錄學，稱堯圃一生已完成四種初稿，一為《百宋一廛書錄》，其序云：此

「十餘年來，究心載籍」，「先成薄記」者；二為《讀未見齋書目》，此目已軼，或亦可由此窺丕烈公初創及未定稿之態勢；三是《求古居宋本書目》，係丕烈公五十歲後撰定，葉德輝得吳大澂殘藏本，屬雷憼手寫而刊行之，成為藏書家檢核宋槧的指南。《續修四庫全書提要》說：「目中諸書，或經翻刻，或散於南北收藏家，琳琅滿架，無非吉光片羽之留遺，其一生精力所聚，百年以後，猶使考古之士，得以按籍而話其遺聞。書以人傳，人亦以書傳矣。」四是《所見古書錄》，這實際是堯圃訪書藏書的總目錄，也是著筆最早、為時最長的，涵蓋了宋元古本、舊抄雜刻諸方面，惜此稿人間不見久矣，有說隨皕宋樓藏書流入東瀛者，倘存天壤，亦幸事也。可列入目錄學範疇的堯圃書，還有《百宋一廛賦注》和藏書題識。合觀，則堯圃目錄學，已輪廓大具。述版本學，以古本、宋版、刻與抄諸方面別價值、考源流、溯歷史，「不止於藏，而且能讀，不止能讀，更有所得。既得之於心，足以承先；發而為文，並可啟後。所謂『求古於汲古與述古之間』，堯圃於求古之餘，終能得畢亦『汲』亦『述』之願。」於宋版書，堯圃是鑒賞家、考訂家，其境界之高，為前少可匹，後難企及，既重外觀，亦頌文意之真善美。以佞宋名己，可謂實至名歸。於刻本抄本，堯圃有兩大原則：刻必初刻，抄須名抄，「而後再求其『多』。『多』之意義有二：一為不同之刻與抄，數量宜多，始足博覽；一為相同之刻與抄，版本當多，始可精研。『多』之延伸，即為錄副與刊行，以流布於世。」這堯圃公，也還是度世的菩薩，書籍的救星。嘉業堂劉承幹云：「所刻士禮居叢書，校勘精審，為世所稱」，非虛言也。其實，於書，堯圃最用心用力的，是校勘，成就當然也就大。丹黃不去手，須臾未離書的堯圃，是書的曠代知音，他深深懂書，故而其畢生事業，就是書的校勘。新文化運動的時候，先

驅們號召不讀古書，由來其實很早。堯圃公就認為，難識、難讀、難信、難言、難定，是未校古書不可讀的原因。「難識則難讀，難讀則難信，難信則難言，難言則難定，彼此互有關聯。堯圃便在此層出困難中，從事其校勘之學。」校勘的目的，是要保持和恢復古書的本來面目，解決疑和闕的問題，進而刊刻之，傳佈之。其用心的良苦，勞作的辛勤，可以舉他題寫在校宋本《春渚紀聞》上的話為例：「余於《春渚紀聞》，讎校至再至三，可謂毫髮無遺憾矣。閩省且據余校本入刻。自謂余不負古書，古書亦不負余也。」堯圃確立了校勘群書的原則：保持和恢復古書的本來面目。事莫大於存古，學莫大於闕疑，存真就是存古，也就是保有古書的本來面目。關於校勘古書的態度，堯圃有幾句非常有名的話：「書非目睹，憑口說耳食，以定是非，斷斷乎其不可。」（題校宋舊抄本《東京夢華錄》）「讀天下書未遍，不可妄下雌黃。此校書不可不慎也。」（題舊抄本《張來義文集》）這個態度的標準是很高的，也是難得的。關於校勘的方法，堯圃給了三個：即死校，多校，不校。堯圃云：「余好古書，無則必求其有；有則必求其本之異，為之手校；校則必求其本之善，而一再校之，此余所好在是也。」（題宋明抄本《劉子新論》）於校勘的形式，堯圃不拘一格；於校勘的發現，堯圃也成就獨多。張之洞《書目答問》列堯圃于清代校勘三十一家中，實至名歸也。周越然氏《書書書》一書中〈黃氏五跋〉云「黃堯圃之著名，半為校刻，半為題跋」，「余終好黃氏之跋語，終以其言多趣味，近人情，且百讀不厭也」。

　　封思毅云：「積四十年之歲月，堯圃藏書之富，學行之誠，精蘊流輝，既廣且遠。同代朋友即得喜獲觀摩，後世學者亦因長蒙惠澤，二百年來，影響之大，士林共見。」

　　堯圃沾溉後世者，除題跋外，就是刻書了。由於刊刻精湛，有說「足以補帝室官府刊刻經史之缺陷」者，有說「其五百年中，必不泯滅」者，實際是書比人長壽，化身千億，流布人間，終古不廢，士禮居本，今已價值連城。藏書家琳琅插架，無非士禮居吉光片羽，書經堯圃公鈐印題簽，即與宋元舊槧同其珍貴。翁能傳書書傳翁，千秋不朽靡涯涘。已是定論。

2009年7月初稿，11月1日晨間改定，憑軒遠眺，旭日初升，霞光萬里，

大鷹盤旋，壯矣哉。

《管子》話養生

　　要是沒有管仲，可能就沒有九合諸侯，一匡天下的齊桓公及其霸業。管仲更讓人稱道的，是他留下了一部《管子》。這部書，是先秦諸子時代的百科全書。書由管仲（約前723～前645）的繼承者、學生收編，記錄管仲生前思想、言論而成。換言之，那是戰國初年齊都臨淄（今山東淄博）人才薈萃的學術中心、百家爭鳴的聖地稷下學宮管仲學派所編撰者。原書五百六十四篇，除去重複的四百七十八篇，實為八十六篇。係漢代劉向編定，後亡佚十篇，故今本《管子》僅七十六篇。全書十六萬言，為《論語》的十倍，《道德經》的三十多倍，為最宏偉的中國先秦單本學術論著，其價值不言而喻。《韓非子‧五蠹》說：「今境內之民皆言治，藏商、管之法者家有之」，已將商、管並列。司馬遷著《史記》時曾「讀管氏《牧民》、《山高》、《乘馬》、《輕重》、《九府》，……其書世多有之」。足見《管子》成書之早，流傳之廣。《管子》內容很豐富。史學家羅根澤在《管子探源》中指出：「《管子》八十六篇，今亡者才十篇，在先秦諸子，袞為巨軼，遠非他書所及。《心術》、《白心》詮釋道體，老莊之書未能遠過；《法法》、《明法》究論法理，韓非《定法》、《難勢》未敢多讓；《牧民》、《形勢》、《正世》、《治國》多政治之言；《輕重》諸篇又多為理財之語；陰陽則有《宙合》、《侈靡》、《四時》、《五行》；用兵則有《七法》、《兵法》、《制分》；地理則有《地員》；《弟子職》言禮；《水地》言醫；其他諸篇亦皆率有孤

詣。各家學說，保存最夥，詮發甚精，誠戰國秦漢學術之寶藏也。」騰新才、騰榮則認為《管子》一書「先秦諸子之博大精深，無出其右者，孔孟老莊申韓荀墨所不及也」（中華書局《管子今譯》第4頁）。

黃侃讀了《管子》的《內業篇》後，感慨更多，說是「真古道家言也，《參同》、《黃庭》皆於是乎出。」「誦法此等文籍，實足以安身成德，豈不勝於方士隱語，繆其辭義，使人誤解以滋欲者乎！」（中華書局《黃侃日記》第126頁）在他看來，《管子》一書，實在是後世道家的源頭。仔細看看，果然了得。

在管子那裏，養生的第一要義是德。德的淵源，是精氣。管子以為，世間至可寶貴的，是精和氣。日月星辰、五穀萬物，乃至神靈，都由精為之成，精氣充沛，蘊藏於胸，就是聖人。故此精氣，高可摩天，幽則入淵，闊大如海，要收，又在自己手中。如何保有此精氣呢？答案是有的：「不可止以力，而可安以德。不可呼以聲，而可迎以音。敬守勿失，是謂成德。德成而智出，萬物畢得。」

德自何來？是心。有心，就有德。心，是「自充自盈，自生自成」的。心有時候是會丟的，丟的原因，是憂、樂、喜、怒、欲、利這些，離開這些遠一點，心就回來了。管子說「心之情，利安以寧，勿煩勿亂，和乃自成。」那麼，安寧一些，平和一些，心情就好了。

和心連在一起說的，管子選了一個「道」。這是先秦諸子以至於後來的哲人們談論最多的一個字眼。道在哪裡？它沒有註定的地方，「善心安愛，心靜氣理，道乃可止。」原來，道就在善良的心態裏，在心平氣和的地方棲止。有道，就有民：「彼道不遠，民得以產。彼道不離，民因以知。」這是說，因為有道，百姓也就可以生存，可以認知了。

在管子看來，道，也是有性情的。「彼道之情，惡音與聲。」誇誇其談是不行的。關於得道的辦法，管子也有陳說：「修心靜音，道乃可得。」道，是口不能說，目不能見，耳不能聽的，人只有修心正形，或許可以把握。有道者生，失道者死。無道者失敗，得道者成功。

對萬事萬物來說，不見其形，不聞其聲的道無所不在，成就一切。天意主正，地氣主平。人心主安靜，春秋冬夏四季，是天之時也，山陵川谷，是地之材也，喜怒取予，是人之謀也，因而「聖人與時變而不化，從物而不移。能正能靜，然後能定。定心在中，耳目聰明，四枝堅固，可以為精舍。」這就是萬變不離其宗的仙家正源了。有了定，就成功了。

在管子眼裏，道，又叫做「一」，實際就是規律和法則。明白並掌握了這個人，便是君子。「執一不失，能君萬物。君子使物，不為物使。得一之理，治心在於中，治言出於口，治事加於人，然則天下治矣。一言得而天下服，一言定而天下聽，公之謂也。」身心調整好了，話就對，天下就太平，這就是修身、齊家、治國平天下的道理。這樣看來，身心修養，關乎道德，關乎仁義。反過來說：「形不正，德不來。中不靜，心不治。正形攝德，天仁地義，則淫然而自至。」淫，在這裏是漸漸的意思。

修心的關鍵，在「敬除其舍」，也就是打掃心地，做到內心安定。這樣，「精將自來」。之後認真保持，「精想思之，寧念治之。嚴容畏敬，精將至定，得之而勿捨，耳目不淫，心無他圖。正心在中，萬物得度。」這個功效是巨大的，後果是美好的：「道滿天下，普在民所」，屆時，言出天下安，通天徹地，都由於心安：「我心治，官乃治。我心安，官乃安。治之者心也，安之者心也；心以藏心，心之中又

有心焉。彼心之心，音以先言，音然後形，形然後言。言然後使，使然後治。」官，是指五官身體。

在這樣的情形之下，便會精氣存身，榮光煥發。深藏身心的精氣神，浩然和平，是生命的源泉，源泉充沛，則生命力旺盛。這個時候的君子，「心全於中，形全於外，不逢天災，不遇人害」，就是聖人。這聖人，形正身靜，「皮膚裕寬，耳目聰明，筋信而骨強，乃能戴大圜，而履大方。鑒於大清，視於大明。敬慎無忒，日新其德；遍知天下，窮於四極；敬發其充，是謂內得。」戴大圜，而履大方，是說頂天立地。這是說聖人們的從內心修為的開發，達到了至善至美的境界。凡人未至此境界，是由於養生上的失誤所致。

「凡道，必周必密，必寬必舒，必堅必固。」這應該是大家的一個共同體認。守善不棄，趨善去惡，就是道德的回歸。「善氣迎人，親於弟兄。惡氣迎人，害於戎兵。不言之聲，疾於雷鼓。心氣之形，明於日月，察於父母。賞不足以勸善，刑不足以懲過。氣意得而天下服。心意定而天下聽。」這個道理是透徹的，這個結果是喜人的。管子告訴人們，要問一問自己：能專心麼？能一意麼？能不需占卜而預知吉凶麼？能要止就止麼？能要完就完麼？能不求於人而只靠自己麼？思考，思考，反覆思考吧。思考不通，鬼神將幫你想通。

生命所恃者，是平和中正，是心神安定。有了這個，就能長壽。然而，喜怒哀樂，欲望想往，都是胸懷裏在所難免的，這就要控制。管子開出的良方是：「止怒莫若詩，去憂莫若樂，節樂莫若禮，守禮莫若敬，守敬莫若靜，內靜外敬，能反其性，性將大定。」其實，這也是教育，古今教育所要追尋的好目標。

「倉廩實而知禮儀」是管子治國的名言。在〈內業篇〉裏，他也說到了「以食為天」的百姓們的食：吃的太多，就會

傷胃，吃的太少，就骨枯血滯。食量合適，就是實現了中和之道，精氣神就有所寄託，有所滋養。饑飽失度，就要想辦法解決。飽了就要好好活動，餓了就要放寬心思，老人要勤動腦。寬心就有勇，舒心就有博，形體安然而德性不移，心性專一則萬種憂煩俱絕。「見利不誘，見害不懼，寬舒而仁，獨樂其身」，生命的活力開發出來，意氣風發，神采飛揚就是自然而然。

「凡人之生也，必以其歡。憂則失紀，怒則失端。憂悲喜怒，道乃無處。愛欲靜之，遇亂正之。勿引勿推，福將自歸。彼道自來，可藉與謀。靜則得之，躁則失之。靈氣在心，一來一逝。其細無內，其大無外。所以失之，以躁為害。心能執靜，道將自定。得道之人，理丞而毛泄，匈中無敗。節欲之道，萬物不害。」《內業篇》以這些話為結束語，很顧及人的心理，稱得上反覆叮嚀，一唱三歎了。生命以歡欣為己任，以中和為要義，以不強求為大福，以節欲為坦途，讀管子，精氣神因之而旺，亦人生之幸也。

2009年10月11日於陽光燦爛中寫畢。

官箴

　　今天的政府大院，或在迎門處，或在醒目處，多懸掛有毛澤東手書的五個行草大字「為人民服務」，有些作為政府箴言的味道，其用意，無非是告誡官員，要廉潔奉公，要為民服務。朱鎔基曾在多次講話中提及並希望領導幹部記住和身體力行的「吏不畏吾嚴而畏吾廉，民不服吾能而服吾公，公則民不敢慢，廉則吏不敢欺，公生明，廉生威」，便是中國古代的「官箴」名言。在古代，對於官員的勸勉規戒，多是以頒行「官箴」的方式進行的。古代的賢臣清官都把「官箴」作為自己的座右銘，刻著，記著，念念不忘。

　　閒翻《四庫全書總目》，得知在清代的官署裏，更為有名，「戒石」上刻的最多的「官箴」四字句是：

　　　　爾俸爾祿　　民膏民脂
　　　　下民易虐　　上蒼難欺

　　自宋代開始，這四句話經大書法家黃庭堅手書後被朝廷頒行天下州縣，一直沿用到了清代。

　　《中國金壇新聞網》〈金沙週刊〉往事憶舊所載2006年2月6日《金沙週刊》袁積文《金壇「官箴」碑》稱，「金壇也有一方『官箴』碑，它是這樣被發現的：1985年我重返金壇縣中學工作。那時，學校東沿圍牆內側留有一座50年代的舊廁所，其傍半埋半露著七八方或完整、或破損的厚青石板。1986年雨後的一天，我信步到此。驀然，眼前一亮，只見一方長寬

均一米有餘、一角被埋的石板上隱約有字。我刮拭了一番，十六個大字赫然躍入眼簾。原來，這是一方『官箴』碑，楷書碑文是：『爾俸爾祿，民脂民膏，小民可欺，上天難容』。」大體相同的內容印證了《四庫全書總目》記述的正確。

　　然而，這流傳最多的「官箴」，暢行了一千多年的「官箴」，對當時和後來中國社會產生了深廣影響的重要文獻，卻是五代時期偏據四川，後來被宋太祖宋太宗兄弟二人滅了家國的後蜀亡國之君孟昶於廣政四年所制的。孟昶親自寫就的「官箴」又名「戒石銘」，因為他是皇帝，所以他就把自己作品以聖旨的形式，頒於治下各州邑，戒令官員：「朕念赤子，旰食宵衣。言之令長，撫養惠綏：政存三異，道在七絲。驅雞為深，留犢為規。寬猛得所，風俗可移。無令侵削，無使瘡痍。下民易虐，上天難欺。賦輿是切，軍國是資。朕之爵賞，固不逾時。爾俸爾祿，民旨民膏。為民父母，莫不仁慈。勉爾為戒，體朕深思。」從這篇文字看，孟昶的愛民之心，在五代十國昏暴之主層出不窮的年代，確實還是難能可貴的。孟昶的這篇「官箴」，全文備載於北宋丞相張商英之兄張唐英所撰的《蜀檮杌》中，張氏此書所記述的王建、孟知祥據蜀歷史，非常詳備，為歐陽修所著的《新五代史》所不及。另悉，「官箴」名言刻石在我國現存的共有五處，其中三處已經失傳。僅存兩塊刻石留了下來，一塊立在河北省無極縣縣委大院內，只是這則「官箴」將「公則民不敢慢，廉則吏不敢欺」兩句箴言刻成了「廉則吏不敢慢，公則民不敢欺」；另一塊完整無缺的「官箴」刻石現收藏於西安碑林第五展室內，係清道光四年（1824年）陝西長安令張聰賢受陝西延綏道台顏伯燾之託，摹顏檢（顏伯燾之父）「官箴」拓本刻制而成。據說，此「官箴」經朱鎔基多次介紹後，不僅吸引了許多黨政領導幹部前往觀瞻，還給西安碑林藏館帶來了可觀

的經濟效益。該碑林藏館與時俱進，挖掘了這一珍貴文物，並以拓片手工綾裱方式使「官箴」更加莊重典雅，因而贏得置身宦海的官道人家格外青睞，紛紛購之，掛之，贈之，勉之。不過，西安「官箴」的作者是南宋的呂本中。呂本中（1084～1145），字居仁，原名大中，學者稱東萊先生。其曾祖呂公著的宋朝哲宗皇帝的宰相，其父呂好問於南宋建炎時任尚書右丞、資政殿學士。呂本中以蔭補職，於紹興六年特賜進士出身，補承務郎，累遷至中書舍人，兼權直學士院。《四庫全書總目提要》介紹呂版《官箴》說：「此書多閱歷有得之言，可以見諸實事。書首即揭『清』、『慎』、『勤』三字，以為當官之法，其言千古不可易。」呂本中比孟昶晚生了一百六十五年，流傳更多，影響更大的「官箴」，還是孟昶的，細細說來，孟昶這一篇，還是「官箴」的祖本。

孟昶（919～965），初名仁贊，字保元，先世刑州龍岡（今河北刑治西南）人。後蜀主孟知祥第三子，父據蜀稱帝未一年卒，於935年繼承帝位。不改元，年號仍稱明德，定都成都，史稱後蜀國君。四年後，改元「廣政」，在位三十年。登基之初尚能以王衍亡國為戒，勤勉治國，但漸漸就喜於奢侈遊樂，懶於朝政，但尚能抑制權臣，注意發展農業，雕版刻經嘉惠後學，後人稱讚他「治蜀有恩」。孟昶雅好詞曲，頗具才色，名噪當時，是五代後蜀一位有名的詞人。孟昶的可取之處在於注意發展農業，減免賦稅。他本人除工樂府外，尚積極提倡詩詞，曾詔令張得釗以《唐石經》為藍本書寫鐫刻石經，史稱《孟蜀石經》，供士子學習之用。《孟蜀石經》立石千塊，正楷書丹，工程浩大，自明德二年（936）至廣政十七年（954）歷二十年而成，鐫刻內容為九經，即《孝經》、《論語》、《爾雅》、《周易》、《尚書》、《周禮》、《毛詩》、《禮記》、《儀禮》，總字數包括注釋在內達十萬之

多，空前絕後，置於成都學宮「文翁石室」禮殿前。明代楊慎評稱「僭據之主，惟昶有文學，而蜀不受兵，又饒文士，故其所制尤善，朱子論語注引石經者，謂孟蜀石經也。」孟昶後來擔心石經流傳不廣，准其宰相毋昭裔所奏，彙編儒家經書《文選》、《初學記》、《白氏六帖》，讓他的學生勾中立、孫逢吉書寫後刻板印行，受到當時和後世的好評，時稱蜀刻本，流傳甚廣。首開私家刻書風尚。這裏還有一個很有意思的故事，毋昭裔少年時代好學上進，曾向別人借閱《文選》、《初學記》，人家不給，他發願一旦得志，就刻印這些書，以便利天下有志的讀書人，後來他做了孟昶的宰相，就在孟昶的支持下實現了這一願望，這些書流布後，更加被人看重，後人把它們看作寶貝。北宋乾德二年（964），宋太祖趙匡胤大兵伐蜀，由宋將王全彬等部征討，蜀軍敗降，迅即宋兵重圍成都，孟昶無計以對，甘願自縛請降，受詔攜妾妃花蕊夫人一起赴汴京開封投降。孟昶抵京，被趙匡胤授予開府儀同三司、檢校太師兼中書令、秦國公等勳銜，授官七日而卒，終年四十六歲，諡恭孝。史載，後蜀孟昶故宮原在成都府城中，早廢。在成都府學內的《孟蜀石經》，南宋時胡元質曾築石經堂予以遮護，亦早廢，現在存留的只有遺跡些許。1938年，曾在成都南門出土過蜀石經《易經》殘石本。北京圖書館也還藏有蜀石經拓本。

　　孟昶亡國，沒有什麼新鮮出奇之處。而花蕊夫人，逸史筆記中多有記載。當代也多有稱述，下面引相關的兩段文字：

> 「花蕊夫人姓費，青城人，不僅相貌清麗，且善作宮詞。孟昶死後，宋太祖召花蕊夫人入宮。此前太祖早已聞知花蕊夫人有才名，命其作詩。這國亡靚女隨口成誦，賦《國亡》詩一首：『君王城上豎降旗，妾在

深宮哪得知。十四萬人齊解甲，寧無一個是男兒。』趙匡胤品玩久之，心中大悅。這花蕊夫人也是冰雪聰明，一方面『妾在深宮哪得知』擺脫了女色亡國的嫌疑；一方面『十四萬人齊解甲』，而宋兵才五、六萬兵，反襯出了大宋天朝的氣運正隆，以少勝多。」（天涯網赫連勃勃大王文《錦繡蓉藏帝家　只是凋零似落花》）

「抵汴京（今河南開封市）宋太祖召見，令陳亡國縛降之意，指責花蕊謂孟昶因受女人之害亡國。相傳花蕊夫人有《述亡國詩》一首，詩云：『君王城上豎降旗，妾在深宮那得知。二十萬人齊解甲，寧無一個是男兒？』這首詩悲憤婉轉，語措得宜，神情凜冽，堪稱千古絕唱。到了那種地步，仍然只知孟昶是『君王』，並沒有承認姓趙的是『真命天子』，反在詩中流露出對宋太祖責問其亡國之事的抗議。作為宮妃，她並沒有掌握後蜀國的軍政；作為婦女，她更不能取占男人們的權力。如今卻要責問起她來，問者宛若虛弱的強者，所幸趙匡胤本是粗人，又值勝利峰頭上，恐還有幾分色欲迷戀，哪能嚼出其中滋味。孟昶在汴京七日即病亡，花蕊夫人為宋太祖截留宮中，頗受尊寵，但她心未忘蜀，宮中懸孟昶像以祀，夫人後來病逝於汴京玉真宮內。一說以罪賜死，一云被趙光義射死，眾說紛紜。惜花蕊夫人原集一卷早佚，宮詞百首亦大多雜入他詩。後世有《花蕊夫人詩卷》刊行。」（成都地名網佚名文）

詩無達詁。這些解說或仁或智或許都有道理，只是花蕊夫人已經沒有辦法來自己解釋這詩句了。

另據《方輿勝覽》所述，花蕊夫人宅在故青城縣；《新志》則稱宅在灌縣西南。現在青城縣大部分已劃屬灌縣西南方向的泰安鄉，其宅址不可確指。故老稱，「後蜀孟昶暨花蕊夫人墓」合葬於四川廣漢西郊洪水碾一帶，1953年廢，出土物甚少。

從孟昶存留的「官箴」和事蹟看來，「人歸人，文歸文」的標準，實際上在民間和歷史上，都起著很重要的作用。這是孟昶的幸運，中國的幸運。也是人類的幸運。流沙河先生看到南京大屠殺紀念館中展出的由德國人拍攝的中國人遇難場景照片時曾感慨說，多一些自由好，納粹也允許照出並存留不人道的照片，不然，今天我們就看不到這些了（大意，因手頭無書，引述不盡完全）。趙宋政權儘管可以滅掉孟昶的國家，想不到這孟昶竟靠這些文字，存活在人們的心裏，存活在歷史中，甚至存活在包括趙宋一朝在內的官方衙門裏。

寫完上述文字後翻書，恰好翻到江蘇美術出版社出版的老城市系列叢書中流沙河的《老成都／芙蓉秋夢》，內中第七章也有關於孟昶的敘說，章題是〈秋晚芙蓉亡國恨〉，似可再助談資。他說趙匡胤派兵打來的時候，「孟昶正如李煜，不搞軍國主義，從來偃武修文，哪有實力禦敵。夔門劍門，相繼失守。再派兵去抵抗，等於白白送死，於心有所不忍，只好上表投降。孟昶是一個文化帝王，投降前十二天，正是臘月十三，還有心情帶頭撰貼春聯。上聯『新年納餘慶』，下聯『佳節賀長春』。只道是文字遊戲，又誰知『一不小心』成為風俗，由成都而傳遍中華，到處都貼春聯，迄今千年不改。西元965年夏天，孟昶四十六歲，作為俘虜，被押送去東京（今開封市）。據《蜀檮杌》記載，告別成都那天，上萬民眾擁塞街

道，哭聲動地。孟昶以袖掩面，哭謝民眾。從外東合江園，到眉州去上船，沿途民眾相送，悲憤嚎啕，哭昏死數百人。百姓心頭明白，薄賦稅的好日子永別了。」後來是「蜀人則憤怒反抗，思念故主故妃，甘作無謂犧牲，流血兩年之久。孟昶和花蕊原葬北邙山，因蜀人造反，趙匡胤不得不允許遷葬歸蜀，雙雙長眠廣漢西城橋之東，洪水碾之西北，『高宗祠』附近。據載，此地舊有孟昶離宮，生前曾來狩獵。按孟知祥稱高祖，孟昶則稱高宗。曾有祠廟以高宗名，祀孟昶也。1953年墓被掘毀，今渺茫難稽矣。」

2006年3月22日

大佛寺・張掖金經

　　有朋友來的時候，都要帶去看看大佛寺。如今的寺院裏，春天是牡丹花開，夏天是八角蓮開，秋天是菊花怒放，冬日裏雪花飄灑，就是大作佛事的時候，也是清靜安詳。人入其中，自然而然，也會心安起來，氣定神閑起來。願意去看看轉轉，是紅塵萬丈中的我心裏常常藏著，不為外人道的想法。

　　大佛寺多，張掖的大佛寺另有特點。寺是全國僅見的西夏少數民族宗教殿堂，有亞洲最大的室內泥塑臥佛，舉世罕見的明代手書金經，數以千計的館藏精品文物存於其間。在歷史上，張掖大佛寺又與西夏、元朝皇室關係非同尋常。

　　歷代，都有高僧西行。竺法護、曇摩難提、僧伽提婆、僧伽跋澄、鳩摩羅什、曇摩流支、曇無讖、於道邃、竺佛念、玄暢、玄高、法顯、寶雲、智猛、玄奘、沮渠京聲等西行求法或東土弘法，是響徹文明史的。他們都到過張掖。特別是鳩摩羅什和曇無讖，簡直就是在張掖發祥，光大了佛祖妙諦、般若智慧的。

　　說起來，佛法東傳的精彩一節，是鳩摩羅什的東來，而那一次的第一站，便是張掖。秦王符堅，聞說龜茲國師德隆道高，就派人去請，當然是沒有結果，於是又派出十萬大軍，由呂光統領。禮請不成，就來武的。龜茲國滅了之後，鳩摩羅什只好隨軍東行。大軍到達張掖的時候，淝水之戰發生，八公山上，草木皆兵，投鞭斷流的符堅身死異鄉。沒了皇帝和國家的呂光一不做二不休，就在張掖建立了國家，這就是歷史上的北涼王國。鳩摩羅什就此滯留河西，開始了他數十年的河西佛法

弘傳生涯。以後鳩摩羅什繼續東行，在長安大興佛法，留下了東西翻譯史上第一等的作品，業績非凡。說起來，為一個人，一種文明而派出十萬大軍的事，在世界文明史上，還真是罕見。

相與媲美，佛祖開顏的張掖，當代奉獻於世界的，現在是現在寶藏在大佛寺，和敦煌寶藏相輝映的「張掖金經」。

西夏時期建立的張掖大佛寺，是皇家寺院。史書上說，是西夏的國師嵬咩在這裏掘出一翠瓦覆蓋的臥佛而後決定初建大佛寺的。現存的大佛殿殿高33米，面闊9間，規模宏大。乾隆二十四年（西元1759年）寫就的「無上正覺」牌匾，鐵畫銀鉤，蒼勁秀麗，周圍刻以梅蘭竹菊、琴棋書畫，金翅鳥和寶珠等圖案，非常精美。殿門兩側各鑲六平方米的磚雕一塊，左為「登極樂天」、「西方聖境」，右為「入三摩地」、「邸園演法」。是西夏時的原作。這種西夏時期的雕刻藝術精品存世者，除敦煌莫高窟和銀川西夏王陵之外，張掖大佛寺是唯一的一座。以磚雕形式表現佛祖演法內容，在全國也屬罕見。大殿內的臥佛，長34.5米，肩寬7.5米，腳長4米，耳長2米，金裝彩繪，形態逼真，視之若醒，呼之則寐。臥佛身後塑十大弟子，頭腳處各塑居士，兩側廊房塑十八羅漢，氣勢宏大。殿內四壁為取材於《西遊記》和《山海經》內容的壁畫。

西夏與宋元時期幾個皇帝、皇太后和張掖大佛寺有著曲幽迷離的關係。約略說，有下面這樣多。

其一，張掖故老口耳相傳，元世祖忽必烈出生於張掖大佛寺。有研究者曾著文推測，忽必烈生於1214年，當時正是蒙古汗國與西夏相對和睦共處之際，忽必烈出生於張掖大佛寺有一定可靠程度。

其二，忽必烈母親別吉太后死後，葬在張掖大佛寺內。《元史·順帝紀》記述：順帝至元年（1335）三月，「中書省

臣言甘肅甘州路十字寺奉安世祖皇帝母別吉太后於內，請定祭禮，從之。」《甘州府志》之《世紀》、《雜纂》，E.Geil撰《中國長城》均有相同的記載，《甘州府志》對十字寺（即大佛寺）的記載是：「元世祖祀其母別吉太后處，夏建，今大寺也。」「宏仁寺，城西南隅，俗名大寺，一名睡佛寺，西夏永安元年建。」

其三，南宋德祐皇帝趙㬎亡國後，遁入空門，釋號合尊大師，曾駐錫張掖大佛寺。《元史‧世祖紀》說：至元十九年（1282）十二月，元世祖給趙㬎衣糧，發遣他離開元大都西行，《庚申外史》籌史書記載他到了張掖大佛寺（甘州山寺），1288年再去西藏薩迦寺學習佛法，約在英宗延祐六年（1319）奉詔移居張掖大佛寺。至治三年（1323）四月，因寫了一首「黃金台即興」的詩而遭忌被賜死於張掖大佛寺。

其四，元順帝妥懽貼睦爾是趙㬎的兒子。《元史‧順帝紀》說，元寧宗曾詔天下，「言明宗在朔漠之時，素謂（妥懽貼睦爾）非己子……」《寰宇通志》、《政和縣誌》以及明初福建政和縣儒學訓導余應無名樂府詩、明末權衡《庚申外史》均認為是元明宗在張掖大佛寺收養了合尊大師趙㬎的兒子，取名妥懽貼睦爾。而明初黃溥《閒中今古錄》、袁忠徹《符台外集》認為明宗從張掖大佛寺奪走趙㬎的妻子後才生了妥懽貼睦爾。元順帝並非元明宗親生兒子，這在元末曾成為定論，並引起了一場自相殘殺的宮廷風波。張掖本地關於元順帝出生地的傳說，確切指出就是在大佛寺的藏經殿，這裏的建築在明初曾被燒毀。

這些，在趙翼的《廿二史札記》也有述說。

大佛寺明代的情況又發生了變化，稀世寶藏張掖金經就是在明代造就的。大明正統元年（1436），英宗皇帝遣宮廷佛學大師、御馬監太監兼尚寶監太監王貴（？～1442）做鎮守

甘肅的欽差大臣，坐鎮甘州。王貴在張掖期間，做了三件大事：一是在山丹縣城西礮山建成山丹大佛寺，大雄寶殿作重樓七層，內塑坐佛像高一十三丈；二是在弘仁寺（張掖大佛寺）內黃金古台舊址上建成金塔殿，殿內供奉三世佛銅像，並添地宮舍利寶物；三是召集書畫名士用泥金書造600卷《大般若經》，至今張掖大佛寺所藏金經《大般若經》近600卷，即國寶也。

英宗皇帝頒發聖旨，大藏經一部賜予張掖。

張掖金經《大般若經》，以珍貴的紺青紙為本，用泥金書寫繪畫，綾錦包裝，繡有精美的龍紋圖案，極其華貴，書法工整秀麗，卷首曼荼羅畫金線細密，人物雲集，場面宏大，充滿了熠熠生輝的皇宮金粉之氣，富麗堂皇，不僅是佛教法寶，也是不可多得的書法、繪畫藝術珍品。皇帝所賜大藏經則經櫃嚴整，寶藏琳琅。經卷以千字文順序編號，十卷一函，每函為一個字，函套外標識清楚，為了保護函套及整函佛經，函套外再裹棉布藏經包袱，包袱上再標千字文編號，整函經再置入經櫃的經匣中，經匣按千字文順序排列，匣外刻千字文序號，恰如中藥櫃。藏經包袱除有千字文編號外，並附有捐造者的姓名、籍貫、住址、願望和捐造時間等，具有很高的文物價值。張掖大佛寺的藏經包袱保存最早的見於清順治時期，由甘肅著名的詩僧、臨濟宗第三十四世嗣祖同法發起募化。

大佛寺的遭劫主要是在現代，先是民國年間軍隊的駐馬，後是六十年代紅衛兵的糟蹋。連涅槃的佛祖裝髒寶鏡，都被北京來的混小子盜竊。

保衛了張掖金經的是佛祖的弟子。

他們把經櫃泥在夾牆裏，一如漢朝時發現的東魯孔子故宅夾牆，典籍就存身在裏面。兩千年前的事和兩千年後的事，竟是驚人地相似。

價值連城的百科全書，國寶張掖金經就在裏面存了真身。

佛子在火焰中永生，經典在人世間現身。

趙樸初來拜了。宿白來拜了。淨空法師來拜了。

官員來拜，百姓來拜。

大佛重光，國泰民安，張掖貢獻於世界的，是金經重放光明。

2009年11月14日，星期六晚間。

【卷三】

書房

　　長沙彭國梁在《開卷》2008年第六期（第九卷）上著文《近樓藏書》，介紹他被攝影家卓雅發給畫家黃鐵山的短信稱為「中國最美的書房」。那是有四層，每層近百平米，三面環水，在湘江、瀏陽河、撈刀河懷抱之中，「層層皆有書房」，四樓放期刊，三樓是男女主人各自的書房，兩間，二樓是圖文書房，一樓「奢侈」，是一個碩大的書房。老彭說：「已到知天命的年齡了，總算折騰出這麼一棟書香四溢的近樓來，我實在是非常滿足的。」「我現在最大的樂趣，除了到各個書店淘書之外，便是置身近樓之中，從這個書房到那個書房，樓上樓下的到處看，到處摸，隨意將書架上的某一本書抽出來，翻一翻又插進去；再把另一本書抽出來，有時一看，半天就過去了。日復一日地，我就這麼與書親熱著，樂此不疲。」

　　近樓有老彭自撰聯云：

書天書地書世界
不煙不酒不正經

　　卓雅給近樓拍過四百張照片，要是可能一睹，一定是美事。不過看不上不要緊，長沙，我一定會再去的，那裏有鍾叔河，吳昕孺，蕭金鑒，還有李元洛，這些我熟悉和敬重的人。去了長沙，近樓，是一定要去一回的。想來，去了老彭也一定會把流沙河書寫了掛在近樓一樓藏書間的「上茶」，落

實得很好。作者在《書蟲日記》中的2005年1月14日那天曾發出了預約券：「到我家喝茶吧！」他是對《清泉》的友人說的，現在，我也是《清泉部落》的朋友了，阿泉在其創刊號上登出了我的長文〈重讀老陳原〉。

陳原在晚年曾經有一個祈願，希望中國人都能有一個屬於自己的書房。他不知道中國民間已經出了一個「最美的書房」近樓。現在，讀書種子們的書房夢，正在一天天地實現起來。此前我知道，楊棟在山西沁源弄了個梨花村，也是藏書樓。有農耕文明詩書傳家的味道。我見過楊棟的兒子，果然樸實，身染書香。

去年十一月，江西進賢鄒耕農先生作東，邀約全國愛書人雅集，我因故未能與會，老彭在會上向與會者贈送自繪藏書票一套，二十四幀藏書票上或橫或豎各有一印：「近樓藏書」，失之交臂的佳物只能在後來《書脈》雜誌的連載中得睹。不過，我也已經很知足了，世間萬物，得開眼界本已不易，豈能一一擁有？

近日，我剛剛完成自己對書房的裝修。書架頂天立地，書們安安靜靜，過路友人深圳一石攜新著作《詩經裏的植物》來訪，他說，在我的書房裏找到了許多好書。友人阿泉贈送的珍貴書籍題簽稱：「岳年書林添葉。」風雅著呢。自然，鍾叔河先生，王稼句先生，李福眠先生，龔明德先生，徐雁先生，董寧文先生等師友的書信和簽名本，也都在這裏。我沒有彭國梁一年買四萬塊錢書的氣魄，可我也在書房裏到處看，到處摸，隨時隨意將書架上的書抽出來，翻一翻插進去；再把另一本書抽出來，看一看。日復一日，月復一月，年復一年，快快樂樂的。剛剛插架的《第一批國家珍貴古籍名錄圖錄》，就是愛不釋手，又極其養眼的佳物呢。呵呵，書房之福，是書蟲就自然有，難為外人道。

未免有情

　　思古之情，多在旅途遊覽中。看故宮憶及元明清，睹長城豪情蕩胸襟，都是常情。友人李傳新新著《擁書閒讀》裏說：「蜀中詩人流沙河一九四九年出四川經過陝西東行湖北，看見窗外飛馳般消失的莊稼，山，樹木，立刻聯想到兩千多年前，秦滅楚，就走的這條路」。這樣的思緒加上山河大地的美好，好處是當然的。不過，能讓人思古，並怡情養性的，還有詩書。比如吟「三春暉」，憶念母親，誦「心有靈犀一點通」情動於中，念「楊柳依依」心旌搖搖，都有境界。《禮記‧禮運》裏說「喜、怒、哀、懼、愛、惡、欲七者弗學而能。」這就是人們所說的的七情。思古之情，似在七情之外。這情對於古人，大約常見，有古詩文可證。對現代人來說，思古之情已稀，顯得難而可貴。原因是現代人事多，可供思古的事物又少，加上所知的古少，思，就更難矣哉。余之弱水軒，僻處大西北，常以不得古韻無古可思為憾，現在看來，又頗覺可笑。佛家云，每一寸土地，都是菩薩流過血的。細察真是不錯。就說腳下這片土，找文化上的餘緒，近的就有張治中讀書處，有寫過《笠翁偶記》的李漁築過的又一園，有喜歡辦學的湘軍將領周達武興辦的礫得書院，周在《清史稿》裏有傳。近日讀陳原《黃昏人語》三十五頁，知道這個周達武，和陳寅恪還有些關係，陳在寫給楊樹達的信裏說：「弟生於長沙通泰街周達武故宅，其地風水亦不惡。」周達武一族本係明代皇室後裔，民國光復後恢復朱姓。周達武之子朱劍凡毀家興學，在故宅上建立周南女中，有弟子陶斯

詠、蔡暢、向警予、楊開慧、丁玲等，朱劍凡曾援助過毛潤之，毛說他「是一個很有骨氣的人，正大光明，可惜死得太早了。」周達武孫女朱仲麗，則是王稼祥的夫人。此地數百步之外，也還是民國時代著名的普門寺，中國佛教會會長心道法師當年高樹法幢，開宗立派，度人無數。此地風水亦頗不惡。且有，並知道這些事，對居於此而好古，又未免有情的我或者朋友，不亦幸乎。

2009年4月3日晚間，時小恙初愈，心境愉悅，成此短文，以驗新知。

參燈

　　老家的百姓年年在正月十五栽燈，在數十頃的土地上燈籠高掛，佈置成黃河陣，說是當年姜子牙傳下來的，已有幾千年了。來看燈的人們，把這個活動叫做參燈，這名字，聽或想，都很古雅。黃河有九曲十八彎，燈陣是萬字迷人環，從門裏進去，要曲曲彎彎拐，在中間有一個大的懸在高杆上的燈籠，說是主腦，燈下面有主神，大約是指揮一切的。每到轉彎處，就有神仙的畫像立著，指引著，參燈的人都要在神仙神像前燒香祈福。神像有三百六十五個之多，可以說應有盡有，和一年的節氣日月有關，和人們的生活祈願有關。還沒有生育的青年夫婦，則要在送子觀音的面前祈求保佑，來年生一個可愛的小寶寶。觀音像旁邊有一些小燈籠，據說有心的人可以請走一盞，算不得偷，不過來年，是要還一個更大的燈籠來的。據說，在燈下走過來，就可以消災免病，延壽有福。無論男女老少，參燈的時候都要摸一摸燈籠下面的紅穗子，說是可以吉祥如意。寫了《本草綱目》的李時珍也是守門的神聖，磕頭的人自然忘不了他。外祖母八十二歲的那年，舅舅在背上背著她來參燈，走了幾十里路，在鄉間傳為美談。正月間的社火紅火，舞龍舞獅子的隊伍也要到燈陣裏來，蜿蜒起伏的社火，鑼鼓喧天，熱鬧得很，跟在後面的紅男綠女，臉上掛滿了富足和喜悅。進入燈陣，就沒有回頭的路，只有向前走，一路走下來，要出去，要兩個半小時，說是有五十里路呢。有試圖要從隔離牆上翻過去走捷路的人，民間就有傳說，翻了燈陣的牆，來生要進入畜生道，變成驢子。偶有不知事的小孩淘

氣,從紅紅綠綠的彩線牆下或上翻越,人們就喊起來:「變驢的,變驢的!」小孩便大窘,忙著找地方躲藏,或一溜煙的跑起來。燈陣從正月十三正式開始,一直要到正月十六,十鄉八村的鄉親,人山人海,都來這裏參燈。實際上,栽燈的準備工作要在年前就開始。過去是村裏的好事者促成這事,現在是村裏社裏積極籌備。村上的人好客,家家戶戶也做好準備要接待來參燈的親朋好友。參燈也就成了會親戚,訪朋友的好機會。商店裏的生意,那幾天也是最紅火的。

今年,參燈的事被政府申報了非物質文化遺產,國家撥款六十萬元,要上規模了。來了許多領導。六十里路外的城裏人,開著車也來參燈。電視台上有好幾天,都播出栽燈參燈的盛況。

2009年4月5日清明後一日寫。

通人情

　　通達人情物理，是人成長中要注意的事。為人父母的，莫不希望子女有此本領。聖人設教，也為此費盡用心。舉例說，《詩經》第一篇，便是《關雎》，而且，《詩經》裏的「鄭風」，一向是被稱作靡靡之音的，孔子也沒有刪減，不像現在，人情和文化要搞若干場運動，弄得乾乾淨淨才好。清代道光年間，有一個叫劉家龍的人，寫過一部《讀書疑》，知堂老人大為讚賞，曾經著文大力推介。那書裏說：「何謂聖人？費解之書愛之而不讀，難行之書愛之而不讀，是聖人也。食糞土，食珠玉，其為愚人一也。邪淫之書卻不可不讀，蔬食菜羹之味不可不知也。故聖人不刪《鄭風》。」書裏又說：「金聖歎曰：子弟到十歲，必不能禁其見淫書，不如使讀《西廂》，則好文而惡色矣。」假如有人問，曲終奏雅，曲未半而心已蕩，怎麼辦？劉家龍的回答是：「不如勤課以詩書。」但他是見過的，督促的過緊，就會造成書呆子或叛逆成性的結果。所以，他只好進一步說：「要之教子一事難言哉，唯身教為善耳。父所交皆正人，則在其所者皆薛居州也，誰與為不善。」這也是無可如何的說法。

　　其實不僅教子，許多地方，許多事，都是在通達人情物理的時候能辦好，人情物理不通的時候，就弄不好。人情平易，弄玄虛了就不好。人情好禮，太踧躇了就不好。人性懶散，太縱容了就不好。卡夫卡說，人最主要的罪過只有兩種，就是缺乏耐心和漫不經心。其他的過錯都和這兩者有關。由於缺乏耐心，人類被逐出天堂，由於漫不經心，再也回

不了天堂。或許只有一個過錯：缺乏耐心，由於缺乏耐心，被驅逐出來，由於缺乏耐心，再也回不去了。我把這些話抄給兒子，希望他能讀懂。可是把握有多少呢？我也說不準。

這也是人情。通嗎？

2009年4月6日晚間

五月

窗外有鳥鳴聲。

布穀鳥從窗前飛過。這是最好的季節了。天地間充溢著花香，桃花、杏花、梨花、丁香花、牡丹花開過後，是沙棗花的，玫瑰花的，芍藥花的。小城裏乾乾淨淨，有鄉村的味道，有城裏的方便。

抬腳向城外走去，不用很費力，就到了田埂上。三月茵陳四月艾，採上一把，花花草草的，叫百樣草，回來晾乾，就成了陽台上的風景。

端午節到了，那一天起得很早，空氣格外地新。繫好鞋帶，來到田野，在草叢裏走過，老輩叫做拌綠水。想起「淺草才能沒馬蹄」的詩句，不免有些好笑，人走，怎麼會想到馬蹄呢？

採回來的，除了艾草之外，是柳枝。把柳枝插在門框上，招招展展，說是吉祥，還有幸福。那天，是端午節。

把百樣草放在水裏煮，就有了釅釅的湯水。把小孩子放進去，在陽光下沐浴，這孩子就百病不侵了。

把採回來的香茅草縫進荷包裏，香香的荷包就成了佳品。老奶奶給孫子掛，母親給兒女掛，姐姐給弟弟掛，妹妹給哥哥掛。四月五月，香香的到了心裏。

和香荷包連在一起的，是用彩線搓好的五色繩，老人們把這個叫做狗繩子，拴在孫子的脖子裏，手腕上，腳腕上。男孩子拴，女孩子也拴，說是拴住了，就無病無災，長命百歲。蘇東坡詩歌裏說：世人最好是聰明，我被聰明誤一生，唯

願我兒愚且魯，無災無病到公卿。老輩人的心思，和一千年前的文豪沒有兩樣。

鄉里是一色的碧綠，楊樹高高，濃蔭密密。天熱的時候到水裏去，或者撈魚，或者洗澡，爽快和熱鬧是自然的。大人嚇唬娃娃，說水池裏會淹死人，不要去。但是說歸說，水裏面還是少不了玩水的人。

太陽落山的時候，樹梢上一抹金色，晚霞映紅了西面的天，老人說，早燒陰，晚燒晴，明天的天，熱著呢。

2009年5月19日午間寫畢。

尋找五瓣丁香

　　朋友站在院子裏的丁香樹下，喊著問，丁香花是幾個花瓣？我有些愣怔，後來說，是五瓣。

　　來到花前，望著白裏略帶藍意的花簇，聞著滿園彌散的淡淡的丁香花味，我們數起了花瓣。好像是張愛玲的小說裏說過，找到五瓣丁香花的人，就會有好運和幸福。

　　慢慢找，我們是懷了好奇和希望的。其實，在剛剛從冬天過來的四圍香飄，漫天碧綠的環境裏尋花，本身就很浪漫了，何況是尋找五瓣丁香。青年胡適在美國留學的時候，曾經勸過自己，說不可以在春色撩人的時候只是伏案而不窺園，那是對不住自己，也辜負了時光的。

　　蒙古草原上有一個城市，把丁香花作為自己的市花，丁香花開的季節，滿城滿街巷都是丁香花的芳香，很是迷人。記得是前年，在蒙古王府，或者是綏遠將軍府裏，我見到過一株兩百餘年的丁香樹。樹枝結成連理，枝葉相連、枝頭相依，彷彿一對恩愛的夫妻，被稱為夫妻樹。據說，是當年的將軍或者王爺到北京去，皇上欽賜的御花園丁香。當時就想，在北方地區，丁香是不遜於牡丹的國色呢。

　　我們在燦若雲霞的紫丁香花裏繼續尋找著。

　　丁香的產地是印尼和非洲的熱帶地區。在法國，「丁香花開的時候」就是氣候最好的時候，生日是5月17日或者6月12日的人，幸運花就是是丁香花。在西方文化裏，丁香花象徵著年輕人的純真無邪，初戀和謙遜。丁香花擁有天國之花的榮譽稱號，丁香的花語，也配得上天國之花的光輝。受到丁香花祝

福而生的人，即受天神祝福，會經歷有光輝的人生。有學問的人說，幸運花是丁香花的人，由於太聰明，而有喜歡走捷徑的毛病。希望在追求的過程中，別忘了最終的目的。

我們找到了三瓣的丁香花，當然，普遍的是四瓣的丁香花。

五瓣丁香終於出現了，是在我們就要離開的時候。

想起戴望舒《雨巷》裏的句子了：

> 一個丁香一樣地
> 結著愁怨的姑娘
> ⋯⋯
> 丁一樣的顏色
> 丁香一樣的芬芳
> 丁香一樣的憂愁
> ⋯⋯
> 太息一般的眼光
> 飄過
> 像夢一般地
> 像夢一般地淒婉迷茫
> 像夢中飄過
> 一枝丁香地
> 我身旁飄過

和愛人在丁香樹下留影的時候，我把五瓣丁香指給她看，我們都笑了。

2009年4月18日上午寫畢，下午即將前往山東半島。

五月津門之行

　　以前也想過去天津，但總是因為諸多原因未能成行，直到一日，同學短信發來問我幾時到，才突然決定前往一遊。想來覺得旅行是一件很享受的事情，漫漫長路走在腳下才會感到如此踏實，這就是我的人生，永遠在走路，永遠在路上，這個過程就是全部。京津城際列車時速可以飆到330km，半小就到了，很感慨，高科技帶來的實惠是明顯的。整個旅行內容很充實，穿越了天津衛的今古，在走出城市規劃展覽館重見天日的一刻，恍若隔世。現代化的城市建築風格大致都是相通的，這一點上我從來不認為天津，北京，上海有什麼不同的地方，可以說這是西學東漸近百年來的必然成果。只有在剝離表面慢慢的嘗試去瞭解城市的發展的點滴，才會有所感觸經塵沙掩蓋後的真實。

　　沿著海河淋著雨水靜靜地聆聽這個城市這個國家跳動的脈搏，傳說中引發天津教案的望海樓得償一見，曾文正一世英名幾毀於此，曾經鬧得血雨腥風而今就靜靜的矗立在這裏，刮目一看也不為過。風采依舊的小洋房櫛比而立，袁項城可是未曾料想到今日津門兩岸通天徹地的變化，他的小樓也只能用來喚醒人們對那個時代的些許記憶，抑或僅僅被當作是一個漂亮的小洋房，好看罷了。值得一提的是名徹一時的翩翩佳公子李叔同也曾在這河岸之邊臥榻而眠，那也正是屬於他的青蔥歲月，昔日的酥手，絕世的紅顏，山水毓秀，不可多得人物，在那個風雨飄搖的中國東岸持節而立，寄意寒星。

　　幾乎可以認為天津在近代的發展就是整個國家的縮影。20世紀初李鴻章和袁世凱師徒倆在推動近代中國工業化的進程中有著不可磨滅的貢獻，他們也是在盡力在維持著這個國家，嘗試去改變，儘管都失敗了，儘管或多或少含著一己私利，但他們仍在做，盡力的做，從晚清的洋務運動，從創立北洋大學，從創立郵傳部，從設立塘沽炮台，到組建北洋水師，到設立江南機器製造局，到派遣幼童赴美留學，到五大臣考察立憲，到那個令他們和他們的無數同仁九死不悔的強國夢裏，一場夢，作了兩千年，醒來之後，已是正逢萬古未有之大變局的時候，何去何從，誰人知曉。海外塵氛猶未了，諸君莫作等閒看。拳拳心意，弦斷之後更與何人述說。

　　古文化街、濱江路、高聳的摩天輪、鐘鼓樓、靜園、洋貨市場、美術館、藝術廣場，諸多的名人故居不一而足已成了到這個城市必遊的地方。公交很方便，令我驚訝的是天大、南開只隔了一條柵欄，先以為這是一個學校，後來覺著兩家可能有合併的衝動。印象最深刻當屬天津的各具特色的橋，大有看頭。

　　末了，再看一眼火車站旁邊的大機械鐘，很氣派。半個小時，目標北京。

2009年5月2日

岳年按：又是黃金周，逗留北京的時間有限，想看天津，時不我待，囑咐在北京交通大學讀書的兒子偉星，看看周邊，看看世界，多看多思，記述見聞，最好寫出來，告訴我。一周後在家中上網，見到兒子的文字，照錄存之。

草原日記

8月24日（四）雲　張掖－銀川－包頭

應阿泉兄之邀，要出發去草原了。

2006年8月12日09：36：00的天涯社區「閒閒書話」裏，作家、內蒙古電視台首席編輯、主持內蒙古電視台漢語衛視《蔚藍的故鄉／頂級探訪》節目的張阿泉貼出以《即將到來的草原盛會對弱水月年發出的邀請函》為題的貼子，為存資料，全文照錄。

> 弱水月年先生：
>
> 全國民辦讀書報刊發展研討會已經分別在南京、十堰、北京舉辦了三屆，按去年「北京會議」約定，茲定於2006年8月27日至30日在「中國乳都」呼和浩特市舉辦「全國第四屆民辦讀書報刊發展研討會」暨「全國讀書型作家、學者2006年初秋內蒙古草原筆會」。
>
> 這是一次內蒙古草原的「敖包相會」，是群英薈萃、凝結情義的大型聯誼會，是全國讀書人交流經驗、展示成績、共商發展的寬廣平台，一大批熱愛讀書、性情單純的中國民辦報刊負責人、學者、作家、出版社選題編輯及民間讀書人、藏書人將從東西南北中雲集草原青城。

因為您讀書品位純正、文風質樸、寫作勤奮、為人品格誠摯,是中國當代讀書界閃亮的「讀書星座」之一,我們向您發出隆重邀請。

有一首優美的歌曲叫《我和草原有個約定》,在涼爽的北地初秋,誠請您與草原「約定」一次,撥冗出席「兩會」,以文會友,結交新知,增進合作,體驗祖國邊陲歷史文化名城呼和浩特的舊貌新姿和長調、馬頭琴、盅碗舞構成的草原風情。

報到時間:2006年8月26日(全天)

報到地點:內蒙古大學桃李湖賓館一樓報到處

兩會總策劃人:張阿泉　龔明德

兩會總調度人:喬旺　白托婭

會務組總聯繫人:張偉平　馮傳友　劉書敏　托雅

會務組總攝影:馮傳友　王彥軍

主辦單位:

內蒙古電視台漢語衛視《蔚藍的故鄉／頂級探訪》節目組

清泉部落書友會《清泉部落》(會刊)編輯部

協辦單位:內蒙古大學黨委宣傳部

2006年7月31日

此後,網友們紛紛跟貼,很是熱鬧。我雖然忙,卻也深深覺得不該辜負朋友的盛情才是。

早晨,習慣性地打開電腦,首先收到的就是閒閒書話版主深圳一石發來的短消息:

通知：你發表在「閒閒書話」內的帖子〈[私人藏書]王
船山論趙普之奸（首頁推薦）〉，已被收入本版精品
集（J臉標識），謝謝你的支援。

　　我心想，這個消息預卜此行順利，很好。可以高興。又
記起昨天也曾收到的消息，那是社區編輯虞漁發來的：「貴作
《王船山論趙普之奸》已經推了今天的首頁，謝謝賜稿。為了
避免不必要的麻煩，刪了首段中的一句話，望理解。」

　　陰山老饕（馮傳友兄網名）也翻出了很久以前我寫的
〈錢曾與《讀書敏求記》〉一貼，高高地掛在「閒閒書話」的
上面，可感也。

　　在街上吃早飯，之後回辦公室攜小包，裝入知堂《藥
堂語錄》回家，預備午間上車，前往內蒙古，參加「全國第
四屆民辦讀書報刊發展研討會暨讀書型作家學者2006草原筆
會」。

　　13：40是預定的上車時間，車票緊張得厲害，我到的要
稍稍早一些，因為沒有買到臥鋪票，約定了火車站的段師傅
要幫一個忙，想法子補一張。段師傅還沒有來，在候車室，
我取出行包中的《藥堂語錄》，在喧鬧中讀得幾葉，也風意
別致。

　　段師傅領我上車，給朋友說了一下，我便有了在可供火
車司機休息的「便乘鋪」上睡覺的「特權」。一路無休息之
憂，可慶賀也。

　　車上睡覺真好，這兩天的勞累正好得以解除。一覺醒
來，列車已過武威。臥讀《藥堂語錄》，並作批註，大佳。

　　給已經有聯繫的馮傳友兄發了一個手機短信，告知我將
到草原。馮兄在回覆中建議，不如先到包頭下車，他陪我看
看包頭和那裏的舊書店，然後再一同前去呼和浩特。我以為

好，可以搶回一天時間。以下是馮兄在不同的時間裏連續發來的幾個短信，抄出來：

> 14：14.可在包頭站下車，乘一路到達麗雅下車，先逛跟前的包頭書城，之後我接你到舊書店。馮。
>
> 14：28.記住，包頭站，不可到東站。馮
>
> 14：34.行李不多，不用打的，一路一元直達。
>
> 22：14.幾點到包頭？我戴草帽在達麗雅站接你。馮

有些當年地下工作人員接頭的味道，然而馮兄待人的誠懇和周詳，已經躍然紙上。素未謀面，我為有這樣的朋友而高興。

一夜酣臥，車聲燈影裏，我過中衛、中寧、青銅峽、銀川，包頭將至矣。

8月25日（五）晴　包頭－呼和浩特

早晨5點過些，我從睡夢中醒來。記得昨天列車員告訴我的火車到達包頭的時間是6：36，就有些想頭了。馮兄應該還在夢中，讓他多睡一會吧。記得他曾經發來短信，說是得把電台用的帶子編好之後，才可以前往呼和浩特。他是包頭電視台的記者。阿泉的邀請信裏說，馮兄是會務組總聯繫人之一，也是會務組總攝影，前兩天他也曾專程前往呼市，和阿泉商量辦會的事，應該很忙了。

列車很準時，正點到達。提著行囊，我走下火車。想到車票是買到呼和浩特的，就去候車室，尋找簽字的地方。時間還早，我想讓已經花出去的銀子盡可能多的發揮效益。簽過字之後的車票，下午或者明天前往呼和浩特的時侯，應該還可

以使用。門口的工作人員指給我方向後，我向問事簽字處走去。和氣而友好，身著藍色鐵路制服的女同志告訴我，下次乘車離開的時侯再簽字，車票才可以管用。

　　還有一段時間呢，想在車站吃過了早點再與馮兄見面。我在車站逡巡起來。包頭火車站的規模並不小，只是候車大廳面對的街道還顯得零亂。車站前的花壇裏紅花正豔。公交車站點在車站廣場的東面，看好待會要乘車到市裏面去的地方後，我穿過廣場，向對面的早點攤面或者飯館走去。有賣餛飩的，這是我們常吃的麵食，出外旅行的時侯，我也曾經在成都吃過，那裏的人們叫這個做龍抄手。不過，清早就吃這個，加上剛剛下車，我還是覺得有些勉強。瞅著右手方向的蘭州拉麵館，我挪開了腳步，以為這才是對胃口的去處。不料這個飯館裏竟然沒有一個顧客，吃飯要找人多的地方，這是到生地方找飯吃的一個竅門，我沒有忘記，所以，離開這個飯館，也就成了很自然的事。

　　既然沒有找到合適的地方，就到市里去吧。

　　一路車已經開出，揚起手臂，我打招呼，車子停了下來，我是唯一的乘客。

　　司機是一個女同志，只有她一個人在工作，公交車無人售票。我不知道達麗雅是個怎樣的所在，就向司機請教，她微笑著告訴我，是個商場，到點會通知我。這給我留下一個很好的包頭第一印象。在我的感覺裏，包頭只是一個地級城市，市內交通的便利程度不會太高的。從車窗向外望去，馬路很寬，道路兩邊的白楊樹帶長向天際，很有些氣度，只是有些乾枯，不大旺實的樣子。漸行漸好，路邊的街道也漸漸整潔起來。車過內蒙古科技大學的時侯，已經是一派繁華的大都市氣象。車上的人也漸漸多起來了。路好遠，幸虧馮兄提醒，不然的話，打的下來，怕得幾十元呢，現在只花了一元，很划

算。後來我才知道，包頭是內蒙第一大城，剛剛我所見的還不是她的真面目呢。

達麗雅站到了。同時下車的一個年輕人提醒我。我向他打聽吃早點的地方，他抬起手一指對面，說就是那裏。隨手望過去，我看到了鮮亮的招牌，還有不少的吃早點的人們。

不過我想，最好還是能儘快見到馮兄。我四面張望起來。有兩個擺地攤賣小物件的人在公交站點的旁邊，其中的一位老者頭戴草帽，體型很胖的樣子，我想那一定不是馮兄，就離開站點，穿過馬路，徑直往對面的飯館走去。

呵，乾淨整潔，裝修華麗，要吃的早點應有盡有。我自己選起來，一碗南瓜小米粥，兩個玉米餅，兩個雞蛋，共1元8角，舀過小米粥找玉米餅的時侯，面容佼好的服務員姑娘告訴我，餅子已經給您準備好，一碟小菜是不要錢的。真好吃啊，這內蒙古的第一頓早餐。

出得門來，回到下車的地方，時間是7：40，我給馮兄發出短信：

> 綠蔭鈍鈍碧雲天，清泉草原明鏡光。
> 人到包頭先一笑，弱水迢迢赴陰山。
> 馮兄好，我已在達麗雅，兄若有事，可先忙，之後我們再見面。

發完短信，我觀察周邊環境，見包頭新華書店，也就是圖書商城就在右手邊，只是沒有開門。正要邁步前去進一步察看，就見前面一人，不胖不瘦，中等身材，著咖啡色體恤衫，頭戴草帽，幹練利索，手持一個收音機，耳脈長線，好像在一邊聽一邊向來車的方向張望著。直覺告訴我，這該是我找

的人了。我揚手，高聲喊起來，馮兄！他也喊起來了。我們的手握在一起，興高采烈。

馮兄引我來到他家。原來就在附近。這是包頭最繁華的一條步行街。久已聞名的「陰山暖石齋」就坐落在這裏了。

對馮兄，新加坡文心社的社員介紹文字上說：「生於山東長在包頭，愛好文學卻讀的是商業，既是經濟師又兼作協會員，身為企業領導又兼電台主持（編輯），包頭大漠文化藝術中心唯一沒有高級職稱的副理事長，忝列內蒙古通俗文藝研究會副秘書長，業餘塗鴉，主攻書話，旁及飲食文化，飯店裏吃不起，於字裏行間解讒，號『陰山老饕』。自稱五大愛好：讀書、寫作、藏書、旅遊、攝影——讀雞毛蒜皮文章，寫無關痛癢小文，藏身邊友人大作，遊農家草原風光，怕忘了宜人美景，攝個影留作紀念。信條是：石上坐三年，冷石也會暖。」

置身暖石齋，我進一步知道了什麼樣的人才算一個真讀書人。

一堵牆，又一堵牆，滿滿的是書架，書架裏每層都是雙列的書。還有山一樣的書，堆疊著，攤開著。電腦蹲在書裏，書上有幾張照片，那是書友們的，有龔明德，有陳子善，等等。我也是愛書的人，見過書的人，可我還是要說，這暖石齋裏的書，真的是藏書滿屋，可比二酉。有書有友，傳友兄富甲天下矣。

傳友寫作，刊發了許多文字，他的勤奮和博學，是讓人欽佩的。

馮兄曾經囑我，要一本張掖旅遊圖，我以一冊要來的《行遊張掖》相送，秀才人情，寒傖的都有些不好意思了。好在馮兄不以為意，我也就樂得相安，不以為忤了。

一邊和我聊,馮兄一邊在收聽廣播,原來是他編的一個關於草原民歌的節目正在播出,我剛看到他的時候,他做的也正是這樣的事。

十時許,我在馮兄的電腦上上網,在天涯跟貼後和他一起離開馮府,前往夫子古舊書店淘書。

馮兄找了一個哥們的車供我們使用。因為車是自己的,遊覽就方便多了。從僅次於長安街的國內第二長街上穿過,我初步領略了這座內蒙最大城市的風貌。

包頭在內蒙古自治區西部,地處渤海經濟區與黃河上游資源富集區交匯處,北部與蒙古國接壤,南臨黃河,東西接沃野千里的土默川平原和河套平原,陰山山脈橫貫中部,面積為27691平方公里。包頭境內有陰山山脈的大青山、烏拉山。黃河流經包頭市境內214公里,公路、鐵路兩橋並行飛架黃河南北,夏秋之時,是包頭最好的季節。從清嘉慶14年(1809年)設置包頭鎮算起,包頭的歷史還不到200年。但是,由於包頭地區地理位置的特殊性,在漫長的嬗變過程中,也曾幾度成為演出威武雄壯活劇的歷史舞台。從戰國至唐朝,包頭境內曾幾次建築過一些古城。最早是趙武靈王於西元前306年(武靈王20年)所築的九原城。之後在西元前221年,秦設九原郡,西元433年,鮮卑族建立的北魏王朝設懷朔鎮。後來,這些古城一一廢棄。五代時,包頭在大遼統治的範圍內,遼在這裏設雲內州,一直到金元時期。元初,包頭地區的冶煉業、紡織業、陶瓷業開始興盛,商業活動隨之興旺起來。後來蒙古族各部落陸續進駐河套,包頭地區又成為土默特部落遊牧之地。清王朝建立後,乾隆5年(西元1741年),薩拉齊設協理通判,這是包頭地區記載可考的最早行政建制。1870年(同治9年)前後,包頭修築城牆,闢東、南、西、東北、西北5座城門,形成了近代包頭的城市規模。電視劇《喬家大院》中反映

的包頭情形，應該是比較真實的。19世紀後期至20世紀初，包頭已發展成為西北地方著名的皮毛集散地和水旱碼頭。1923年，平綏鐵路通車包頭。自然，歷史上的包頭是沒法和今日包頭相比的。現在包頭的街道很寬敞，也很漂亮，放在世界範圍內考察，包頭的城市建設也都不落後。包頭的鹿放養在城市廣場上，這是以前我所不知道的。說到包頭，知道的人就會說那是「有的鹿地方」，這是包頭的特色和名片。把鹿放養在廣場上與人們和平共處，這是包頭人的創意和智慧。我由衷地為他們讚歎起來，為包頭廣場上的和平與幸福而高興，並且自以為是見到了人類品質裏算得上高貴的分子。草原，在我初到的時刻就給了一份最值得欣喜的迎接。

我們來到包頭人民廣播電台，包頭電視台。這裏是馮兄工作的地方。他上樓發稿子，我在下面拍照。闊氣的大樓，平寬的庭院，還有走到裏面去的後園，以及園子裏水泥地坪上長出的綠草，和正在奉上命剷除綠草（嫌草雜礙事）的職員們，都成了我的拍攝對象。

來到古舊書店的時候，我看到的門面很不起眼，以為不會有什麼好書的。剛進門的時候印象也還是沒有改變。然而，當我看起了書的時候，心態就大大變化了。好書多多，美不勝收，我見到了久覓無著的陳子善的書，姜德明的書，胡從經的書，等等。

店裏只有一個老人，一會來了一個身體很棒的小夥子，張姓，精明而知書。舊書不少，版本好的價就高。我的銀子少，只揀自己感興趣而價錢又便宜的往手裏拿。陸續，櫃檯上擺起了一些書，約略是，2000年3月中國電影出版社1版1印的龔明德《文事談舊》，後來在呼和浩特聽阿泉說起，才知道這書竟然是在龔先生自己都不知道的情況下，由別人為他編輯出版的（又後來我知道，那時的龔先生正處在困境中）。中華書

局上海編輯所編輯，1962年4月1版的岑仲勉《唐人行第錄》（外三種），30萬字的書，當時只有1.70元。南京大學出版社1993年6月1版1印的李偉《曹聚仁傳》，浙江人民出版社1997年1版1印的今人書話系列《撈針集／陳子善書話》，浙江文藝出版社1998年1版1印的書齋文叢之陳子善《文人事》，人民文學出版社1981年12月北京1版，1997年北京1印的名家自述叢書《從文自傳》，人民文學出版社1985年6月北京1版1印的陸侃如《中古文學繫年》上下兩巨冊，中央民族學院出版社1991年1版1印民俗文庫之十三《滿族風俗志》。廣西師範大學出版社2001年12月1版1印的〔法〕安妮‧弗朗索瓦《閒話讀書》，書友劉學文在後來網上讀貼讀到這裏的時侯，在留下的貼子上唱和道：「讀畢《閒話讀書》，書事中就寫了這樣一段文字：『最初，每次他要出遠門參加各種各樣的會議時，我都會在他的行李箱裏塞張紙條：「你要敢背叛我，我就宰了你。」後來，紙條上寫的是：「你要敢背叛我，我就殺了她。」再後來成了「你要敢背叛我，我就自殺」。最後變成「你要敢背叛我，我就放把火燒了你的書」。這是法國瑟伊出版社編輯安妮‧弗朗索瓦《閒話讀書》（俞佳樂等譯）中的一段文字，暢快淋漓，耳目一新。愛情高於生命，書比生命珍貴。安妮把積累的許許多多個故事，形形色色的話題，串綴成書中的52篇文章，短的寥寥數百字，長的也不過千餘字，風趣幽默，嬉笑怒罵，看似脫口而出，卻不時閃爍出一個知識女性的聰慧光芒：『如同愛看書的孩子那樣，我被門縫裏透出的燈光出賣了，被迫轉入了打手電筒偷讀書的地下狀態』（《床上的讀書迷》）；『扔書，就如同燒毀舊時情人的書信或者祖母上小學時的作業本那樣，令我心如刀割』（《棄書》）；『一個人靜靜看著書，細心地、有規律地翻動書頁，書便唱出了甜美的歌聲，如同水滴落下時那般柔和』（《音樂》）；『我的閱讀時

而混亂時而連貫，像蜜蜂采蜜般四處留情，又會在某個期間患上偏執狂，其中一部分原因就在於我總是無法抵制別人的慫恿或推薦』（《東拉西扯》）；『書蟲們總聲稱說他們因為失眠才會看書到天亮，卻永遠不願意承認其實他們是因為沉湎於書本才失了眠』（《讀書症候群》）；『我絕對不能容忍鄰座斜著眼睛偷覷我的書，這種感覺就如同洗澡時有人闖了進來，一定要和我共用一個浴缸一樣』（《冒昧》）。安妮將書視為友人、情人，觀察入微，直抒愛憎，是因為她領略到了閱讀的真諦。透過這歡快恢諧的文字，使我們看到了一顆敏感澄澈的心。這顆心，有著婦人的滄桑和少女的天真，它散發出的是一種自信與誠摯。安妮寫《閒話讀書》的動力不在於寫作本身，而是源自一種傾訴的欲望，源自一種慷慨地與讀書人分享閱讀的快樂。」再就是三聯1995年北京1版的錢鍾書《槐聚詩存》，還有店家向我們推薦的1999年1月的中華書局港版胡從經《中國小說史學史長編》，內蒙古人民出版社1993年8月1版1印的內蒙古歷史文化叢書一套，內蒙古大學教授林幹主編，內蒙古自治區黨委書記王群寫序，計10本：林幹的《中國古代北方民族史新論》，馬大正的《古代中國的北部邊疆》，林幹、馬驥的《民族友好使者——王昭君》，葉新民的《中國古代北方少數民族歷史人物》，薄音胡（蒙族）的《一代天驕》，丁學芸的《內蒙古歷史文化遺跡》，李逸友的《內蒙古歷史名城》，喬吉（蒙族）的《內蒙古寺廟》，徐世明（蒙族）、毅松（達斡爾族）的《內蒙古少數民族風情》，包文漢（蒙族）的《蒙文歷史文獻概述》。林幹說，「作者都是在各自的學術領域中學有專長的專家學者」。還有花城出版社1985年1月1版的陳煒湛小書《古文字趣談》，華東師範大學出版社1997年11月1版1印的曹正文《珍愛的簽名本》，鄧雲鄉為之作序，題為《書的友誼》，內中語云：「正文兄為《新民晚

報》創辦、主編的《讀書樂》專刊，也一晃十幾年過去了。當今正是如魚得水、其樂洋洋的讀書盛世。」碼好這些書，馮兄說小張的家裏藏書還多。書店主人便熱情相邀，到他的家裏去看書。房子大，看來是新的，書也多，版本更好。有古的、舊的，更有新的，總之是好書連城，讓人眼饞。有許多稀有叢書，主人竟然都收拾齊全了。書目文獻出版社1994年10月1版1印的徐雁《秋禾書話》一書，主人只有一本，我入眼不捨，但又不願奪人所愛。看著我躊躇的樣子，馮兄攛掇小張割愛。最終，為了全我草原之誼，主人答應了把這本書給我。從進門開始就一直被我握持在手的百花文藝出版社1983年1版1印的小本吳泰昌《文苑隨筆》也算是我的了，黃裳為之作序，內容提要裏說，「本書共收作者近作31篇，大都是史料性文藝隨筆。」

出得夫子古舊書店，時間已是正午，馮兄說來到內蒙，不吃小肥羊總店的涮羊肉，總不能說來了草原。我們就來到小肥羊總店豪華氣派的大樓裏。名滿天下，連鎖遍地的小肥羊總店，果然不是虛傳。我們自己到一樓找座，已經是人滿為患，沒有地方。服務員很熱心，引我們去二樓，還說二樓也不熱，和一樓一樣，都是中央空調。只有幾步路的行進途中，手持對講機的大堂女生領我們乘坐電梯，並與二樓服務員通話，說有三位客人上來，請做好接待。出得二樓電梯，早有女服務生笑臉相迎，領著我們入席就座。涮羊肉很是鮮嫩，吃法別具。最讓我覺得新鮮的，是鍋底中放的生姜和大蒜頭多，近乎半鍋了，不過，這正對我的胃口，就大嚼起來。我說點菜要少些，馮兄則唯恐客人不飽，結果，到最後離開的時候，還剩了不少菜，主食就更沒有辦法再吃了。席間，我抽書流覽，在《文苑隨筆》上涂鴉幾行：「清晨6：36，K44次車抵包頭。下得火車，與馮兄傳友相會，往府上觀書，上網。有大

歡喜。之後訪夫子舊書店，得書多種，花去銀子若干。店主小張，係銀行職員愛書者。彼亦藏書，《秋禾書話》即其為餘割愛者。2006年8月25日午間識於小肥羊包頭總店。午間在小肥羊店吃涮羊肉，馮兄盛情款待。念及他所連寫的『席殊書屋』三篇文字，復謀一往。又及。」此次所得之書，在真正的淘書人看來，不免失笑，因為從版本層面上看，稀有的或者沒有，不過，私意裏也沒有太過自慚，反而覺得已經是一回盡興，蠻高興的。

　　下一個要去的地方是包頭席殊書屋。行前鑒於出門在外，行李不宜過重的想法，加上此次出行為自費奢侈之舉，為書而來，在書上已經花錢不少，就想剎車不買。實在要買，就只買兩本，一本是謝其章的新書《搜書記》，一本是黃裳的《插圖的故事》。因為這兩本新出的書我已經找了有一陣子了，網上也沒有。馮兄說，他為席殊寫了第一篇文章後，大家都來逛席殊，之後再來，感覺不好，第二篇的文章題目就成了「不敢逛席殊」，講了自己再去買書的感受，第三篇的大意是「還要逛席殊」，說又有一個席殊書屋，很值得逛。那老闆有感謝之意，便送了一套易中天的書給他。真的是「愛書及屋」了，愛書的馮兄，一往情深地關注這書店，算得上癡心不改了。

　　我還是沒有實現不再買書的願望。又買了不少書，它們是：謝其章《搜書記》，黃裳《插圖的故事》，這兩本是想好了要買的；鄭逸梅作品集中的《南社叢談》，《藝林散葉》，這兩本書是我的書架上等待著要配齊的；三聯小冊子裏的聞一多《唐詩雜論　詩與批評》，浦江清《清華園日記　西行日記》，曹聚仁《文壇三憶》，聶紺弩《蛇與塔》，這幾本都是我找了很久今天才見到的，還是買下才好；黃永年的《學苑與書林》，辛豐年的《樂迷閒話》，也都不錯，也放不下；《吳宓詩集》和《吳宓詩話》兩大冊82元雖然貴了些，可

我平常壓根就見不著，得逮在手裏；營業員推薦了楊憲益的《譯餘偶拾》，馮兄以為不錯，買；嶽麓書社出的《沈從文別集》已成絕響，馮兄說這裏的書是八折，店家可以將180元降為140元給我，再狠心，也拿了。書已多，喊上服務員，把車上從古舊書店買下的書拿下來一起打包，捆紮好，馮兄和我抬上車子，離開書店。

此次包頭淘書，花去666元，我和馮兄相視而笑：說了不再買書，結果又搞了如許累贅，也罷，算是找一個開心了，呵呵。

五時許，我們乘坐的從包頭開往呼和浩特的列車開出。

在火車上看到黃河了。黃河流經包頭的地段是原始人類較早活動的地方，在這裏蘊藏著大量的古人類文化遺跡，已發掘的就有10多處。我知道，在包頭東河區以東15公里的阿善溝門的格膝蓋溝一帶，曾經發掘出了保存完好的新石器時代村落遺址和大量的文物。細草迷離，莊稼人家，交替著從眼前飛馳而過。

中午吃飯的時候，阿泉曾經給馮兄打來電話，商議開會的事，我也和阿泉聊了幾句，這是我第一次聽到阿泉的聲音，青春有力，乾淨不俗。在火車上，阿泉又給馮兄打來電話，講說接龔明德先生赴會的事。馮兄要和龔先生通話，但未帶龔先生的電話號碼，我從手機裏調出他侄子龔言讀讀書吧的電話號碼，找，龔先生的手機也關著，再找，從家裏到辦公室，終於找到了，馮兄和龔先生聊得投機，我也表達了仰慕之意。在火車上看黃昏的草原，滿眼都是詩意。全國大型乳業伊利集團的廠區在車窗外掠過，人們議論著這個廠子的今昔和發展，我知道，目的地快要到了。列車上響起草原迎賓的歡快旋律，我們在七時許來到呼和浩特，華燈初上，夜色迷人，草原青城在金秋時節的晚上迎接了我們。

內蒙古大學東門，一進校門我們就看到了書寫著蒙漢文字的紅色彩幅橫標：「歡迎參加全國第四屆民辦讀書報刊發展研討會暨讀書型作家學者2006草原筆會的代表」，計程車繼續往裏走，一直開到桃李湖賓館的門前，一樣的標語橫彩，心裏暖和起來。手機裏來了短信，是龔明德先生發來的：「我是明天上午川航8點20的飛機從成都到呼，龔明德」。這是讓人高興的事。

詢問過會議報到的地方後，服務員把我們領進了101房間。

阿泉他們等在房子裏。是照片上的阿泉，是書裏的阿泉，只是比書裏的更精神，比照片上的要瘦一些。我們的手握在一起，很熟悉相知那種，語言寫不清楚的那種。還有白托婭，張偉平，托雅，孔亮，這些後來幾天忙前忙後的朋友們。

阿泉先給我的禮品是剛剛從印刷廠裏取來的《清泉》合訂本。毛邊，整張報紙型特大開本，超厚牛皮紙印有勒口文字的封面，線裝書，正世間罕有物也。我的編號是66。阿泉說，這是第一本到朋友手中的合訂本，我是讀者中第一個拿到的人。

接下來的晚餐，應該是工作餐。但阿泉搞得很隆重，也很豐盛，叫做歡迎晚宴也完全合適，是多年不見的兄弟久別重逢的樣子。

菜沒有上來的時侯和菜上來之後，我們都有照片，很棒。不用刻意安排就親切有加，是天然的。我們舉杯，慶祝這期盼已久的重逢。是重逢，不是相逢，因為我們在心裏早就見了面，在天涯上早已經見了面。我說，是你在天涯網閒閒書話上的一封邀請函把我逼上了梁山，我只能來了。阿泉說，我很隆重，也是很真誠的，這裏面有我的道理。酒未多，人已醉。

夜已深深。阿泉提議，我們在校園裏，在桃李湖邊散步。花叢小路間，從古到今，無所不談，話好像說不完。沒有話題，不設方向，什麼也說，又似乎什麼也沒說。

夜闌更盡，阿泉回家，我和馮兄同屋而居。

8月26日（六）晴　呼和浩特

早飯過後，馮兄忙著去飛機場，為今天乘坐航班到來的朋友們接站。一早到來的北京《芳草地》主編譚宗遠看到我買的書了，要打開看，有些難為情的我只好剪斷繩子，拿出書來，請他指教。老譚是回族，大家以宗遠兄相呼，我也從眾。

聽說內大的旁邊有古舊書，宗遠兄就要去看。我正好在側，便陪他前往。因為買的書已經不少，我是下了決心，最好不再買書，實在要買，也要把損失銀子的水準降到最低。按照馮兄給我們指過的方向，我們出內大東門，向天橋方向走過。在十字路口，我們看到了大街上一長溜的舊書攤，擺的很長。管治安的好像在趕他們走，我們搶上幾步，唯恐漏掉了好書。書價不是很高，大多五元左右。

我挑了一本書，是三聯書店1955年3月1版1印的書，《胡適思想批判》（第一輯），五元買下。看看當年的一代大家們怎樣對付當年的一代宗師，亦頗有趣。因念既來青城，不買幾本書，也委實有些對不起自己，就又買了1993年5月1版，1997年8月5印的《笑林廣記》。內蒙作家曹化一的《身邊風景》是中國文聯出版社2001年3月1版1印的，品相很好，我喜歡這個書名，就也拿上了。尋找宗遠兄，竟然不見他到哪裡去了，再找，發現他已經離我很遠。兩人會合後，我們再找舊書店。問路人，知道了文化商城的所在。

插進熙熙攘攘的人流，我們看見了文苑古舊書店的牌子，這是馮兄推薦我們必要一觀的地方。門口就是舊書架，散堆著碼著的都是舊書，後來知道，這些是每本三元的。進去，四壁都是書。雖然店面小，但老闆愛書懂書的品位是能夠感覺來的。這店的二樓是通過一個碼滿了書的小樓梯過道上去的。這次我們沒有上去，原因是男主人不在，門鎖著。後來宗遠兄上去了，店主也從我的介紹裏知道了他的成就，要說，他還真從這裏淘到了一些不錯的書。當天下午，李傳新兄就是由宗遠兄帶去，淘到了五十年代的《文藝報》合訂本的。傳新兄後來著文，盛讚這家書店主人。我找到了遼寧教育出版社1996年9月1版1印的周劭《清明集》，周氏文字亦我所喜，黃裳在新出的集外文集裏有文章談到過此公，買下來，也是好事。人民文學出版社1991年9月1版1印的秦牧自述《尋夢者的足印》，1982年1版，1997年1印的冰心的自述《記事珠》，都讓我找到買下了。這些長者一生勞作，所記述的身世，無論怎樣，也一定會有足以讓我們感悟和啟發處。宗遠兄給我推薦了1982年10月花城版的《耕堂散文》，我說我有《孫犁文集》，他說不可以只買一種本子的，好在價也不高，便放進了書袋。此外還有上海文藝1981年11月1版1印的茹志鵑散文集《惜花人已去》，安徽人民1985年5月1版，1984年5月2印的吳泰昌《藝文軼話》（葉聖陶題簽，孫犁作序），也都買下了。

時間已經十二點了，宗遠兄還是挑書不止。院內的二層樓上還有幾個舊書店，是打聽到的，宗遠兄自然不會放過。再上樓，我已經有些走不動了，就坐著歇息。宗遠又發現了楊絳的《幹校六記》初版本，還有好書。但我是發現不了啦，只好隨著他，陪著他。他看得正仔細，彷彿要找盡所有的好書。我心裏直犯嘀咕，宗遠兄啊，你住在朝陽區，每週都去潘家園，已經藏書幾萬卷，被你漏下沒有收到的好書還能有多少

呢，你還要找多少啊。但我不能說，看他專注的淘書神情，說了他會跟我急的。不過，最終他似乎也有些不好意思了，後面的幾家就轉得快多了，儘管顯然是餘興未盡。下得樓來，已經是一點多鐘。趕回賓館，大家都已經坐在飯桌邊。

阿泉忙而不亂，客人到來的時侯，他都起身相迎，然後引到座位，安排著坐好。大家坐著的時候，他似乎總是在站著，給大家相互作介紹。如果說草原相會是一首交響樂的話，阿泉便是指揮家。沒有這個人的精心安排和照料，遠來的我們是會感到寂寞和生疏的。

龔明德先生已然落座，雖云大家，卻藹然親切。說起和他的交往，龔先生語含熱烈，宛然長兄模樣，感覺上如春風來也。他說很重視我的來信，「那是真讀書人寫的，我也當過老師。你的信我都回覆了，只是很忙，有的時候晚一點，可別在意啊。」怎麼會在意呢，高興還來不及的。龔師的六場絕緣齋，是讀書人想往的地方，說到的時候，他連連說，「到成都來的時候，一定來，我接待。只是要注意一下，星期六我可能到書攤上買書去了。」我知道，這是龔師的客氣話，但他真摯的神情，有一種讓人難以忘懷的因素，我記下來，算作是一份紀念，也算是對自己的一份鼓舞吧。不過，還是要當真的好，哪天要是去了成都，這話也可以作為左券，為我敲開六場絕緣齋的龍門。《開卷》執行主編董寧文是和蔡玉洗博士一起來的，正是讀書人的典型，彬彬有禮，神采飛揚。徐雁先生沒有來，來的是他的門弟子林英、蕭永鈐、童翠萍三位女史，她們都是在讀碩士生，清秀靚麗，青春照人。

陳學勇先生到了。在天涯上看到龔明德先生的介紹文字後，我曾經在第一時間買下了他編的《林徽因文存》，早先買下來的書裏，還有陳先生的《淺酌書海》，我還在一篇文章裏引用過陳先生論王稼句的文字，此回結緣，仰渴大慰。陳先生

在我的筆記本上揮筆寫下了：「呼城一聚，不酒亦醉」的文字。他還為我買下的兩套書題字簽名，為《林徽音文存》題寫的是「與才女同行」，為《淺酌書海》題寫的是「我只能淺，願先生深。」字裏行間，溫馨無限。

長沙《書人》的蕭金鑒先生格外有神。他是每隔不久都要和鍾叔河先生見一回面的。作為深受鍾先生教誨而受益的人，我自然願意跟他多聊一些鍾先生的事。以前有人說鍾先生的話因為湖南味重而不大好懂，蕭先生說不是這樣，旁邊熟悉鍾先生的朋友也證實了這一點。聽到蕭先生說鍾老現在身體還不錯，大家都很高興。蕭老說他也常在天涯上看文章，他知道我們在天涯上的文字，我有些竟自欣喜起來。後來，蕭先生在他發表的天涯帖子上曾經多次述說草原之行。他在「閒閒書話」上貼出的《醜石居雜俎》詩云：

漢北十天印象好，
青城記憶寫亦愁。
胸中有景道不得，
草原日記在上頭。

蕭老詩裏說的「草原日記」，指我在天涯上貼出的這個帖子。

才華橫溢的吳昕孺兄也來自湖南，他是《大學時代》雜誌社的執行主編。他帶著筆記本電腦，隨時隨地的記錄和工作著。阿泉托他給鍾叔河先生捎去問候，《清泉》合訂本就是托他帶給鍾老的，阿泉還在《清泉》上簽了名。

看到陳克希先生的時侯，我竟然有些呆了。是這個人嗎？近在眼前，長者風神，沒有架子，誨人不倦。記得2006年6月21日的《濟南日報》上曾經刊出過趙曉林的一篇文章，

題目是〈故紙堆裏的虎闈先生／記現代文學版本研究者陳克希〉，裏面說：「到上海只要找到陳先生，上海讀書、藏書圈裏的名人就都能找到。後證實此言非虛。現在上海的文化街福州路上的古籍書店，可說是上海舊書收藏的中心，古籍書店樓上有個博古齋，陳先生就在此任編輯。」陳先生的書話集《舊書鬼閒話》，以「不講或少講別人講過的話」為「書話遊戲規則之底線」，十分耐讀，洵為讀書人手邊的「枕中秘笈」。天人在旁，我豈可錯過良機。寒齋所存的《舊書鬼閒話》上還沒有先生的簽名，我讓他給我寫字，陳先生給我寫了「讀書人最寂寞，讀書人最快活」的書帖。我把他的字珍藏起來，紀念這一次不尋常的相聚。

下午一覺醒來，已經是接近四點。聽說宗遠兄他們又去淘書了，我們就又去。沒有和他們在舊書店會面。這次我買了不多幾本，略有這樣一些，學林出版社1986年12月1版1印的胡運驊主編的夜讀叢書之《花木談叢》，胡為上海市人大常委城建環保委員會副主任、原上海市綠化管理局局長，是又作官員又作學者的人，把實踐和學術結合起來，是讀書的正途。此書也是值得一存的冊子。知識出版社1984年1版1月1印的潘樹廣《書海求知》，此書尚有日文版，書名為《中國學參考事典》（東京凱風社1988年版），知識出版社還在1987年出過《書海求知續編》，可惜沒有找到。潘先生是蘇州大學教授，古代文學專業博士生導師，教育部高教司文獻檢索課教學指導小組成員，在文學文獻學和古典文學研究方法論上卓有成就，有《古典文學文獻及其檢索》、《中國文學史料學》、《古代文學研究導論》、《文獻學綱要》等書行世，《書海求知》是他出版的第一本書，我能無意間得之，亦幸事之至者。劉師培的《中國中古文學史》《論文雜記》為人民文學出版社1984年5月北京3印的，用1959年版。劉師培是近代一位頗

有爭議的學者，他曾經因政治上的過失而使其學術成就湮沒不彰，但無視劉師培的學術成就、學術影響和學術貢獻，是不可取的。買下這一本薄書，也算是我對自己的一點提示了。群眾出版社1979年12月1版，1982年12月2印朱逢甲的《間書》也被我到了，朱逢甲，字蓮生，江蘇華亭人，清代道光、咸豐年間人。他的《間書》是中國古代第一部同時也是唯一的一部全面、系統地論述歷代間諜活動及理論、方法的專著。同時也是世界第一本間諜研究專書。獨創性特點，使其在我國古代軍事學術史上佔有重要的、不可替代的地位。《間書》自序稱：「以己言為綱，引群書之言與事為目以證之」，讀起來還是蠻好的。四川人民出版社1978年10月1版1印的徐洪火教授的《詩詞曲律常識》，也入我眼了，忙忙拿下。徐洪火曾有一篇〈吳宓先生印象記〉，我是知道的，這次草原之行買下吳宓著作，不能說和他沒有關係。

林英、蕭永釤、童翠萍三位也在淘書。難得這樣年輕的女史，這樣看重舊書。肖永釤以9元低價買到了龔明德的《〈圍城〉彙校本》，品相很好，看了讓人稱絕。回到晚餐桌上的時候，這件事就成了一個大家矚目的話題。根據大家的議論，這書現在已經不大見得到有賣，有到中國來留學的日本學生要用，都只好通過複印來解決問題。龔明德先生在側，蕭永釤讓他題字簽名，龔先生略無滯礙，一揮而就，引得大家嘖嘖稱善，一旁的陳克希先生興致也起，提筆又是一番注解，大家風範，字字珠璣。內中之書寫胸臆塊壘，又有不足為局外人所知者。因為文字是寫給蕭永釤的，我就不在這裏引述了，首次發表權，該是她的，她在不久之後自會有文字公開之。這是今天淘書過程中的一段奇緣，龔師他們的題字，把今日的淘書活動推向了高潮。我打趣說，蕭永釤的這冊《〈圍城〉彙校本》，如今已身價百倍，價值連城矣。（補注，18天後，

龔師題簽在阿泉《草原盛會萬次貼》引述的童翠萍日記文字中刊出，文曰：「這本書惹起官司，錢鍾書先生著文誣我為盜版『作案者』，並說胥XX〔此書彙校者——引者注〕就是我。其實胥真有其人，就在上海。我弄彙校本二十多年，作家怕公佈他從前之稚弱文風。可供一哂。為蕭永鈝學弟書，龔明德，二〇〇六年八月二十六日，呼和浩特。」陳先生的注解說：「明德兄真人說真話，該『案』當年鬧得一敗塗地，況且胥XX是我同事，名胥智芬。現供職上海勞動報，是位風風火火的才女子。陳克希，二〇〇六年八月廿六日於呼和浩特。」）

晚餐間，會議的總調度、內大宣傳部的白托婭先展歌喉。載歌載舞的祝酒，引出陣陣歡聲笑語。她是蒙古族人，歌也是用蒙語唱的，我聽不懂，但我知道，那是祝酒歌：

> 潔白的哈達，襯托著美酒；
> 喜慶的宴會，讓我來祝福！
> 純淨的奶酒，甘如清泉；
> 品嚐一口，滋潤心田；
> 祝願長輩，健康長壽；
> 祝願草原，五畜興旺；
> 祝願山河，永保長青；
> 祝願大家，幸福快樂！

東道主阿泉是希望大家多喝點酒的，他頻頻舉杯相勸。心相知，人親和，其樂融融。

飯後的書友們各取所適。幾位先生先去歇息了，餘興未盡的人則繼續熱鬧。微醺的我由於在包頭曾被馮兄勸酒，那時以不能喝酒為由拂了美意，這會兒讓他逮著把柄，有些不

依。我自知理虧，又實在不能再喝了，正好看到李傳新走向門外了，就跟上開溜。李傳新，這位原先湖北《書友》的編輯，現在《崇文》的特約編輯，是指給我天涯的人。剛剛看到他的時候，我從心裏喊出一聲「傳新兄！」引得大家為之側目，人們還以為我有神經病呢，其實是我太驚喜了，所以有些失態。我想那時他一定也在心裏一愣，這是誰呀，這麼魯莽。當我使勁搖著他的手臂自報家門的時候，他明白過來了，回應自是熱烈。我說，我大概是你離開湖北十堰時最後給外界寄書的人了，他說，應該是的。那時我在書店看到龔明德先生的《書生清趣》，買下一讀，驚為天物，過後尋找該叢書的另外幾本，幾經周折後與傳新兄通話，他給我寄來我喜歡的書，還有他推薦給我的《民間書聲》，《書友》報，以及書香撲克。此後他往武漢，聯繫遂少。久久不見佳人，才得識荊，又複離去，我之浩歎，悵然者再。那以後我順籐摸瓜，找到了天涯，找到了閒閒書話，找到了《開卷》，找到了《秀州書局簡訊》，找到了當代中國真正的民間讀書人群落。傳新兄給我寫了幾行字，略云：「忘了月年兄怎麼同我勾搭上的，只記得為了賺錢賣了書給他，居然還得到感謝。意外的是在青城見面，大喜過望，既俊俏，又善飲，實為我以為的一大快事也。」

傳新引我和山東來的自牧見面，和于曉明見面。好人自牧，已經想見多時了。孫犁晚年文字中多處提到的鄧基平，即此君也。從阿瀅兄處知道自牧的電話後曾多方聯繫，想要買《半月日譜》，竟然不能如願，自牧告訴我，那是因為他們的電話後面都又加了一個數字的緣故。于曉明主編《日記報》，也早已經名滿天下。自牧兄豪爽，酒量也大，我實在已經不能再喝，可兄弟在前，盛情難卻，掃興更是不妥，我只好滿飲。人醉了，就膽氣也壯，我向自牧兄索字，自牧一下拿出

三張籤書，讓我挑選，我有福，占得風氣之先，拿了我自以為最喜歡的一方。字貴相宜，人喜相知，初見自牧，即蒙厚贈，書緣深深矣。

回到宿舍，人已如泥。稍寐後醒來，馮兄又給我一書，帶我去找譚宗遠兄，因為是他的新著，讓他簽名就是順理成章的事。宗遠和蕭老住在一起，燈下展卷，風流十足，宗遠兄在他的書上為我題簽，蕭老則在筆記本上為我留言：「閒閒網上尋常見，今日青城喜相逢。從此張長成一線，書人之交萬年青。金鑒零六年八月於青城。」張長，指我所在的張掖和蕭老所在的長沙也。張掖之小和長沙之大似不對稱，可是陶淵明詩中也說「少時壯且厲，撫劍獨行遊。誰言行遊近，張掖至幽州」呢，後來，蕭老在閒閒書話我的日記貼子之後跟貼長詩，記述這份情誼：

草原日記好　讓我等著看
一遍一遍讀　神思在飛揚
似又回青城　駐足小湖旁
藍天白雲美　道立參天楊
熏風陣陣吹　心胸多豁朗
書友喜相聚　說書訴衷腸
小小書一本　情誼路路長
似又到草原　草兒織綠毯
放眼四下望　到處是牛羊
住進蒙古包　奶茶分外香
漢上游青塚　猶見昭君顏
走進將軍府　喜見古丁香
趑入文化街　淘書笑語還
四日游不足　終生永難忘

更有岳年兄　來回拍片忙
為我頻留影　居然上閒閒
老醜像難看　君情我難忘
張長連一線　愛書有蕭黃

　　自牧下榻處，于曉明在，《名流》雜誌編輯韓曉瑋也在，還有不少，總之是一屋子人。馮兄遞我一冊《半月日影》，和大家一樣，我也手執一編矣。自牧兄年薪不過兩萬，卻大量印書，還多為人作嫁衣，孫犁研究會開會乏資，他也慷慨解囊。于曉明贊襄其事，貸款辦刊，亦書林佳話。龔明德曾說，「書聲琅琅，源於民間」，黃宗羲也說過，仁義存於草野民間。和這些民間書聲的釀造者在一起，我何幸如之。

　　夜來好夢，書香盈盈。

8月27日（日）雲　內大桃李湖賓館

　　托雅打電話來，催促起床，儘管我們早就起來了，可還是很感謝她的認真。飯後回到房間，我在馮兄的幫助下把從包頭帶來，又被書友們打開的大包書捆札起來。有人敲門，進來的是前來參加會議的原《民族文學》主編特・賽音巴雅爾和狂草書法家賈才，後來我知道，賈才還是內蒙古自治區人大的副主任，原先的呼市市長、書記。特・賽音巴雅爾是內蒙古自治區興安盟科右前旗人，是用蒙古、漢兩種語言文字進行創作的蒙古族作家和文學史家。《特・賽音巴雅爾選集》（6卷蒙文版）首發式2004年出版的時候，中國作家協會民族文學委員會、中國現代文學館、內蒙古文化出版社、呼倫貝爾學院在京聯合舉行首發式，祝賀特・賽音巴雅爾在文學創作、文學史編著、發現和培養少數民族作家、繁榮和發展少數民族文學創作

方面所取得的成就。一代宗師啊,他已經在母校內蒙古師範大學的院裏建立起一座「中國少數民族文學館」,在那裏,他給滿族作家老舍、蒙古族著名詩人納‧賽音朝克圖、彝族著名作家李喬、赫哲族著名作家烏‧白辛、維吾爾著名詩人鐵依甫江‧艾里耶夫、藏族著名詩人伊丹才讓等6位已故少數民族作家塑像;給烏‧白辛出版了《文集》,給李傳鋒、薩仁圖婭、楊盛龍等作家出版了《研究專集》。此次會議,我們將前往參觀他的「中國少數民族文學館」,不意竟然在會前邂逅特老,真的是緣分匪淺。特老在我的本子上也寫了字:「多讀書,讀好書,寫出更多的好作品。」

九時許。內蒙古大學桃李湖賓館六樓會議室內,來自全國的書愛家濟濟一堂,「群賢畢至,少長咸集」,要開會了。用蒙漢文字書寫在紅彩上的「全國第四屆民辦讀書報刊發展研討會暨讀書型作家學者2006草原筆會」會標迎門懸掛,整個會議室莊重熱烈,氣派典雅。

張力飽滿的男中音響起,主持人阿泉宣佈會議開始。清泉部落書友會會長冀明德先生最先發言。語義語氣都很動人。之後是古遠清教授。新浪網讀書頻道上的「古余之爭概況」裏記述著這樣的內容:上世紀九十年代,余秋雨以散文集《文化苦旅》等作品,在讀者中產生了強烈反響,成為新聞界和文化界的焦點人物。同時,各種批評和非議也接踵而至,並愈演愈烈。2002年7月,余秋雨稱古遠清的文章侵害了自己的名譽權,將其告上法庭,並要求賠償損失16萬元。2003年08月18日,歷時一年多的「余古官司」以和解落下帷幕。2004年8月,余秋雨出版封筆之作《借我一生》,書中寫到「余古官司」,並對批評他的人給予了反擊。2005年5月,古遠清出版《庭外「審判」余秋雨》,對余秋雨《借我一生》中的「反擊」做出回應。」

「古余之爭」是當代中國文化中的一件奇事，古教授的亮相，平添了會議熱烈的氣氛。

大家的發言都有錄影錄音，阿泉在他的會議記述文獻中一定有記載（補注：後來內蒙衛視播出大型會議訪談節目，阿泉囑以手機短信告知書友，大家都看到了），我就從略吧。儘管，我也記下了不少精彩的語言。書友們在會議上給大家相贈的好書和刊物不少，這裏，我謹將能夠記起來的約略說說。進入會場前阿泉向大家贈送了新書《草原文明》，還有《躲在書籍的涼蔭裏》，內蒙衛視豪華本頂級探訪台曆書，《清泉》毛邊合訂本，《會議程式冊》，介紹內大的彩色冊頁等。董寧文兄分贈大家的是《開卷》最新兩期，《我的書緣》。蕭金鑒先生帶來了《書人》，宗遠兄贈送的是《芳草地》和《燈心草》。徐雁教授委託童翠萍宣讀了他的《「悅讀時空」約稿函》，他在信末蓋了一方朱紅小印章，這葉由林英，蕭永釤分發給大家的約稿函，便又有了可以珍藏的意義。蕭、童、林三位女史還給大家奉上了《悅讀》期刊。內蒙作家許淇帶來了他的《詞牌散文詩百闋》。賀志宏帶來的是《閱讀草原》、《相思客》。山西作家楊棟沒有到會，可是他的兒子來了，和小楊一起來的是《龍刊》的編輯韓曉輝，一個好學上進的年輕小夥子，我們後來在閒閒書話上也常見面，他們帶來的《龍刊》不多，可惜我沒有拿到（後來小韓給我寄來了）。也是由於份數少了，徐鳳蘭主編的《生活家》，我便也沒有拿到。

特·賽音巴雅爾的研究專集帶來了八本，我只是看見了書的面影，不過，我已經有了老人的贈言，也就很知足了。自牧帶給大家的，除了《日記報》專集之外，還有他的《淡廬書簡》。于曉明還給大家贈送了他主編的《名流》雜誌和《硬筆書法報》。

　　11時許，大會進入合影參觀程式。大家在合影留念後參觀內蒙古大學。內大圖書館裏的乾隆版蒙文大藏經可惹眼了，這是國之重寶。蒙文大藏經是蒙古族歷史文化進程中的里程碑，也是蒙古民族已知最大部頭的古籍，它也是無數個蒙古族學者歷經元明清三個朝代數百年的辛勤勞動而編譯成卷的民族典籍。蒙文大藏經卷帙浩繁，內容豐富，涵蓋社會科學和自然科學諸多分支學科，對蒙古族語言、歷史、文化研究具有極其重要的學術價值。蒙古文《丹珠爾》只有一種版本，目前世界上僅存3套，均有殘缺。《甘珠爾》的情況也大致與此相類。基本完整的古本稀世珍寶蒙文大藏經全國只有6套，內蒙古大學保存的即為其中之一，據稱是清康熙五十九年北京朱字木刻版，有108卷。蒙文大藏經曾經歷過四次刊刻：

1. 元大德（1297～1307）年間，在薩迦派喇嘛法光的主持下，由西藏、蒙古、回鶻、漢族僧眾將藏文大藏經譯為蒙文在西藏地區刻造刷印；

2. 明萬曆（1573～1619）年間，補譯了部分典籍增入刊行，崇禎（1628～1644）初年還進行過一次校刊；

3. 清康熙帝曾命和碩裕親王福全領銜監修，根據舊文爰加鐫刻，於康熙二十二年（1683）刻就甘珠爾；

4. 乾隆六年到十四年（1741～1749）又譯校重刻了丹珠爾，全藏方始完備。現存的漢文甘珠爾目錄分為秘密經、大般若經、第二般若經、第二大般若經、第三般若經、諸般般若經、大寶積經、華嚴經、諸品經、律師戒行經等十類。計秘密經645部，24卷；大般若經1部，14卷；第二般若經1部，4卷；第二大般若經2部，4卷；第三般若經1部，1卷；諸般般若經24部，1卷；大寶積經46部，6卷；華嚴經1部，6卷；諸品經260部，32卷；律師戒行經18部，13卷。共999部，105卷。

那天，我的相機因為存儲卡出了問題，不能盡情拍照。那些經書的精美和珍貴，真的不是可以用語言能夠述說明白的。可惜我沒有拍下那些一頁頁的書啊，那是最讓人眼睛發亮的，看到那些書的一刻，我覺得可以稱作人生最幸福的時侯。我們流連忘返，看了又看。參觀途中，陳克希先生回憶了他年輕時的一樁往事。他說那是第一次到圖書館，只有一位老太太一個人在，她問我找什麼書，我說找什麼什麼，她就說你跟我來，那老太太和藹地跟我邊走邊聊，指點解說，在書庫裏為我找書，書找到了，時間也過去了半天，後來我知道了，那老太太竟然是梁啟超的女兒，圖書館的館長。陳先生動情地說，年輕的我遇到這麼一位老人，結下這樣的書緣，對我的一輩子都是有很大影響的。我推想，那位老人應該是著名圖書館學家，梁啟超的次女梁思莊，她在1952年院系調整後任北京大學圖書館副館長。1980年當選為中國圖書館學會副理事長。一生致力於西文編目工作，被公認為是全國首屈一指的專家。北大圖書館的幾十萬種西文圖書的目錄都是經她親自編制或指導編制而成。她為校內外的教師、學者、青年學生、各行各業人員所解決的疑難問題真是不計其數，自己留下的個人署名的文章卻不多。

　　下午的發言一直持續到6時許，書友們各暢所懷，一傾心聲，氣氛依舊熱烈。我也說了一些想法，卑之無甚高論，只是顯示重在參與的意思。

　　晚上的歡迎晚宴有專業演員助興。歌聲和馬頭琴聲，勸酒聲和碰杯聲交響在一起，歡聲陣陣，熱浪陣陣。《我和草原有個約定》的歌聲響起來，大家應和著歌聲，相視而樂，這一約定今天已經實現了，實現的約定比歌裏面唱到的約定還要好。內蒙古大學黨委宣傳部喬旺部長，和白托婭他們帶著演員不時走到桌子前唱歌敬酒。喬旺的清唱二人轉是一個人唱出

男女聲的，惹得大家連聲叫好，掌聲不斷。我跟龔明德先生打趣，說今天可不是酒場，不妨你的「六場絕緣」。龔師一笑，說酒也可以喝一點點，只是不能多。滿座的人都笑了。

回到房間，龔明德先生進來了，說要看看我淘到的書。我面露難色，主要是這些書已經打好包，打包太費勁，再說也沒有啥好書可入先生法眼的。「打開打開，怎麼可以未經審查就把書帶回去呢？」龔先生是笑著說的，我只好打開來。龔師看得也很仔細，我有些擔心他說出批評的話來。看完後他說，還沒有太失敗的書，都還不錯。他拿起《秋禾書話》來，指點著說，這本書雖然印刷的不是很好，但如果沒有的話，還是要買下的。我把自己的《清泉》合訂本拿出來，讓他在上面題簽。龔先生略加思索，在前勒口下面寫下了這樣的話：「阿泉是民間書香社會的重要創造者之一，他是一顆冉冉升起的讀書界明星。龔明德二〇〇六年八月二十七日於呼市」。

晚間，我到龔先生的房間，來見龔師，完成我的又一項使命。書友劉學文曾經發來短信，讓我請阿泉不要忘了在他訂的《清泉》合訂本上簽名，阿泉忙的不行，先顧不上，我怕給他耽誤了，辦不好這個事情。龔師在，我先讓他簽上名，想來劉兄也會高興的。我說了一下情況，龔先生一點也不推託，我從會務組拿了一本《清泉》，當然為劉兄挑了編號，請龔先生題簽。剛好阿泉也進來了，我正好督促，龔師也搖起車來，阿泉只得如命。簽上名了，我長出一口氣，說這我可以對得住朋友了，我只能做好這件事。龔師笑著說，你做了你可以做的事，你做了你應當做的事。正在和龔先生聊天的陳克希先生接過話來說，這話有來歷，這是巴金的話，巴金在《隨想錄》序言裏說過的，「我做了我可以做的事，我做了我應當做的事」。遵照陳先生的意見，我也在劉兄的合訂本後勒口上續

貌：「河南劉學文兄囑請龔師、阿泉題簽《清泉》合訂本，予完成之，可以對吾兄有一交待，亦快事也。2006.8.27.於呼和浩特。」我為劉兄所選的《清泉》合訂本編號是118。

　　晚報的記者來了，是來採訪龔先生的，我們要告退，龔先生說，但坐無妨。面對記者，龔明德說，你是要寫文章吧，我要說的話其實都說過了，你在網上找，那裏關於我的文字什麼都寫到了，連我的家事，私生活都有，是我告訴他們的，或者他們到我那裏看到的，下載下來用就行，沒有版權的。記者問了不少話，龔先生都不回避，直言做答，比如當代文學裏誰的書最好之類。阿泉也來做採訪了，他是要做節目的，訪談很精彩。說到讀書的時候，龔師說了一件事，他說他在海邊的時侯，見到了海浪，大海輕輕一動，那才是力量，那力量有多大，撼動人心啊，那時他就說，女人啊，兩隻腳在床上蹬幾下，就叫了高潮。高潮要在大海這裏才算得上哩，讀書就是要積聚海一樣的力量，讀書學習，就會有海一樣的功效。有文化，有學問，甚至不是說寫了多少書，發了多少文章。那是說讀了多少書，有了涵養。談到媒體上正在炒作超女的時候，龔師說，真正的超女正躲在閨房裏看《紅樓夢》呢。大家笑了起來。龔師又說，不要把那些孩子給害了，跟風不好。譬如一棵小樹苗，樹苗要生長，向上長高，向下生根，可是風要搖它，要把它刮起來，拔起來，讓它飄到天上去，小樹苗怎麼長啊，和風在一起的，是紙片，是塑膠袋，結果是不知所終。小樹不可以跟風。孩子們正是成長的時候，要學知識的時候，需要正常的環境。評超女要炒，成為超女了要做廣告，什麼時候坐下來學習，學習做人呢？說到電視上百家講壇評品古書的時侯，龔先生說最好還是引導人們看原典，讀《紅樓夢》原書，人們知道的就不僅僅是它的故事，還有別的，名著進入人們的大腦之後所產生的影響是多方面的。一個

人讀了一遍《紅樓夢》，他就還會去讀第二遍，第三遍，讀了書之後的人，是不一樣的。

阿泉是在做專題節目，人們會在電視上看到更美更好的，我們就期待著吧。

8月28日（一）雲雨　呼和浩特

按照會議的程式安排，今天主要是參觀，實際上，奶牛那裏擠出來的，只能是牛奶。愛書的人在一起參觀，結下的還是關於書的友誼。

細雨中，我們乘車從內大出發。先看的是屹立在呼和浩特新世紀廣場的標誌性建築——「中國乳都」標誌鼎。從外觀上看，這是個紀念鼎。2005年8月16日，中國輕工業聯合會和中國乳製品工業協會將「中國乳都」的榮譽頒給了呼和浩特市。呼和浩特地處北緯39.58～41.36度的地理位置，處在世界上公認的奶牛飼養帶上，天然無污染的內蒙古大草原，適宜的自然環境，富饒的牧場，悠久的奶牛飼養歷史，使呼市發展奶牛養殖業、生產優質乳製品具備了得天獨厚的地理和氣候優勢。

呼和浩特市現在的牛奶產量占全國總產量的17%，是全國產奶量最大的城市和最大的乳業生產基地，僅伊利、蒙牛兩家企業，就佔據了全國牛奶市場45%的份額。呼市的100多萬農民中平均每戶擁有2頭以上奶牛，每2人就飼養1頭奶牛，農民收入的50%來自乳業。乳業是呼和浩特市的朝陽產業和「黃金產業」。據稱，2007年，呼市存欄奶牛將達100萬頭，鮮奶產量將達350萬噸。在全球乳製品行業的格局中，呼和浩特已顯示出了特殊的區位優勢，未來將成為亞太乃至全球乳業的心臟地區。紀念鼎上的文字記錄了中國乳都的事。我們在細雨中和紀念鼎合影，算是到此一遊了。

糟糕的是我的相機中的容量為1G的大量記憶體晶片壞了，不但有不少前面拍下的圖片沒有了，而且再拍照片也只能用只有56M的相機自帶記憶體了，這是照不了幾張照片的。想來讓人懊惱不已。

　　接著參觀的是昭君墓。昭君墓，又稱「青塚」，蒙語稱特木爾烏爾琥，意為「鐵壘」，位於內蒙古呼和浩特市南呼清公路9公里處的大黑河畔，是史籍記載和民間傳說中王昭君的墓地。它的始建年代已經無法具體確定，但大概在西元前的西漢時期初建，應該是問題不大的。傳說當年昭君去世時，塞內塞外的農牧民紛紛趕來送葬，他們每人都用衣襟包上土，一包一包地壘起了昭君墓。這個傳說的合理性在於，老百姓是喜歡和平的，喪失和平後，最受苦難的，還是老百姓。對昭君的熱愛，老百姓是發自內心的。王昭君名嬙，西漢南郡秭歸寶坪（今屬湖北省興山縣）人。相傳有「落雁」之美，為中國古代四大美女之一。元帝時被選入宮，竟寧元年（西元前33年）匈奴呼韓邪單於入朝求和親，昭君自願出嫁遠入匈奴，後立為寧胡閼氏，留下了「昭君出塞」的故事。唐代杜佑《通典》中最早記載了這座昭君墓，以後歷代記述就更多。從形制看，昭君墓似由漢代人工積土夯築而成。墓體狀如覆斗，高33米，底面積約13000平方米，占地1.3公頃。墓前有平台及階梯相連，和中原地區漢代帝王陵墓的形制相近。由於被芳草覆蓋，碧綠如茵，「青塚」之名也就因此得來了。青塚兀立、巍峨壯觀，遠遠望去，顯出一幅黛色朦朧、若潑濃墨的迷人景色，歷史上被文人譽為「青塚擁黛」，成為呼和浩特的八景之一。昭君是一位獻身於中華民族友好事業的偉大女性，在百姓心目中她是美的化身。王昭君的傳說和故事在民間廣為流傳，家喻戶曉。自唐、宋以來，歷代文人詠唱昭君、抒發情感的詩文、歌詞、繪畫、戲曲更是多不勝數，形成了很獨特的「昭君文化」現

象。翦伯贊先生在《內蒙訪古》中曾經說：「王昭君已經不是一個人物，而是一個象徵，一個民族友好的象徵；昭君墓也不是一個墳墓，而是一座民族友好的歷史紀念塔」。

來到昭君墓，迎面看到的是新修的大牌樓，之後是《謁昭君墓》詩碑，上面是董必武鎏金手跡：「昭君自有千秋在，胡漢和親識見高。詞客各擄胸臆懣，舞文弄墨總徒勞。」詩碑後側還豎立有歷代歌頌昭君功績的石碑7通。詩碑前方有高3.95米、重5噸的呼韓邪單于與王昭君馬上並轡而行的銅鑄雕像，形態逼真，兩匹駿馬並轡相依，單于和閼氏英姿丰采，沉浸在一片和睦、喜悅的氣氛之中。昭君和親雕像也是民族團結的象徵。往前走，第二層平台及墓頂各建有一亭。佇立墓頂，極目遠眺，陰山逶迤，平疇遠風，墓草青青，古木參天。民間傳說昭君墓一日三變，「晨如峰，午如鍾，夕如縱」，更增添了昭君墓這一塞外孤墳的神秘色彩。

解說員在說著王昭君在呼韓邪死後的遭遇，當時胡俗是「子烝其母」，她嫁給呼韓邪的兒子，又生了兒女。韓曉輝買下了一本關於王昭君的書，我看了一下，知道昭君曾經為要再嫁給呼韓邪兒子的事上書漢家朝廷，想要回來，結果不被允許，她就只好留下來，繼續為漢匈兩族的和平大業和親。《後漢書‧南匈奴列傳》上說：「昭君字嬙，南郡人也。初，元帝時，以良家子選入掖庭。時呼韓邪來朝，帝以宮女五人賜之。昭君入宮數歲，不得見御，積悲怨，乃請掖庭令求行。呼韓邪臨辭大會，帝召五女以示之。昭君豐容靚飾，光明漢宮，顧景裴回，竦動左右。帝見大驚，意欲留之，而難於失信，遂與匈奴。生二子。及呼韓邪死，其前閼氏子代立，欲妻之，昭君上書求歸，成帝令從胡俗，遂復為後單于閼氏焉。」大家都在談論著兩千年前的是非。來自山東師範大學的博士生導師魏建兄為了說服朋友，講起了西南地區摩梭族的

故事和風俗。那是「神秘的東方女兒國」，那是全國唯一保留「走婚」習俗的民族，「男不婚、女不嫁」，那是母系氏族社會唯一的一個標本，被譽為「人類母系氏族領地的活化石」，一切全由女性支配，所有的孩子也都歸女人養。他們是納西族的分支。摩梭人稱情人為「阿夏」，他們各自居住在自己的家裏。每天晚上，或是一周，一月，一年變化著，摩梭族女人尋找著心中的「阿夏」。戀人是在相遇的歌會上通過摳手心確定的。那是世界上最奇特也最有自由色彩的婚姻了。摩梭女孩成年時會舉行隆重的穿裙禮，之後就由她挑選如意郎君，別人包括父母在內都不干涉。一旦選中，女孩會暗示情郎夜來閨房探訪。摩梭人沒有明確的婚姻關係，全靠感情維繫關係。每天晚上所有的成年男子便到自己意中人的家中幽會，到第二天早上又回到自己的家中，一旦感情破裂，男方不走，就由女方在閨房門口放雙男鞋即自然解除關係，無怨恨，不忌妒，別人也不說三道四。魏兄說，現在那裏已經受到外界的影響，有一些變化了，用不了多久，那裏也就不會再有這樣的社會形態了，要趁著現在還沒有完全改變的時候去看一看。那個地方叫瀘沽湖，位於雲南省寧蒗縣和四川省鹽源縣的交界處，人們多從雲南的麗江去，其實是從四川的西昌這裏過去比較近。昭君當日的心情大約也是矛盾加矛盾，但最終她總還是成就了自己和歷史，魏兄以今例古，倒也平添幽情萬千。

歷代文人墨客留下了很多歌詠王昭君的詩詞。錄幾首有名的作記憶：

李白《王昭君》：「昭君拂玉鞍，上馬啼紅顏。今日漢宮人，明朝胡地妾。」又：「漢家秦地月，流影照明妃。一上玉關道，天涯去不歸。漢月還從東海出，明妃西嫁無來日。燕支長寒雪作花，蛾眉憔悴沒胡沙。生乏黃金枉圖畫，死留青塚使人嗟。」

杜甫《詠懷古跡》之三：「群山萬壑赴荊門，生長明妃尚有村。一去紫台連朔漠，獨留青塚向黃昏。畫圖省識春風面，環佩空歸月夜魂。千載琵琶作胡語，分明怨恨曲中論。」

白居易《昭君詞》：「漢使卻回憑寄語，黃金何日贖蛾眉？君王若問妾顏色，莫道不如宮裏時！」

王安石《明妃曲》：「明妃初出漢宮時，淚濕春風鬢腳垂。低徊顧影無顏色，尚得君王不自持。歸來卻怪丹青手，入眼平生未曾有。意態由來畫不成，當時枉殺毛延壽。一去心知更不歸，可憐著盡漢宮衣。寄聲欲問塞南事，只有年年鴻雁飛。家人萬里傳消息，好在氈城莫相憶。君不見咫尺長門閉阿嬌，人生失意無南北！」王安石的觀點是新穎的，人生失意的事多著呢，何必枉殺毛延壽？

歐陽修《明妃曲再和王介甫》：「……雖能殺畫工，於事竟何益？耳目所及尚如此，萬里安能制夷狄？漢計誠已拙，女色難自誇。……」託長門之怨，立相知之心。歐陽修對皇權的非議，頗有些民主意味。

到了內蒙，不看看蒙牛乳業，定是一個很大的遺憾。阿泉為會議安排了去蒙牛乳業參觀的程式，這是要感謝的。資產四十億元的蒙牛集團是牛根生在1999年創立的。後來聽解說員說，牛根生原來是從伊利集團過來的。他不讓員工們說伊利集團的不好。牛本來是個苦孩子，聽說當年他從鄉下被賣到城裏僅值50元錢。那個時候無論是誰都不會料到，今天他的身價竟然會上漲幾千萬倍。他曾說照鏡子的時候總是看到自己一副老實巴交的模樣。

10時許，我們的大轎車來到了位於和林格爾縣的蒙牛乳業生產車間。好靚的草原，好棒的現代企業。上樓的時侯，幾個人正好在下樓，和我們擦肩而過，解說員指著其中的一位告

訴大家說，那就是他們的老總牛根生。看上去人也平常，不是三頭六臂的。

蒙牛澳亞國際示範牧場就在這裏，這個牧場占地面積8848畝，飼養著上萬頭奶牛。牧場有三個示範區：種草示範區彙集了來自12個國家的優質牧草；養牛示範區集中了來自世界各地產奶量在8～10噸之間的良種進口奶牛；而在擠奶示範區，「機器人式」、「轉盤式」等4種現代化擠奶平台讓我們大開眼界。擠奶機器人為中國首例；轉盤式平台一次可擠60頭奶牛奶，每天三次擠奶，每次8分鐘，每頭牛每天產奶量為60公斤，轉盤式平台為中國唯一的，全球這樣的轉盤式擠奶機也只有10個，美國有，可也不多，澳洲亞洲有4個。蒙牛這種把多種養牛擠奶模式集中於一處、同時又把幾大洲不同牧草種植於一地的「牧場聯合國」，在中國是獨特的，在全球也是第一個。蒙牛的奶牛享受著很好的「福利待遇」，不僅有專門的餐廳、臥室、擠奶室，擠奶機器人還給它們全方位的照顧，並且在擠奶時提供美食和音樂，以使它們心情愉快，分泌更優質的牛奶。「找最好的人，種最好的草，養最好的牛，擠最好的奶」是蒙牛人的信條。集團告誡工作人員，每一頭奶牛都是母親，要善待它們。在牛舍，每四個小時工作人員都要做清潔衛生，連玻璃上的灰塵都要擦得乾乾淨淨，做到一塵不染。解說員又說，不過，牛畢竟是牛，比不得人的，奶牛享受這樣的福利只有6～8年時間，之後就進入菜牛市場，供人們食用了。

解說員又告訴我們，在蒙牛每天6000噸的產量中，我們看到的國際樣板車間的產量是2400噸。從利樂枕牛奶市場佔有率來看，蒙牛枕居世界第一；從液態奶市場佔有率來看，蒙牛居全國第一；從霜淇淋市場佔有率來看，蒙牛居全國第一。集團公司已在全國15個省級行政區建起20多座生產基地。產品覆蓋全國除台灣省外的所有地區，並出口港澳、東南亞、蒙

古、美國等國家和地區，是我國乳業牛奶出口最大的企業。蒙牛的產品有液態奶、霜淇淋、奶粉及奶片等系列100多個品種。2004年6月10日，蒙牛在香港上市，成為第一家在海外上市的內地乳製品企業。蒙牛產品是唯一的「中國太空人專用乳製品」。蒙牛牛奶的獲獎專案多極了。

在寬敞明亮的現代化液體奶生產車間，我們看到了世界最先進的自動化生產流程，這裏有著全球範圍內拉美式、歐式、亞澳式生產線數量最多、處理鮮奶能力最大、智慧化程度最高的單體牛奶生產車間。這個車間與全球最尖端技術完全同步，每天，從這裏處理並發送到全國各地的牛奶產品達到2000多噸，而它的全部生產過程是在完全封閉的無菌環境裏完成的，所有操控則由三兩個坐在電腦房裏的工作人員用滑鼠來進行。全國各分廠的生產情況在這裏的電腦上也可以看得到。我們看見了螢幕上正在監控的北京、遼寧等地的生產圖像。與此同時，這裏還擁有全國乳品行業體量最大、自動化程度最高的立體智慧倉庫——24小時智慧化操控，不用人工。看著山一樣的整整齊齊的牛奶產品，竟然很少有人在中間幹活，原來，活都讓機器幹完了。全球最大的牛奶設備製造商利樂公司把這裏列為「全球智慧化樣板工廠」。

解說員說，無論在茫茫草原的哪個角落，「蒙牛」的冷藏運輸系統都能保證將剛擠下來的原奶在6個小時內送到生產車間，確保牛奶新鮮的口味和豐富的營養。為了保證奶品的健康美味，樣板工廠在品質管制上創造性地採取了兩項舉措，這便是「一淨一稠」。「淨」是說，在國內首先建起了「運奶車桑拿浴車間」。奶罐車從奶源基地每向工廠送完一次奶，都要在高壓噴淋設備下進行酸、堿、蒸汽及沸水清洗，還是從三維立體的多個方向進行清洗，排除了殘留陳奶污染新奶的可能，最大限度地保持了牛奶的健康和原汁原味。「稠」是說，這裏

添加了「閃蒸」工藝，在百分之百原奶的基礎上再剔除掉一定比例的水分，使牛奶喝起來更加柔順細滑、香醇可口，「閃蒸」是在大型奶罐頂端的一個草帽狀的容器內完成的。

蒙牛的日收奶量是6000多噸。蒙牛在創造高速發展奇跡的同時，不僅大大提升了中國乳製品行業的整體水平，而且還大大帶動了相關產業鏈的發展。創業6年多來，蒙牛帶動內蒙古及周邊地區新增奶牛80多萬頭，產業鏈條輻射幾百萬農牧民。僅僅2004年，銷售收入達到72億多元，年收奶量150萬噸，發放奶款約30億元，成為西部大開發以來中國最大的「造飯碗」企業。這是讓人由衷讚歎的。對我們農村出身的人來說，聽到這樣的消息，感動是不一般的。

我們在這裏還充分感受到了蒙牛的企業文化和企業精神。在蒙牛乳業公司生產車間的專用參觀通道內，有許多鼓勵性的標語，比如「自己發光不一定非得把別人的蠟燭熄滅」，「品牌的98%是文化，經營的98%是人生，資源的98%是整合，矛盾的98%是誤會。」阿泉笑著打趣說，怎麼能這樣說呢？應該倒過來說哦，文化的98%是品牌，人生的98%是經營，整合的98%是資源，誤會的98%是矛盾。我們笑起來了。大家一邊仔細聽接待人員的現場解說，一邊爭相目睹霜淇淋、雪糕、液態奶等這些暢銷全國的乳製品的整個生產過程，對這些世界領先的技術讚歎不已。尖端的技術追求、嚴格的品質管制、規範化的生產運作，無疑是蒙牛制勝的法寶。

車間裏不許拍照。在蒙牛，員工的平均年齡只有25歲。辦公是分廂式的，在每個工作人員的面前都有一個小鏡子，上面是一句話，「你的表情決定你的態度」。解說員還講了一些集團培訓他們的道理給我們聽，比如你的態度不同影響甚至決定你的快樂感受，當你用快樂、寬容的心態看世界時，你會發現周圍的人和物都是充滿善意和關懷，都是快樂和幸福，連身

邊的空氣都是溫暖的，用快樂的心情看待，你會加倍收穫快樂等等。

口齒伶俐的女孩，還向我們傳授了袋裝牛奶不可以打開加熱，那樣會損失營養，喝牛奶一定得吃上些東西，不可以空腹，還有如果喝牛奶腹瀉，再堅持喝就好了之類的知識。

我想，我以後會多些喝牛奶的了。呵呵。

中午，約上韓曉輝，幫我去郵局寄書。這些書已經困擾我幾天了，又想自己帶回家，又怕太重太麻煩。今天終於下決心，要去處理它們了。花了117元郵費，比我想的貴多了。問郵遞員為什麼北京寄書的時候便宜，她很和氣地說地區不同，價格也就不同了。書是以阿泉的名義寄出的，預備收不到的時候好讓他查詢。後來是按時收到了，沒有出什麼問題。

之後再下決心，索性拉上小韓跟我上十字路口的禾泰數碼電腦城，去買1G海量儲存卡，徹底解決照相問題，不然的話，這樣好的時刻取不下照片，太讓我難受了。於是，我們就奔向電腦城。小韓說下午的參觀兩點半要出發，我說三點。上得二樓，找到曾經幫我看過相機的售貨員，跟老闆侃價，他說要行貨（真貨）還是水貨，我因為買了真貨反倒壞了，所以就毫不猶豫地說，水貨。要價220元，我最終以180元買下。托雅打來電話，說車已經開出來了，我們說了自己所在的位置，想跑過去趕車，同時我們也有些幻想，讓車順路來帶上我們。街上人多，當然也就給我們的趕路造成了麻煩。結果是紅燈阻攔，我們趕不過去，就只好回電話讓大家先走，我們再打車追過去。再往前走，沒想到大車過來了，車上的人也看到我們了，就在路邊一停，我們上來了。一車笑聲，大家高興，我們更高興。

下午參觀的第一站是位於呼和浩特市新城西街原鼓樓附近路北的綏遠將軍府，那是綏遠省將軍駐綏遠城的衙署，後來

改名「將軍府」。府院於1737年（清乾隆二年）開工興建，至1739年（乾隆四年）建成。正南端（現馬路南）為大照壁，東西為轅門，正門前左右蹲立一雙石獅，進門後有大堂、二堂，為綏遠將軍的衙署，三堂和四堂為將軍的內寢，第五進院為「後堂」，兩側為花園。

將軍府內的區域詳圖表明，府院按清工部工程則例規定的一品封疆大員級別建造，磚木構製，占地面積3萬平方米，門前有高大的影壁，上有「屏藩朔漠」匾額，門側立石獅一對，大門內廳堂凡3進，前為公廨，後為內宅。自大門進入須經過儀門，儀門凡3門，中門形同過殿但不常開，平常出入經由兩旁門。儀門正北為大廳，為議事決策中心；東西各建有廡堂和廂房，為官吏辦公場所。第二進正中建有宅第門房3間，東西各建廂房3間，同是官吏的辦公場所；第三進為將軍宅第，建在正中高台基上，東西兩側各建配房3間。宅第與配房間並建有走廊相通。在大廳東面建有花園，園內建有亭榭；東南隅建有馬號；大廳西南面建有更房，為衛戍官兵住所。

景點介紹資料告訴我們，該府從1737年到1912年名為綏遠將軍衙署，在175年中，有75位將軍授任。1912年到1913年北洋軍閥政府時改為「將軍府」，1914年到1923年改名綏遠都統公署，1921年到1937年為綏遠省政府，1937年到1945年為偽蒙疆聯合自治政府。1945年到1949年復名綏遠省政府。解放後到1983年，分別由綏遠省人民政府，內蒙古自治區高級人民法院在這裏辦公。

綏遠將軍的前名是「建威將軍」。為清朝正一品封疆大臣，是綏遠地區的最高軍政指揮官員。綏遠城的特點是：四門不正，鼓樓不中，而將軍衙門居城的中心，表現出綏遠將軍高傲的地位和專橫的權力。

　　大家看得不亦樂乎，紛紛拍照，在將軍的辦公案子上，于曉明、魏建身著將軍服裝，有滋有味地做起了將軍。我在將軍家的鄭板橋字幅前留了影，韓曉輝要在歷史陳列中有烏蘭夫照片的地方留影，我滿足了他的願望。蕭金鑒先生看中了院內從北京移植來已經有幾百年歷史的兩棵丁香樹，我也給他照了相。陳學勇先生，古遠清先生夫婦也在這裏讓我為他們留了影。

　　再看的景點就是呼和浩特的舊城了。伊斯蘭街一掠而過，大召到了。大召門前的「九邊第一泉」牌樓上的五個大字格外引人注目。以下是相關的資料：

　　大召，漢名「無量寺」。蒙語稱「伊克為」，意為「大廟」。位於呼和浩特市玉泉區大召前街。始建於明朝萬曆七年（1579年）。大召在明代稱「弘慈寺」，歷史上又有「銀佛寺」、「大乘法輪召」、「甘珠爾廟」、「帝廟」等多種稱謂。清代崇德五年（1640年）重修後，定名為無量寺，沿用至今。大召是呼和浩特建造的第一座喇嘛教召廟。數百年來，一直是內蒙古地區藏傳佛教的活動中心和中國北方最有名氣的佛剎之一，現為內蒙古自治區的重點文物保護單位。大召占地面積約3萬平方米，寺院座北向南，主體建築佈局為「伽藍七堂式」。沿中軸線建有牌樓、山門、天王殿、菩提過殿、大雄寶殿、藏經樓、東西配殿、廂房等建築。附屬建築有乃瓊廟、家廟等。寺院外面還建有環繞召廟的甬道及東西倉門。大雄寶殿為寺內的主要建築，採用了藏漢結合的建築形式，整個殿堂金碧輝煌，莊嚴肅穆。清代時呼和浩特被譽為「召城」。召廟眾多，難以數記。民間有「七大召、八大召、七十二個綿綿召」之說。大召居於明清著名的「七大召」之首。

　　大召的珍藏品極為豐富，堪稱大召「三絕」的銀佛、龍雕、壁畫和佛殿內的各種彩塑、金銅造像、晾佛節展出的巨幅

唐卡、108部的甘珠爾經卷，以及宗教活動使用的各種法器、面具等都是極為珍貴的歷史文物和藝術珍品。大召不僅是一處佛教聖地，而且還是一處聞名中外的旅遊勝地，輝煌的殿宇、傳神的雕塑、精美的壁畫，浩瀚的經卷，以及神秘的恰木舞蹈和佛教音樂，構成了獨特的「召廟文化」。大召所存的三絕，是明代的歷史遺物，具有極高的工藝水平和欣賞價值。銀佛即供奉在佛殿內的釋迦牟尼像，距今已有400餘年，是中國現存最大的銀佛之一。佛像呈坐姿，高達3米，由純銀鑄成。據史籍記載當年銀佛落成時，西藏的達賴三世索南嘉措曾親臨大召，為銀佛舉行了「開光法會」，大召也因此有了「銀佛寺」之稱。龍雕，是指銀佛座前的兩條造型生動的金色蟠龍高約10米，分別雕在兩根通天柱上，雙龍對翔，張牙舞爪，盤旋而上。大召的龍雕形神兼備，氣勢磅礴，充分顯示了明代龍雕藝術的精湛技藝。壁畫，是大召的一大特色。題材豐富，畫面生動。內容以佛教人物、故事為主，描繪了天上、人間及地獄的各種景象。其中以佛祖與外道六師辯經、鬥法圖最為精美，引人入勝。畫面既整體連貫，又獨立成章。全圖繪有神佛、凡俗等各種人物770餘人，場面宏大，頗為壯觀，反映了明代繪畫藝術的高超水平。大召壁畫用天然石色繪製而成，雖歷經數百年，依然色澤豔麗。

　　晾大佛是大召一年中兩次盛大的佛事活動。每年的農曆正月十五和六月十五，大召都要將寺內珍藏的一幅長2丈、寬1.5丈的邁達佛（未來佛）像，抬出來掛在佛殿前展晾。晾佛時，要在佛像前舉行法會，眾僧誦經祈禱，演奏法樂。與會信徒向大佛頂禮膜拜、敬獻哈達，佈施錢物等。晾佛既能讓民間百姓瞻仰佛容，沐浴佛恩，以達到弘揚佛教的目的，又能使佛畫受風吹日曬，防止蟲蛀，起到保護作用。跳恰木，簡稱「跳恰」，即「跳神舞」，是大召的一項佛事活動，有打鬼驅

邪、慶賀豐收和預祝來年吉祥如意等多層含意。每年的農曆
正月和六月，大召都舉行兩次大型的跳恰活動。跳恰時，舞
蹈人員要穿上特定的服裝，戴上面具，扮成各種神靈模樣，
在喇嘛教特有的大號、海螺、大鑔、人腿骨號等樂器的伴奏
下起舞，跳恰木的場面莊嚴而熱烈。舞蹈神幻迷離，令人莫
測。送巴令，即「送鬼」之意。是藏傳佛教特有的一項佛事
活動。大召每年要在農曆正月和六月舉行兩次送巴令活動。
「巴令」，是一種用油面捏成的三棱狀身軀，頭頂骷髏的魔鬼
形象。送巴令時，要先誦經祈禱，之後由兩人將巴令從佛殿抬
到廣場上，再進行打鬼形式的跳恰活動。跳恰完成後，將巴令
抬出山門外，用火焚燒後，活動結束。送巴令，喻意是將一年
之中的晦氣和災病等送走的意思。整個活動，場面熱鬧，觀看
者雲集如潮。

在大召山門的門額上，懸掛著一塊橫匾，上書「九邊第
一泉」五個大字。是專指大召門前的名勝玉泉井而言，相傳康
熙皇帝率軍西征，返回京城時途經呼和浩特，在大召門前歇
腳。時值酷暑，大隊人馬口渴難挨。這時，皇帝的御馬突然奮
蹄刨地，蹄落處湧出一股清泉，自此泉水長流不絕，於是有了
「御馬刨泉」的傳說。以後，人們在泉水處修築了井台，供人
飲用。因井水清澈甘甜，如玉液瓊漿，久而久之，便又有了
「玉泉」之說。大召門前也因玉泉井而繁華起來。形成了著名
的「明清一條街」。玉泉井水，遠近聞名，被譽為中國古代北
方著名的遼東、薊洲、大同、寧夏、甘肅和固原等九邊鎮的泉
水之首。清代山西文人王用禎用棉書題寫了「九邊第一泉」
詞，並刻成橫匾懸掛於大召寺的山門之上。

在大召拜過佛後，我們遊覽了大召旁邊的步行街，這裏
古色古香，不少人買下了紀念品。

最後一站參觀的是特‧賽音巴雅爾建立在內蒙古師範大學的中國少數民族文學館。特老在迎候大家。進得展廳，最惹人注目的是特老為滿族作家老舍、蒙古族著名詩人納‧賽音朝克圖、彝族著名作家李喬、赫哲族著名作家烏‧白辛、維吾爾著名詩人鐵依甫江‧艾里耶夫、藏族著名詩人伊丹才讓等6位已故少數民族作家所做的塑像。古銅色的雕像，宛若人在神清，與大家相互接談，大家也多和老舍他們合影。特老親自介紹，做了最好的解說員。馮傳有兄對陳列櫃裏的《沈從文全集》豔羨不已，我也眼巴巴地瞅了半天，寶地啊，真正的寶地。伊丹才讓曾經是甘肅省作協的副主席，家在蘭州。看到他的銅像，我的眼睛格外亮了起來。

　　伊丹才讓1944年出生於青海平安縣的一個藏族村寨，2004年在蘭州去世。是思想最活躍、寫作最勤奮、影響最廣泛的藏族當代詩人。家庭貧苦，五、六歲起，跟隨父兄一起放羊、幹農活兒。為了頂債還給富人放了一年多的牛馬。他從小受到藏族民間文學的薰陶，對文學產生了濃厚的興趣。

　　1952年，伊丹進入西北藝術學院少數民族藝術系學習舞蹈、音樂。1954年7月，在西北民族學院歌舞團工作，多次到藏族農村牧場採錄民間歌舞，開始文藝創作實踐，創作了《節日》、《蓮花山》、《山區運輸隊》、《打麥場上》等舞蹈歌詞，編寫了《社會主義——金色的太陽》、《幸福的源泉》等歌詞。他從搜集、整理、翻譯、研究民歌起步，逐步走向創作新詩的道路。他出版了《雪山集》、《雪域集》、《雪獅集》、《雪韻集》、《雪域的太陽》等多部詩集。詩人高平曾經說，可以「把伊丹才讓的文學活動歸納成三個難得：難得他具有一種一貫地為民族文學發展而獻身的精神；難得他從不歇腳地向詩的高峰攀登；難得他人品與作品完全一致。」

我在伊丹才讓的銅像前和特老合影留念。特老囑我在方便的時候把在呼市和他見面,並在伊丹才讓銅像前留影的事告訴伊丹才讓的家人。我還把陳列特老作品的專櫃拍進了相機。

晚飯過後,我對傳有說,馮兄,咱同居一室,已經幾天,你還沒有給我簽過名呢,總得給我寫幾個字留作紀念吧?馮兄拿過本子,寫下了如下的句子:「網上識得弱水,鹿城陪其淘書。相隨同赴盛會,甚歡又居一屋。2006於天涯見弱水月年貼,文筆老到,遂跟帖取得聯繫,全國第四屆民辦讀書報刊發展研討會暨讀書型作家學者2006草原筆會於乳都召開,籍此得以相會,真書緣矣!2006.8.28.陰山傳友於內大桃李湖賓館101室。」我援筆作注,略云:「傳有兄,書林之俠士也,包頭書友頗重其品。予親睹其襄助阿泉,草原盛會並各路書友豪舉,為之感動。龔明德先生從成都來,馮兄安排周詳。龔師來,盛會如雲矣。傳友兄為去年北京三屆會議攝影錄音述文作記者,細密詳致,大受好評。今次會議亦複如是,為作嫁衣,書友仰之。我在天涯購書後,曾見來書包裏內裏有馮兄名諱,甚感驚奇,以為天人。在包頭時,已往府上觀書,因知其心路歷程。既感其誠,復服其人。草原盛會與兄同處一室已經三天,尚餘兩天,當倍惜之。」

阿泉推門進來了,他遞給我一本書,說是西北大學武德運教授贈送的,曾經被郵局退回,這次開會,武先生親自帶來了,有兩本,連包裹都沒有打開。阿泉自己存留一本,這本阿泉題簽後轉贈於我。書裏有武先生的短箋一封,是寫在陝西省高等學校圖書館工作委員會信箋背面的,文曰:「編輯同志:你好!謝謝你源源不斷寄贈《清泉》,今回贈拙編《索引》一本,請笑納。此致,敬禮。武德運2005.8.25.」我帶上這本扉頁上有武老簽章,阿泉筆跡的《魯迅著作篇名索引》,上樓到武老的房間去找他。滿頭銀絲的武老見到這本他

送給阿泉，阿泉又轉贈於我，我再請他題字留念的書，也很高興，欣然命筆：「岳年先生存正：千里迢迢會內蒙，天各一方憶舊情。武德運2006年8月28日於內蒙呼市。」我的《魯迅全集》是1981年人文版的16卷本，這冊《魯迅著作篇名索引》剛好也是以1981年人文版的《魯迅全集》為主要參照書的，手此一編，《全集》在握，省卻翻撿搬閱之勞不少，方便得很。我對贈書人的感謝，還有自己對書的喜愛，是發自內心的。武德運先生生於1938年12月，陝西人。是西北大學圖書館館長，西北大學圖書館學情報學系主任、研究館員，中國圖書館學會理事，也是著作等身的魯迅研究專家。武先生的著作，我知道的有這樣一些，《外國友人憶魯迅》（北京圖書館出版社）、《魯迅談話輯錄》（北京圖書館出版社，1998年）《魯迅生平及其著作》（吉林大學出版社）、《圖書館學情報學概要》（科學技術文獻出版社1993年6月）。和長者在一起，燈下促膝，歡欣無限。

今天，阿泉也還在我的《清泉》合訂本上題簽，那是後來廣為流傳的一個著名論斷：「如果時代是一列疾駛向前的列車，那民辦讀書報刊就像車廂的連接處，雖然沒有座位，噪音大、晃動得厲害，但卻可以抽煙，大聲地說話，是一個相對自由的空間。張阿泉二〇〇六年八月二十八日於呼和浩特。」

8月29日（二）雲　召和草原

整理行裝，退掉房間，我們要到召和草原上去了。

夜間細雨過後，早晨的天還有些涼。人們都還記得邀請函中會務組的溫馨提示：草原溫差大，白晝熱而夜晚涼，紫外線強烈，風大，來賓注意隨身攜帶日常必備藥品、遮陽帽、傘、長袖外衣。草原地區有狼出沒，夜晚散步談天漫遊時須結

伴而行，注意自身安全。大家都著長袖衫，準備出發。只有傳新兄的上衣還是半袖的。經不住人們的關心，他也想要去買一件衣服了。估計校園裏的超市還沒有開門，即便是開門了，可能也未必有衣服可賣，我便拿上自己的一件，想讓他用。我和傳新兄坐在一起，再一次感受傳新兄的熱情和厚道。車還沒有開，在等待的時侯我又翻開了傳新寫給我的那些話。我寫字作注，打發這一點時間：「傳新，書林之宋公明也。『新』與『薪』，音義可通也。與傳新兄因書結緣，書道喜悅，人行古道，雖不是義薄雲天，卻也足夠感人。薪火相傳，文脈可續，此傳新兄孜孜以求者。2005年夏，經兄之手，余得《民間書聲》、《書友》，開卷文叢諸佳書，並書香撲克，沾染雅意無限。之後電話、郵件相訪，兄以天涯閒閒書話、書局薦我，惠及身心矣，欣忭莫名。以後塗鴉發貼，購書生翼，翩翩然我入仙界，得與天人往還，至2006年8月草原盛會，善緣無量矣。」

車子開過成吉思汗大道，與呼和浩特漸行漸遠。漸漸走上丘陵了，在山腰上盤桓起來，人們有些昏昏然了。馮傳友兄說將要去的地方召和草原其實是包頭的地盤，但是離包頭遠，離呼和浩特近。召和草原又叫希拉穆仁草原，位於呼和浩特和包頭之間，是屬達茂旗管轄的草原。達茂旗是達爾罕茂明安聯合旗的簡稱，達爾罕和茂明安是以前兩位蒙古王爺的名字。召和草原位於包頭北200多公里，在白雲鄂博區東，隸屬包頭市。希拉穆仁，這是一塊美麗的草原，那是一塊綠色的寶石，鑲嵌在包頭市達茂聯合旗的東南部。

來內蒙前，我曾經翻閱資料，知道了一些關於這一帶的事。現在加上馮兄的介紹，車子又走在草原上，感受便更加深刻了。

包頭市達茂旗希拉穆仁草原，是離呼市最近的一個草原，距呼和浩特85公里。希拉穆仁是蒙古語，意為黃河。希拉

穆仁草原旅遊點俗名「召河」。這裏也是內蒙較大的一個草原，據說還是全世界最大的草原之一，是內蒙建立最早的草原旅遊區。達爾罕茂明安聯合旗（簡稱達茂旗）是一個以蒙古族為主體、包頭市唯一的多民族聚居的邊境牧業旗，也是內蒙古自治區的33個牧業旗和19個邊境旗市之一。該旗地處我國北疆，位於內蒙古自治區中北部，與蒙古國接壤，國境線長88.6公里；總人口11萬，其中少數民族1.6萬人；土地總面積18177平方公里，其中草原面積16574平方公里，占總面積的89.5%。轄4個鎮5個鄉8個蘇木74個行政村。這裏冬季嚴寒漫長，春季乾旱多風，夏季短促溫熱，秋季涼爽多風，降雨量少，地域遼闊，資源富集，歷史悠久，文化燦爛，有1.66萬平方公里的天然草場和66萬畝耕地，已經探明的金屬、非金屬礦藏達32種之多，世界「稀土之鄉」白雲鄂博就在該旗境內。滿都拉口岸距達茂旗政府所在地百靈廟鎮136公里，距包頭市市區288公里，距呼市289公里，距蒙古國哈登寶力格縣100公里，距烏蘭巴托市500多公里，是內蒙古自治區政府批准的對外開放的二類口岸，開放時間為每年3月、5月、8月和11月的16至30日。

召和草原是蜚聲海內外的旅遊避暑勝地，因為希拉穆仁河畔有座歷史久遠的席力圖召，所以又名「召河」。席力圖召（希拉穆仁召）建於清朝乾隆三十四年（1769年），朝廷頒賜的名稱是「普會寺」。經歷了二百餘年的滄桑，如今仍舊有相當的規模，其建築造型精巧別致，雄偉壯觀，主要殿堂是「四大天王」過殿、大雄寶殿、後殿、西院正殿等。

「茫茫大草原，百靈負盛名」。百靈廟鎮是達茂旗政治、經濟、文化的中心，是馳名中外的草原重鎮，享有「草原碼頭」和「陸路口岸」之稱，號稱文化燦爛的草原聖地，境內名勝古跡眾多，人文環境獨特，具有許多地區特色和民族特點

的草原山水、岩畫、寺廟、古城遺址。「草原英雄小姐妹紀念館」和「抗日武裝暴動紀念館」等愛國主義教育基地，位置在包頭市北150公里處。百靈廟鎮西北15公里處白雲鄂博區東25公里處的木斯泰，漢意花果山，那可是一處寶地，山奇水秀，草茂花繁，怪石嶙峋，主要野花有黃玫瑰、山丹丹、馬蘭花、沙蔥花、喇叭花等，主要野果有枸杞、梭梭果、五味子、麻黃果、櫻桃等。天然花園中，有百靈、畫眉、山雀、蜜蜂、蠍蠍、彩蝶飛舞鳴唱。山間有一小溪潺潺流過，怪石林立，鳥語花香，石洞穿連，景色迷人，是召和草原的天然勝景，可惜我們這次去不了。

我們的車子行駛在蒙古高原上，這是東西上千公里的陰山山脈之北，在古代，這裏是北方少數民族生息繁衍的地方，在與黃河流域的中原各代王朝的交往中，各民族完成了融合。清代康熙皇帝於1694年率軍親征噶爾丹叛軍路時曾經在這裏駐蹕，至今遺跡尚存。

馮兄說，抗日戰爭期間，王若飛、烏蘭夫等曾在這裏領導大青山抗日游擊根據地軍民與日寇進行了艱苦卓絕的鬥爭。百靈廟武裝抗日暴動和百靈廟戰役，曾經震撼中外。

廣袤的田野從窗前掠過，筆直的白楊樹，黃綠相間的大片農田，經過了一片一片的綠地和一片片收穫過的麥子地，那是磨蓧麵的蓧麥地，召和也被稱之為蓧麵之鄉。召和草原屬於高原草原，路上給你的感覺是盤山而上。

車子來到了一處油菜地，可以想像早些的時候，油菜花滿山遍野，粉蝶翻飛的絢麗和熱鬧。現在看這些油菜地，雖然最好看的時間已經過去，可豐收季節的自信，又是油菜地別樣的風姿。阿泉招呼著大家下車照相。輕輕的撥開油菜棵株，就要收穫了，書愛家也不想傷了農牧民勞作的成果。陳克希照

了，蕭金鑒照了，歡喜而興奮的南國姑娘童翠萍、林英、蕭永釵她們也抓拍了不少鏡頭。

遠遠的看到敖包了，像一個饅頭的樣子。那裏的車子不少，似乎是一個旅遊景點，近了看，又像是一個大的麥垛，被五顏六色裝飾過了，以我見過的祁連山中藏民們的經幡瑪尼石例推，我知道那上面掛起來的應該是哈達。我們沒有下車，繼續向目的地進發。草原黃綠相間，向天邊伸展著，起起伏伏，曲線自然。遠遠看到蒙古包了，藍白顏色，分外耀眼。乞顏部落到了。

「乞顏部落」這個名字，對我們來說是很陌生的，不妨略說一下。大約在十三世紀末和十四世紀初，波斯學者拉施德奉蒙古可汗之命編撰了一部史書，叫《史集》，其中記述了蒙古可汗家族的歷史，裏面有一段故事，說在兩千年前，乞顏部，也就是成吉思汗的祖先，和突厥部發生了戰鬥，結果，乞顏部戰敗了，只剩下兩男兩女逃進了額爾古納一帶的山中。這兩個男人的名字是：捏古思和乞顏，這兩家人和他們的子孫就世世代代居住在這裏。後來，當蒙古部的勢力逐漸強盛起來的時候，尊貴的大人物、可汗的子孫、勇士們都自稱為乞顏惕，而把自己看成是蒙古人，乞顏惕族源的傳說也被人重視起來了，乞顏惕逐漸成為一個繼承祖先光榮傳統的榮耀的稱號。拉施德說，「乞顏，意思就是從山上沖下來的狂暴湍急的洪流，因為乞顏人勇敢、大膽而又極其剛強，所以人們以這個詞作為他們的名字。」具有乞顏品格的人，在失敗面前永不氣餒，永遠懷有鬥爭的勇氣。

不過，我們到的乞顏部落，大約只是一個規模較大的旅遊景點。北京建工建築研究院景觀設計中心組成的專家組曾經詳細規劃了希拉穆仁草原旅遊區的景點建設。我們到達的乞顏部落應該是很有代表性的景點。身著鮮豔美麗蒙古族服飾的姑

娘和小夥子，手提銀壺，端著銀碗，唱著悅耳動聽的歌曲，列隊站到了車門前，要給大家敬「下馬酒」了。人們有些不知所措，推讓了一陣之後，大家陸續下車。哈達和酒碗舉過了頭頂，一個個遠來的客人接受著草原的問候和祝福，顯得神采煥發。歌裏面唱過「總想舉舉你的酒樽」，可是真的到酒樽舉到手裏的時侯，大家卻都躊躇起來了。也有經過這樣場面的，便接過酒杯，用無名指三次醮上酒，揚起手對天彈一下，表示敬天，再對地彈一下，表示敬地，最後輕輕在額頭上一劃，表示敬祖宗，然後一飲而盡。其實，下馬酒是草原人好客、待客的一種禮儀，敬酒以客人乾杯為敬，但對尊敬和不能飲酒的客人，只要你接收了酒盅，也就算接收了情意、心情和禮節，一般不強迫你喝完或喝多、喝少的，最後，只要將銀碗和剩下的酒回遞給敬酒的人就行。我的同伴們大多是喝完了的。後來的照相，也就多少都帶了些初到草原得到的酒意和歡快。喝過酒的人們，又和敬酒的朋友合起了影，記下這美妙的時光。

看到南昌鄒農耕先生在那裏漫步，我舉起相機，在藍天白雲和綠草的背景下給他取了一個側影，我自覺頗見風致。林英、蕭永釤、童翠萍精力充沛，彩蝶般飛過來飛過去。蔡玉洗，古遠清，陳克希，魏建，蕭金鑒諸先生也顯得很活躍。馮兄是照相師，忙是自然的。我也趁機和朋友們留了影。

欣喜的勁兒持續了好一陣。回看草原，重重的憂心卻也襲上心來。腳下的希拉穆爾大草原平均海拔1700米，是大青山的餘脈，坡度平緩，丘陵狀的草原連綿起伏，由於嚴重缺水，草原看上去已接近沙漠化狀態。有些地方的沙礫已浮出地表。從草原的角度看，這裏的草原似乎有了一些「病入膏肓」的味道，這是草原荒漠化頑症啊。資料上說，在達茂旗，退化面積占39.7%的草原已經屬沙化草地。腳下的草矮小稀疏，呈現出沙化狀，有一些「風吹草低見蚱蜢」滋味了，幾

位朋友抓上蚱蜢,以為是好的生命,我有些說不清楚的難受從心底裏湧出。這有著蝗蟲的草原啊,只能叫草地,我都有些懷疑我是不是到了真正的草原,這草不如想像中的濃密。我見過青藏高原的大草原,我家鄉的肅南草原也水草茂盛,那裏的草原都不是這個樣子。我問了一下知道的朋友,他告訴我,達茂草原日漸荒漠化的原因是牧民的牲畜數量激增,超過了草原的合理載畜量,達茂草原的草畜矛盾已經逐步加深。如今,全旗1.6萬平方公里的草場面臨沙化威脅。在草原上走,每每腳下起土的時侯,人的心裏就不自在起來。這已經是草原深處了,都是這樣,歎歎。阿泉曾經在他的文字裏寫到過沙漠化的問題,內蒙的朋友們也都注意到了這一嚴峻的現實,我只有在心裏默默地祝福,我們的草原生態,好起來。

時間已是中午,有些累了,我們進了蒙古包。近門就是炕,炕上有桌,桌上擺滿了奶茶、酥糖、麵點、炒小米、油果子等。奶茶很好喝,這是由牛奶加上鹽,還有磚茶在一起熬成的,很香,我也渴了,連喝了三大碗。又吃了一些麵點。大夥圍坐炕上,邊體驗,邊喝茶,邊吃點心,邊聊天。魏建兄很是健談,我說起了濟南戰役和南京的解放,魏兄說他的姨夫曾經是吳化文的手下,吳本人其實不錯,吳部曾經是是西北軍的老底子,馮玉祥培植的力量。在蔣、閻、馮中原大戰中吳化文背叛了馮玉祥。後來,吳部又被汪偽國民政府授予山東方面軍番號。1945年9月,該部為國民政府收編為新編第5路軍。1947年濟南戰役期間,吳部起義,被改編為中國人民解放軍第35軍,吳化文任軍長。下轄楊友柏第103師、趙廣興第104師、何志斌第105師。該軍第104師315團是率先攻佔南京總統府,並在門樓上升起紅旗的部隊。吳後來任浙江省政協副主席,62年初去世,逃過了文攻武衛,也算有福之人。在草原上談古論

今，風味特別，魏兄口似懸河，聽者津津有味，午間半小時也快樂非凡。

之後是蒙古風味的午餐，豐盛非常。

飯後大家拈出話題，再度在蒙古包裏侃起來。我感覺到，在瞌睡襲來的時候，知識也在博導善言的細語裏生長起來。

午休過後，人們身上的哈達還在飄揚。按照阿泉的倡議，我們搬出凳子，在草原上繼續聊。魏建出了一個題目，請大家說出「八個樣板戲」究竟是那八個，沒想到愛書如命的飽學之士們竟然都沒有準確的答案。經過認真思考，只有陳克希先生記憶非凡，贏得了一片讚揚。

我們前往紅格爾敖包。去履行會議安排的祭敖包的程式。

敖包是草原上蒙古族祭祀的聖地。在莽莽草原上，沒有一個參照物，是很容易迷失方向的，敖包最初是牧民為了辨別方向，在最高的山丘上用碎石壘的小包，草原上沒有石頭，那壘起高高敖包的碎石是每一個路過的人從很遠的地方帶來的，它雖然是用碎石壘的，但對每一個站在它面前的人來說，它都是神聖的，也是甜蜜的，站立在敖包的面前，也就是抓住了希望的把手。後來，敖包就成為了辨別方向的地方，也變成了蒙古人祭祀的場所。在希拉穆仁草原，草原風光和蒙古族風情文化，已經化成了很有特點的草原牧戶旅遊業，成為了牧民增收的一個好方式。牧民以家庭為單位，採取合夥或參股等形式登記註冊，開展草原旅遊接待。紅格爾敖包，便是一個旅遊的景點，在景點大門口的一塊大木牌上，有署名吉祥的隸書介紹文字：「祭敖包乃蒙古民族民間盛行之古走（代）傳統習俗，蒙古人認為，蒼天大地，日月星辰，山水樹木，均有神靈，並在高山丘陵，莽原河畔堆壘敖包，通過祭祀敖包的形式，祈求萬物神靈的恩賜和保佑，祈求風調雨順、人畜興旺。紅格爾敖包系戰爭年代軍人所築，其祭祀活動自然增加了

緬懷和祭奠已故戎馬將士的文化寓意。」相傳，蒙古人在路過敖包時，都要下馬向敖包致禮，並把在別處揀到的石頭堆在敖包上。經過幾百年的積累，紅格爾敖包的規模已經相當的大。我們快步走上高坡，在大大的敖包前，按照當地牧民的習俗，圍著敖包逆時針轉三圈，把從較遠一些帶來的石頭扔到敖包上，據說，這是可以給自己和家人，還有朋友帶來吉祥的，我們虔誠地向敖包致意，祈求平安與吉祥。

這裏還是蒙族年輕人約會的地方。著名的歌曲《敖包相會》，歌唱的就是美好的感情。來到這裏，想起這首有名的歌也是很自然的。

從敖包向四面看去，一望無際的草原伸向天際，人們的心也飛向天際。拍照是大家持續不斷的保留節目，我們也都不能免俗。不過，在敖包邊留個影，想來定會帶上草原的福氣在人生中，這也是很快樂的事了，更何況這又是對這個時刻的美好紀念呢。

以篤信藏傳佛教為主的蒙古族牧民是把敖包當作佛的化身去祭祀的。敖包的頂上以木杆為柱，周圍插有荊條，四周放射狀掛滿了哈達，那是人們的祈禱。當牧民非祭祀節日經過敖包時，只是在附近揀上幾塊石頭（有的就是石子）扔到敖包上，並許上心願。節慶時節，牧民祭敖包活動是比較隆重、熱鬧、複雜的。祭敖包主要分血祭、火祭、酒祭三種。所謂血祭就是殺羊祭祀；火祭就是把羊頭或羊蹄投入到火中；酒祭就是把酒灑在敖包上。祭敖包時，大家都會載歌載舞來到敖包前，由主持人主持主持儀式，他們都要為敖包添上三塊石頭，去許願、去祈禱消災祛病，五畜興旺，萬事如意，國泰民安。傳統祭敖包的方法很隆重，也很繁瑣。我們是現代人，我更相信現代的講法，這便是人到了，心就到了，心到了，神靈也就保佑了。《我和草原有個約定》的歌裏面唱過「共同去祭

拜心中的神」，我們來了，就是儀式，草原，已經在大家的心裏多時了。

我問了一下景點門口商店的店主，他說這裏距離蒙古國的邊境只有100公里。牧民中有很多都到蒙古打工。也能掙不少錢。

從敖包上下來，馮傳友兄招呼大家騎馬返回營地。揚鞭在草原上吆喝駿馬，在草原上奔弛，想想都是那麼的愜意。可是我們座下的駿馬，就是不大聽使喚。騎上馬，雙腳踩著馬鐙，夾打著馬肚皮，想讓馬跑起來，可馬兒總是慢悠悠地跟著前面的領隊的馬行進。勒緊韁繩想要想馬兒東走，它卻偏往西行。想讓馬聽話，真不是件容易的事。

魏建教授身體壯實，他的馬跑到前面去了，我們的馬也都小跑起來，但馬上的感覺總不如想像中的豪邁、愜意和瀟灑。有人喊起來了，那是擔心和害怕了。不過很快就過去了，人們也都適應了馬兒了，馬兒也適應了這些遠來的客人。目的地到了，我下馬，趕快抓拍鏡頭，留下馬背上書友們的身影。

騎馬之後的人們坐下來休息了，有的人在旁邊的靶場射箭。在草原，騎馬、摔跤和射箭三項技藝是蒙古族的「男兒三藝」，所以，旅遊景點上安排靶場也是很自然的。看朋友們玩的高興，我也拿起弓箭來試了一下，結果發現要把弓拉開都不容易，要射中目標就更費勁。一代天驕的草原啊，不是誰都能開得了弓，放得了箭的。

蒙古包裏的晚餐別具一格，烤全羊，完整的一隻羊上來的時候大家選出蔡玉洗先生作「王爺」，「王爺」完成了規定的動作，也就是接受了敬禮、祝福、獻歌之後，大家才可以吃得到鮮美異常的羊肉。吃羊肉是用刀子的，這和我們平常吃到

的手抓羊肉是不大一樣的。因為是草原上的酒宴，也是大家在一起的最後一次聚餐，所以敬酒猜拳的人們也就格外盡興。

　　篝火燃起來了。演員們已經到來。天氣有點涼。一些人租上軍用棉大衣，我的感覺是還能忍受。演員的素養還行，篝火旁的人們也需要這樣的氣氛。悠揚的馬頭琴聲在曠野上飄蕩起來，嘹亮的歌聲在草原上迴響起來，妙曼的舞姿在篝火照耀的草原上飛旋起來。演員和書友們成了一片，歡樂成了一片。我還是舉起相機，作友誼的記錄。人們是真的放鬆了，草原這個時候的安謐和熱鬧，達成了最和諧的狀態。

　　演出結束後，住在我們蒙古包裏的人們還覺得需要聊天，大家索性在篝火邊擺開陣勢，喝起酒來。自牧的酒量大，李傳新、于曉明也都善飲，大約在兩點的時候，我們這才入睡。門口睡下的是魏建兄，他說狼群要是來了，吃了他一個後，就不再吃別人了。阿泉的邀請帖子上曾經說，草原地區有狼出沒，夜晚散步談天漫遊時須結伴而行。來前也曾聽說，隨著草原生態的改善，近幾年草原上的狼明顯比以前多了，它們經常在晚上成群結隊襲擊牧民的羊群。牧民們談狼色變，狼群成為當地畜牧業的一大隱患。臨睡覺前，也曾有人學叫了幾聲狼嗥，只是誰也不會在意，因為我們相信，要是真的有狼來傷人，阿泉和景點上的人，也會為我們操心的。不過，話雖這麼說，魏兄還是囑咐大家，起來出門的時候，還是要把門上的門扣拾掇好才對。大家也都答應了他。

　　草原的夜，是靜謐而含蓄的。夜裏醒來，我聽到外面下起了雨。雨點打在蒙古包上，發出沙沙的響聲，我知道，這雨不會小，乾旱的草原，需要雨露滋潤的。又記起國家一級保護動物蒙古野驢從蒙古國來到達茂旗定居的事了，有雨的草原，就是野生動物的天堂。雨聲淅瀝中，我再次進入夢鄉。

8月30日（三）雲雨　晴　召和草原　呼和浩特

　　早晨的草原，雲雨霏霏。我和吳昕孺，這位才華橫溢的湖南才子在細雨中散步。算作是早操吧，在草原上的。後來，陳學勇先生也起來了，還有山西沁源的韓曉輝。相知閒聊的草原，應該會記住我們此時此刻的心意。

　　早飯後我們上車，返回呼和浩特。昨晚的狂歡使得大家有些累了，我是坐慣了車的人，不想竟然也有些暈車的感覺。好在時間不是很長，就到呼和浩特了，我的感覺也就馬上好了。在中午的告別宴會上，結識了李廣武兄，他也是天涯中人，性情中人。曾憲東先生也同桌用餐，他以徐無鬼的名字為我題字：「百畜有籠受奴役，萬獸無疆享自由」，他是書法家，字跡的瀟灑讓我喜歡。再次和阿泉說起了讀書的事。阿泉說，書的靈魂是人，沒有人，再多再好的書，也不過是一堆紙，書的生命，是要人灌注進去的。

　　午間在會務組的房間小憩。

　　車票太緊了，一直沒有買上，托雅有些著急，我則心神不寧。

　　再上街，逛舊書店。魏建兄剛剛出來，他買了一本舊書，是1933年6月開明書店版的夏丏尊葉聖陶《文心》，讓人眼熱，就是他告訴我二樓今天有人，可以上去看書的。這回我上了文苑舊書店的二樓，遇到了午間結識的廣武兄，他也在挑書，是老闆的常客了。不久廣武兄先下了。最終，我挑了人民文學出版社1984年2月1版1印的梁容若散文集《故鄉集》和美國大衛・阿古什著，董天民譯，時事出版社1985年11月1版1印的《費孝通傳》。兩本書總共6元，我有些高興。梁容若氏曾歷任台灣大學、台灣師範大學、東海大學中文系教授，國語日

報編輯。1975年退休後到美國遊學。1981年回國任北京師範大學客座教授。著作有《國語與國文》、《文史論叢》、《中國文化東漸研究》、《坦白與說謊》、《容若散文集》等，並為《注音詳解古今文選》編著了不少文章。梁容若教授1986年7月23日寫給鮑耀明信中曾說過這樣的話：「知堂乃聖賢類型人，如托爾斯泰、甘地一流人，所謂入地獄救人，去現在的時代太遠，非輕易可理解。我只說了論語八仙七人吸煙，只周不吸煙一事。昔年曾作吳風歌一首，所憧憬者為此種境地，亦菩薩殺身飼虎一類行誼也。」這段話曾經備受讀書界關注。《故鄉集》的這個版本，我在孔網上也見過，售價為15元。我在書後的當日題跋裏有這樣的話：「蕭金鑒先生閱之，以為不錯。我讀此書《代後記》，亦知所得為寶，可藏讀也。」

　　戴著費傳，這是以「純正的學術品格」廣受學界推崇的一本《費孝通傳》。前有雷潔群序。作者在題為〈致中國讀者〉的前言中指出，「有獨立見解的知識份子是社會的財富」。這一高論頗可以為我們這些書蟲作阿Q式的安慰，這是我所喜歡的。德意志廣播協會駐中國上海的外派記者盧可思在〈在學術著作與傳記文學的夾縫中──對兩本費孝通傳記的比較研究〉一文裏對這本書很是推崇，她說，「早在70年代，哈佛大學費正清的一位名叫大衛・阿古什的學生就寫了一本題目為《費孝通和在革命的中國的社會學》的博士論文，該書於1981年正式出版，封面右角印著『費孝通傳』四個中文字。阿古什的這本書是在中國對外封閉的時期寫成的，他沒有條件來中國大陸訪問有關人士和搜集資料。他的資料搜集工作主要是在美國、香港、台灣等地進行的。而且主要是依據費本人的著作寫成的。有趣的是，在八十年代初，費孝通訪美時，阿古什驅車費了大半天時間見到費孝通本人，他有一大堆問題

向費孝通討教，令他掃興的是，費孝通對有關本書的問題一概沒有置答。費孝通的理由是，阿古什是一個歷史學者，應該靠自己的本領去找材料，並斷定材料的真偽和取捨，『一個歷史學者要對一個還活著的人作傳必須避開那個研究對象的本人，否則就成了報紙雜誌上的「訪問記」了』。在該書出版後，費孝通才表示了他對該書的滿意，同時說他不應該對作者對他的評價再作評論，『我必須尊重每一個認真研究過我的學者對我評論的權利，而且應當從中取得教益』。阿古什的《費孝通傳》確實寫得嚴肅認真，具有一本優秀歷史著作應具的品格。他做到了把費孝通放在整個歷史背景下考察，雖然以費著為主要依據，但把歷史背景和費本人的著作非常緊湊地結合起來分析，行文不枝不蔓；其分析與費本人的說法又保持一定的距離，甚至對費的學術風格有所批評，中肯地指出了費的缺點。今天看來，該書最有價值的也許是第4章《一個中國人類學家眼中的美國》，作者引用了費孝通1943年到1944年訪美時期寫給美國友人及有關機構的信件，這是一般中國讀者所看不到的。儘管幾十年過去了，有關費孝通的資料遠比過去豐富得多了，利用條件也方便得多了，但阿古什的《費孝通傳》仍然是研究費孝通繞不過去的一本書。」和群言出版社2000年版的張冠生著《費孝通傳》相比較，盧可思進一步指出：「最近出版的張冠生的《費孝通傳》充分利用了這些便利條件，對費孝通的生平活動以及學術思想的發展過程做了較為詳細的梳理和初步的分析。全書45萬8千字，比起阿古什同名著作的中譯本16萬4千字，多出近30萬字，詳盡的程度不用說是大大提高了。這本書的最大長處是依據的資料非常豐富，除了一般比較容易看到的以外，還有外人不容易看到的費孝通文革時期寫的交代材料、江村的檔案材料、民盟中央的內部材料、作者隨同費孝通外出調查或在費孝通身邊聽到的談話資料等。寫一個學

者的傳記離不開對其學術思想的形成、發展的分析，這方面作者雖然下過一番功夫，但似乎距成熟之境還比較遠。不知道作者對本書如何定位，我的閱讀印象是，本書界於學術著作和傳記文學之間，作者在梳理費孝通生平和學術思想時力圖做一些學術性的分析，但可能是由於功力未逮，相當的篇幅讓給了抒情性的讚美，和較一般性的發揮其感受較深的地方。作者似乎對傳主的著述和自述跟得太緊，沒有保持一定的距離，採取的大抵是『照單全收』的方式。我以為一本嚴肅的學術著作是應該有作者獨立的、不依傍於傳主著述的見解的，唯有如此，傳主才能從作者的傳記裏收取『人我相看』之益。這本書在這方面，我認為是失敗的。在學術規範方面，也有不盡人意之處，如注釋中引用的書刊全部未注明作者；注釋多採用章末章節附註，但個別地方採用文內夾註。作者似乎在外在社會環境的分析上要比對學術內在理路的分析稍勝一籌，解放後的反右、文革等章又較其他時期略勝一籌。我對張著感到最不愜意的是，行文太囉嗦，結構太鬆散。甚至有些地方背景的敘述和主題關係不大，而作者猶喋喋不休。第一章第三節『世紀初的東方時空』離本書主題過遠的內容敘述得太多，第16至22條注釋全無必要，尤其是16、19、21三條太冗長，太沒必要了。這是本書最大的敗筆。比較起來，我更欣賞阿古什的《費孝通傳》純正的學術品格。我也希望學術界同人利用當前的資料優勢，寫出一本更優秀的《費孝通傳》來。」後來我知道，這本《費孝通傳》在孔網已經賣到36元之多。我在書前所題語云：「本無買書之意，然身入書林，不能自禁，遂得兩書，此其一也。在桃李湖畔陪蕭金鑒先生讀書，誠人生一快也，複見書中妙論，更樂不可支，無票沮喪，散卻太半矣。」

午六時許，馮傳友兄和蕭金鑒、李傳新諸先生往包頭淘書。

蕭金鑒先生後來在跟貼裏記錄他們的淘書之行:「我和陰山先生有緣。去年十月北京年會,我和馮兄同居一室,見面互道姓名之後,有兩句很有意思的對話。我說:沒想到你這麼年輕。他說:沒想到你這麼年老。他以為我還年輕,是指我之心境;我以為他已年老,是指他的成熟。看上去三十多歲人,真是一表人才,玉樹臨風啊,一經詢問,他已年過五十,只是不出老罷了,亦可見其心境,豁然開朗,又是愛書之人,心無旁騖,一心唯讀閒閒書,當然是越活越年輕了。夜入包頭,次日上午馮兄陪我和傳新逛夫子古舊書店,中午盛情招待涮羊肉,穿街過巷,發現馮兄竟有一定的回頭率,好多女子回眸(未笑),可見玉樹臨風非為誇飾,馮兄真有一股魅力了。還有重大發現,雖未見到馮夫人,但從馮寓牆頭掛著的照片看,確是個大美人羅,傳新還以為是追星族掛在家裏的電影明星照呢。才子配佳人,好令人豔羨喲。內蒙古之行,長沙—武漢—呼市—包頭,一個來回,北上到漢即受到成勇先生盛情款待;與傳新先生同行,得到他的深切關懷,無微不至,心存感激。這李兄鋼鑄鐵打,始終一件短袖衫,草原落日後寒氣襲人,夜裏的篝火晚會,我穿上軍大衣還嫌涼,他仍是短衫短褲,噴嚏都不打一個。此君個頭小,鑽書店挺厲害,竟於呼市舊書店掏到五六十年代的四本文藝報年度合訂本,尤以五七年的報型本,那資料可是彌足珍貴,好多名人大師批文壇右派好厲害,當然也是迫不得已,非表態不可啊。有的在文革中遭遇更慘啊。再說這李兄很有生活經驗,使我获益匪淺。馮兄招待吃涮羊肉,點了牛肚下火鍋,待送來馮兄就要往湯裏倒。李兄大喝一聲:且謾!這東西下鍋後27秒起鍋最好。不到27秒或超過27秒都咬不動了。我忙作試驗,夾起兩三片置於湯中,口裏開始讀秒,到時夾起往口裏塞,果然脆嫩,連續多次,屢試不爽,等馮兄李兄反應

過來，準備試一下，可惜都被我試驗完了。這27秒的來歷，聽李兄說是90年代初從一本雜誌上看到的，他反覆試驗過，不是無稽之談，我信然。諸君不妨一試。」

吳昕孺兄用記者證買到了晚上9點多的車票。

我還沒有票。

我，魏建兄，吳昕孺兄在內大餐廳吃晚飯，享受了一回開會以來的開飯自由。

8時許，昕孺兄上火車站。我在魏建兄的房子裏等候。

托婭他們已經想了好多辦法，還是沒有搞到車票。昕孺兄打來電話，他的東西忘了，我便和托婭一同出門，趕往火車站。托婭已經按我們的預定方案，找好了關係，實在買不到票了就把我塞上車，在車上補票。我開玩笑寬慰托婭，吉人天相，我會買到車票的。

把東西交給昕孺兄後，我們揮手作別。

排隊，向售票窗口內詢問，有臥鋪票一張，但中途下車的不賣，要買必須得買到終點站，再問，也就是比我預定要買的票多50元錢。我說行，買。

獨家賣買，這是沒有辦法的。挨了宰，我們還很慶倖。要高興啊，不然，我就得站一個晚上。

托婭高興了，我當然高興。作別的時侯我說，忙幾天了，今天你們可以好好休息一下了。我還記得離開桃李湖時阿泉疲憊的身影。

晚10時26分，K43次特快列車行駛出呼和浩特車站。再見，親愛的朋友，再見，親愛的草原。

附記：普希金說，一切都是瞬間，一切都將過去，而那過去了的，都將成為美好的回憶。草原之行留下的記憶，是值得回味的。第二天下午6：30，我回到張掖，到家了。我都有些累了，主要是這幾天太高興了，經常是處在一種連續的

活動中。阿泉曾經和我說起過聊天,那天我們有兩個小時,約好要聊兩個小時的,他說怎麼可以讓兩個小時白白的過去呢,很多好的想法,還有智慧,都是在聊天的過程中誕生的。我同意這個看法。看阿泉編報的文字,我知道他確實不想浪費哪怕是那麼一點點時間,他的時間,包括聊天,都是著眼於學養和工作的。應該說,這一回的草原盛會,也貫徹了讀書人工作和生活的思想。基於這樣的高興,接下來的疲累就是必然的。那麼,我在火車上的主要任務就是睡覺了。除了偶而醒來,看看身邊的《故鄉集》和《費孝通傳》之外,我似乎一直睡了十來個小時。真好啊,這種遂心隨意的享受。在《珠還幸記》裏,黃裳翁說到《東單日記》的時候曾經有言:「日記是每天晚上順手寫下的。活動了一天以後已很疲倦,所以記得非常簡單,不過記著到過些什麼地方,看到了誰等瑣事。也偶爾記下一點感想,那就更為簡略,往往只是一句話。現在就加以摘抄,並在有的地方做些補充。事實上與原來的面目大不相同了,只不過還保留了排日記事的形式而已。」我讀到這裏的時候,也曾提筆續貂:「內蒙歸來,我也整理了《草原日記》,凡四萬言。讀至此,見裳翁亦復如是,不免竊喜。謬托知己,唐突佳人,思之可發一笑。」對這些天錄入的《草原日記》,作如是觀,可以算是實事求是。自9月3日開始,到今天為止,歷時17天完畢,雖已是前塵影事,也還是歷歷在目。應該說,算是對得住自己了,未虛此行。當然,就文字的淺陋而言,於別人也未必有益。至於說對朋友,那就不能提了,照片也沒有發過去,該寫的信也沒有寫,每天都在敲打鍵盤,荒廢了多少該做的事情,甚至連書也沒有好好的去讀。不過,一個人有時候也只能做那麼一點點事,我已經漸漸的熟練和習慣了鍵盤,不也

是很值得的嗎？更何況，在這個過程中，草原美好的記憶，
也還時時在歡樂著我的身心。

2006年9月21日晚21時41分燈下記。

弱水軒一月書事（2007年1月）

1月1日（一） 晴

在《黃宗羲全集》上題寫試筆文字：「撲面迎得春風暖，喜讀齋中萬卷書」。

中午，內弟徐成智一家請客吃飯。路上收到學林書店劉俊平手機短信，說是《維特根斯坦全集》已經發出，高興。

下午耽讀《黃宗羲全集》，當然有味。

修訂文稿。

1月2日（二） 晴

給蘇州王稼句先生寫信。略云：「新年快樂！前幾天曾經發過一封信，並將那篇〈夢裏蘇州枕上書〉（原文）附上寄來，不知道收到了否？新年到來，又有新氣象，先生文筆，當更雄健。近日相繼搜得《藏書家通考》、《黃宗羲全集》、《劍南詩稿校注》、《維特根斯坦全集》並《聖經》各一部，多孔網或朋友所賜，節日閒讀，頗覺愜意。塞外鄙陋，我行或者可笑，然愛書之心拳拳，亦屬無可奈何。近日張掖多晴天，看天氣預報，似乎江南有些許雨霧，想先生自也無恙。」信未發出，網路不行。

收到上海尹亞娜來信：「岳年先生：新年好！新年的鐘聲還有二十幾個小時就要敲響了，在此，謹送上我的新年祝

福：祝你新的一年身體健康、萬事如意、一切都好！今秋，楓葉紅了的時候，我去了天平山。歸來後，我用photoshop把自己拍攝的天平山楓樹照片略加工，權當新年賀卡送給你，祝你新年愉快！闔家幸福！尹亞娜2006年12月30日」

信應該在昨天就能看到的，只是這網路出了問題，上起來太慢，昨天竟然沒有看到。

中午，龍渠中學朋友請吃飯。

下午，母親來，陪著看病。

晚飯後送母親到侄女金星處，準備明天抽血化驗。給金星化驗費30元。母親今年身體不錯，比想像中的要好。

1月3日（三）　晴

早晨打坐後下樓。感覺好。

在辦公室看書。修訂文稿。整理徐珂故事一則。

晚間上網，收到王稼句先生來信。天寒屋暖，遠來綸音，讀之可人。「岳年先生：大作已收得，謝謝，排樣後當奉上校核。元旦至今，蘇州都在雨聲裏，足不出戶限，但也做不出什麼事來。先生新得諸書，趁閒暇讀之，甚快事也，何笑之有？餘言後敘，順頌年好。王稼句謹覆一月三日午前」

晚間見到母親抽血化驗單，結果讓人滿意。老人安康，是我們的福氣。抽空到健民大藥房買得母親所用藥品，合計家用的，共117元。

1月4日（四）　大雪轉晴

上午上課，陪母親聊天。給母親零花錢200元。下午母親回鄉。

收到蕪湖萬卷書屋汪華寄來的《雙行精舍書跋輯存》，包裝得很嚴實，裏面一層報紙，之後是硬質紙盒，再之後用透明膠帶粘貼，打開的時候用刀剪，頗費力，手指都有輕微小傷。當時心裏很是感激。這書友，很負責任呢。書是1983年齊魯書社1版1印的，2500冊，16萬字293葉，16開本，原價2.95元。我花了65元買得。汪華在包裹單的收信人上稱我為書友，頗覺親切。

修訂稿件。

1月5日（五）　晴

在孔網文史哲特價書店王超處訂《吳宓日記》，全十冊95元包郵掛，《亞里斯多德全集），精裝全10冊，訂單號1528073，訂單總金額280元，之後前往工行，匯款300元。和店主通電話。

收到已經在蘇州職業大學管理系工作的董輔華賀年卡，說「歡迎來蘇州玩。」

收到07年《甘露》第一期和日曆卡。

《光明日報》（2004年3月14日）有一篇文章，題為〈《亞里斯多德全集》編後感〉（作者是人大出版社人文編輯室副主任、副編審，《亞里斯多德全集》責任編輯李豔輝）。不錯，抄錄之（略）。

1月6日（六）　晴

修改文稿。

天涯社區閑閑書話上登出《作為一種生活方式的「讀書」──陳平原教授在華東師範大學的講演》一文，引有黃

庭堅《與子飛子均子予書》的句子：「人胸中久不用古今澆灌之，則俗塵生其間，照鏡覺面目可憎，對人亦語言無味也。」

可記的還有這句：「清末文人孫寶瑄說的，他在《忘山廬日記》中說，書無新舊，無雅俗，就看你的眼光。以新眼讀舊書，舊書皆新；反過來，以舊眼讀新書，新書皆舊。」

陳說，古今中外，「勸學文」汗牛充棟，你我都聽了，效果如何？那麼多人真心誠意地「取經」，但真管用的很少。這裏推薦章太炎的思路，作為演講的結語。章先生再三強調，平生學問，得之於師長的，遠不及得之於社會閱歷以及人生憂患的多。《太炎先生自定年譜》「1910年」條有言：「余學雖有師友講習，然得於憂患者多。」而在1912年的《章太炎先生答問》中，又有這麼兩段：「學問只在自修，事事要先生講，講不了許多。」「曲園先生，吾師也，然非作八股，讀書有不明白處，則問之。」合起來，就三句話：學問以自修為主；不明白處則問之；將人生憂患與書本知識相勾連。借花獻佛，這就是我所理解的「讀書的訣竅」。

午間，吃席，黃守雄今日結婚。多喝酒幾杯。

1月7日（日）　晴

沒有休息，中午，賀張成虎結婚，吃席。

下午改定〈書香盈盈伊人來：沈虹屏和張秋月〉一文，在書話貼出。網上看到了蕭金鑒先生在《草原日記》上的留言：「想起草原，常念月年。年年月月，心心相連。書人友誼，歷久彌堅。好書共讀，快樂無邊。」很感念。

河南劉學文在〈書香盈盈伊人來：沈虹屏和張秋月〉一文後跟貼：「真功夫。真正的好文。向月年兄學習。」我知

道這是在捧場，但心裏不免還是有些高興。畢竟，有朋友欣賞，還是要受到鼓舞呢。

1月8日（一） 晴

早間打坐。擬將整理的文稿改名為《看書手記》或者《看書印象》。

聽音樂《姑蘇行》，很高興。在音樂聲中寫字寫文章，感覺佳。

未起床的時候，似乎在夢裏，又記起胡適先生的話，要在現代中國建立一個「治安的、普遍繁榮的、文明的、現代的統一國家」，真正的敵人是貧窮、疾病、愚昧、貪污和擾亂，而這不是政治上的暴力革命可以打倒的，唯一的出路是「集合全國的人才智力，充分採用世界的科學知識與方法，一步一步的作自覺的改革，在自覺的指導下一點一滴的收不斷的改革之全功。」（《我們走哪條路》，《胡適文存》四集，第314頁）念及一點一滴地「再造文明」，有一些感慨。書話上有網友nbzgyh一篇文章，題目是《讀胡適文集傅斯年文集》，轉引了當年胡、傅在西安事變發生時寫的文章。略云：「今天的共產黨在中國正在推進一場令大陸改顏換色的偉大改革。而改革的方式就是不折不扣的按照當年胡適先生竭力倡導的『和平漸進，一點一滴的改革』方式。胡先生現在靜靜的躺在南港的墓園中，這位偉大的哲人若是地下有知，看到大陸現在的一些可喜進步，冥冥之中他也會含笑九泉了。」徐國利文章《胡適史學思想的再認識》也可以參看。

閒閒書話上署名四川日報的帖子《胡適先生中國近代文人的顛峰》上說：「筆者花了半年時間苦讀《胡適全集》，時長痛短痛，噓聲振壁。以下胡適諸多理論，幾十年後當年曾

經敵視他的政府，無論台灣當局還是中國大陸都在悄悄地實踐著：

□ 實踐是檢驗真理的唯一標準（胡適的真理觀：後見於
　中共結束兩個凡是）；
□ 大膽地假設，小心地求證（胡適的摸著石頭過河：幾
　十年後見於中共經濟體制改革）；
□ 多研究些問題，少談些主義（胡適的實用主義：見於
　鄧小平的貓論）；
□ 容忍比自由還更重要（胡適的多元論：見於2001年中
　共七一講話，對意識形態之爭的放鬆，社會主義與資
　本主義長期共存）；
□ 充分西方化（中國改革開放，充分世界化）；
□ 教育破產的救濟方法仍是教育（再窮也不能窮教育）；
□ 把國民黨分成兩半或成立一個新的政黨實行民主政治
　（胡適的兩黨制設想，已經在中國台灣實現）；
□ 中國需要醫治貧窮、愚昧、貪污、疾病、擾亂，而不
　是革命（大革命半個世紀過去，五毒俱全）；
□ 憲政是憲政的最好訓練（幾十年後中國台灣國民黨放
　棄黨政與訓政走向憲政，新中國成立近四十年後中國
　農村出現了海選）；
□ 寧鳴而死，不默而生（台灣解開報禁）；
□ 中國應該搞邦聯制（……）。

　　1930年4月，胡適曾寫信給楊杏佛，稱『我受了十年的
罵，從來不怨恨罵我的人，有時他們罵的不中肯，我反替他們
著急。有時他們罵的太過火了，反損罵者自己的人格，我更替
他們不安。』五十年代，他又說，『我挨了四十年的罵，從來

不生氣，並且歡迎之至。」說這話時，他大概不會料到，1957年，胡思杜被劃為右派，後自殺身亡。」

讀到黃丕烈藏書印文字：「忠端是始，梨洲是續。貧不忘買，亂不忘攜。子子孫孫，鑒我心曲。」

很喜歡董橋的這幾句話：「書者，法力無邊之利器也，既可娛人，也可傷人，連狐仙都敬畏三分。我愛書讀書幾十年，蠱毒日深，彷彿中了狐媚之術，夜半人靜幽會，不知東方之既白。見了陳句山新宅裏那狐仙久曠，更覺得自己身在福中要知福，題此《英華沉浮錄》第十卷為《博覽一夜書》，以志不忘。」

在當當網訂了些書。

晚上看電視，反倒比較累。看來還是不看的好。

1月9日（二）　晴

本來要給當當匯書款的，福至心靈，又想看一下當當的確認信，這一看，就發現在當當訂的書裏面多了一本《再造文明的嘗試：胡適傳（1891～1929）》書價由35元降到26.32後的合計數成了52.64，有些納悶，細看才知道是書數量成了2，這表明我還是有福氣的，呵呵，老天也在幫助我呢，不想讓我花這個冤枉錢。此今天之喜也。於是取消原來的訂單，在原有書目中添加李歐梵《上海摩登——一種新都市文化在中國1930～1945》一書。

陸小平說，他的妻子吳蘭英的雙親近日相繼去世了。五十多歲，先是她的母親因為腎病去世，過了些日子，她的父親又毫無徵兆地在睡覺時去世。我竟然不知道，抽時間得去看一下，這姑娘壓力太大了。

收到華中科技大學附屬協和醫院宣傳部袁柏春處寄來的《陸游集》五冊，這是在孔網所購的舊書，感覺不錯。晚間花了一個小時修整，裝封，題字。放翁書，我應該收齊了。

孔網所訂書中多了一本胡適傳，所以重新訂，最後書目為：

1. 《費孝通文化隨筆》價19.5元，我的是13.02元。

2. 《上海摩登——一種新都市文化在中國1930～1945》價24元，我的是18.05元。

3. 《徐鑄成回憶錄》價16元，我的是11.2元。

4. 《夢苕庵詩詞——當代名家詩詞集》，價22元，我的是15.4元；這書在孔網上的價格賣到120元了。

5. 《讀書讀書——漫說文化叢書》12元，我的是8.4元。

6. 《同光大老》價16元，我的是11.2元。

7. 《鄭孝胥日記》（中國近代人物日記叢書，全五冊）180元，我買的是133.38元，這是谷林點校，阿泉推薦過的，我有《海藏樓詩集》，有了這書，完璧可成。

8. 陳平原《日本印象》價28元，我的18元。

9. 《再造文明的嘗試：胡適傳（1891～1929）》價35元，我的是26.32元，此大象出版社王兆陽兄所薦之書，買來看看，當不負我。

10. 《胡適之先生晚年談話錄》價25元，我18.81元得之，亦兆陽兄所薦者。

《張岱評傳》（中國思想家評傳叢書）價27元，我18.9元得之。此叢書系南京大學所編者，正是徐雁教授他們的勞動成果。我買到了其中的《袁宏道評傳》，《黃丕烈評傳》，感覺不錯。張宗子是素所喜歡的人，有他的評傳，可以幫我更好的喜歡他的文章呢。

1月10日（三）　晴

在孔網老昆明古舊書店訂《士禮居藏書題跋記續》。修改文稿。寫關於《當年遊俠人》的文章。學生期末考試。

下午行政會。晚上看電視。

1月11日（四）　晴

到政府辦事。

收到淘金舊書社寄來的《花隨人聖庵摭憶（二）》，真好。

收到學林書店劉俊平寄來的《維特根斯坦全集》（1～12冊）。

收到大象出版社王兆陽兄寄贈的兩本書：苦雨齋譯叢中我所缺的《財神　希臘擬曲》，老畫家的《黃永玉自述》。黃永玉是我素來喜歡的人，他的書，寒齋已經多有收藏，今次王兄寄來自述，不能不說也是福緣厚我了。《財神　希臘擬曲》這本書有了後，我的苦雨齋譯叢就只缺一本了。可慶賀也。幸福的日子。

收到老昆明消息，訂《士禮居藏書題跋記續》要匯款19.1元，這書價格，別的地方已經是十倍不止，我能善價得之，亦僥天之幸也。下午即匯書款。

晚間讀維特根斯坦16頁。

1月12日（五）　晴

晨讀維特根斯坦。

收到當當昨天發出的網信：「您2007/01/09提交的157632026號訂單，已經全部發貨」，這就是說，23日前後我就可以收到所定的書。

現在的時代太好，有網路，幾乎可以買得到任何想買的書。做個書蟲真好。有無窮的樂趣。

清代《萬卷精華樓藏書記》（此清代繼《四庫全書總目》之後第一等大型綜合性提要式書目著作也）作者耿文光主張將目錄、職官、年代、地理作為治史的四把鑰匙。這個意見是對的。

再訂孔網楓林晚‧翰墨書坊孫殿起《琉璃廠小志》，價55元。

網上有一篇文章，作者outree，感覺好，抄下來。

從哲聖到全人──讀《維特根斯坦傳》有感

維特根斯坦在概括自己的前期著作《邏輯哲學論》時說：「本書的全部意義可以概括如下：凡可說的都可以清楚地說，凡不可說的，我們必須沉默。」

維特根斯坦在世的時候，只出過一本薄薄的小書，只發表過一篇短短的論文。但他後來的名聲卻是那樣大。

維特根斯坦出身貴族家庭，衣食無憂。卻在第一次世界大戰結束後放棄了富庶生活，將所有財產分散於兄弟姐妹以及慈善機構，然後隻身一人去到奧地利偏僻小鄉村，擔任了長達六年的鄉村小學老師。

《維特根斯坦傳》的作者巴特利第一次去到他所呆過的鄉村，隨便問一個跪在地上拖地的頭髮花白的老婦，有沒有聽說過維特根斯坦這個人時，那個老婦站起來大聲地說：哈！當然！

值得一提的是羅素和維特根斯坦之間的關係。有一次維特根斯坦跑來讓羅素判斷他是天才還是傻冒：「如果是傻冒，我就去開飛艇；如果是天才，我就會成為哲學家。」如果不是羅素慧眼識才，維特根斯坦很有可能選擇去開飛艇，而不是當哲學家。與其說他們是師徒關係，不如說是互為師徒。羅素稱維特根斯坦的理論對他有「深刻的影響」。當然，維特根斯坦後期哲學給羅素帶來了很大的困惑──因為它幾乎是對羅素倍加讚賞的前期哲學理論的全盤否定，以至在商討是否該提供給維研究基金的時候，羅素花了很長時間才下決心表示同意──也正是緣於羅素的寬容，維特根斯坦才有機會如後人所說：兩次為哲學指出新方向。

中午，和教導主任一起去酒鋼三中開會。晚上8時許到。帶《花隨人聖庵摭憶》讀之。晚上在酒鋼三中尚主任辦公室給孔網商家發消息，告知購買《士禮居藏書題跋記續》、《琉璃廠小志》兩書的書款已經到他們帳上。

1月13日（六）　晴

酒鋼三中開會，討論聯考的事。在嘉峪關購《與名人一起讀書》，下午到酒泉，購得劉衍文《寄廬茶座》，好書也。

1月14日（日）　晴

上午讀書，休息。中午搭班車返回。晚間看高三學生補課。

1月15日（一）　晴

沒有見到天氣預告中的小雪。

教育局考核學校班子。在網上看書，想買《中華竹枝詞》，只是有些貴。等一等吧。

收到老昆明消息，說是《士禮居藏書題跋記續》已經寄出了，很高興。

晚間在天涯讀西安文泉清《今日書緣》（07版）的帖子，9日那天他回覆稱：「昨天晚上夢見很多書友來西安聚會，高興呀。其中就有月年兄，雖然我們沒見過，夢真是奇怪的東西啊。希望以後有機會與月年兄相聚，一笑。」文兄是西安藏書界的巍然大家，文采斐然，人也大佳，曾以好書贈我。以文以書會友，佳意無限，我也想見文兄。

1月16日（二）　晴

把圖書整理得井井有條然後讀之，不亦快哉。

〈雪夜風晨我自足：我讀《當年遊俠人》〉一文寫畢，得4810字。

晚間，《關於金礫中學發展問題的報告》（4199字）完成。

1月17日（三）　晴

昨晚在網上查得花貓書局有王闓運《湘綺樓詩文集》、《湘綺樓日記》全套9冊，岳麓書社1997版，3438+2388頁，印數3000千本，書價190元，該套書報價已含郵資、不拆售。銀子緊張，躊躇再三，好書難得，這樣的機會怕是很難再碰上

的，近日已經在緣為書來網註冊，狠下心來，最後還是下了訂單。

食堂開會，結帳。之後與花貓書局店主，廣東沈帥取得聯繫，下午匯款畢。書似乎不能再買了，一定要克制。

讀《光宣以來詩壇旁記》，見有許多趣事，順便讀起了《王湘綺評傳》。

天涯社區編輯狂飛給消息，說請我做閒閒書話版主，婉謝之。

1月18日（四） 晴

晚間胃不舒服，正好讀書。王湘綺為人為文為詩，都有可學處，訂其書，佳事也。

晚間收到武漢李傳新兄天涯消息：「岳年兄近好！黃成勇君到長江文藝出版社任職已經月餘，在武昌。我去一次，公交要一個多小時。他本來要帶走《崇文》的，書店要留著自己辦，後天先回十堰去。我把十堰的電話號碼（略），特告。兄需要什麼書，在網上買為主，十堰的書有好而便宜的，我會經常給你資訊的。《崇文》在上周已寄出10期和11，12期合刊，許多朋友已經收到，兄不知能否妥收。《崇文》肯定繼續辦，今年的頭兩期，會在春節後寄出，或許會兩期合刊也說不定。最近因為都忙於訂貨會後的發貨。」

網友kunlunjade在天涯書局[售書書目]貼出帖子：「去年，我將一套《夏承燾集》售給了甘肅的一位老師。現在我找到了第7冊，等」，這是專門給我發的帖子，我真幸福，查了之後，就回覆併發消息，要買下這本，配齊我的書。去年8月11日，我只花了80元就買下了《夏承燾集》的另外7大本精裝書，全套八本，我費盡心思想要配齊，結果都不如人意，現在

「天上掉下個林妹妹」，由不得我不歡喜呢。世上還是好人多，公理在這裏再一次得到印證了。書是原價，連郵費都含進去了，多麼負責的商家，多麼好的讀書人，黃丕烈一再稱頌的書友，也就是這個樣子了吧？

晚間發〈平原有書存高韻：《當年遊俠人》〉到書話，隨即收到一石兄通知：「你發表在『閒閒書話』內的帖子〈[私人藏書]平原有書存高韻：《當年遊俠人》〉，已被收入本版精品集（J臉標識），謝謝你的支援。」

1月19日（五） 晴

天涯貼出清流石《聽冉雲飛講胡適》，冉說，讀胡適可以改善人性，這是好話。

收到《吳宓日記》、《亞里斯多德全集》（精裝全10冊）。書都很好。閒中翻看，作記錄。快事也。

晚間，朋友招呼客人，作陪。

1月20日（六） 晴

浪費了一天的時間，這不好。晚間看電視。主要是比較疲累，胃裏有些問題，前幾天吃了一個凍了的人參果所致。

整理札記。

1月21日（日） 晴

卓越網訂《柏拉圖全集》，價109元，精裝本。

花腳貓沈帥說他今天回到廣州，那麼我的王湘綺書明天可以寄出了。

晚上上網後，在主編《泰山週刊》的山東阿瀅兄博客上看到了他2006年9月14日16：51：00以「每天從岳年兄的《草原日記》裏瞭解草原盛會」為題的貼子，內容如下：「9月14日。昨天無意中發現了長沙《大學時代》雜誌社吳昕孺兄的博客，同在天涯開設博客，可相互卻不知道，我馬上在我的博客做了鏈結，並到吳兄的『昕孺閣』做了訪問。前段時間，我在第77期《泰山書院》發表了西藏陳躍軍為他的《兩個人的書》寫的《把愛寫進書裏》後，就把樣報給他寄去了。在他的博客裏順便問了一下，是否收到報紙。今天一早，就看到吳兄在我的敏思博客《走近張海迪》一文後留言：『老兄，我把這個文章發到《大學時代》雜誌好嗎？』打開閒閒書話，見李傳新兄在網上，忙發帖向傳新兄問好，並問發給《崇文》的《胡山源和〈文壇管窺〉》稿子是否收到。傳新兄回信說：『《胡山源和〈文壇管窺〉》你是發給成勇的電郵，他可能會在下月安排吧。我每月只是編輯《崇文》時去個把禮拜，他最近很忙，我有時間會問一下的。你身體康復的怎麼樣？沒有參加年會實在遺憾，我沒有想到呼和浩特還有一個很不錯的舊書店，如果你去了，不知道又淘多少好書呢。我正在寫這次淘書的事情，會跟在阿泉的帖子裏面。因為打字太慢，又只能白天敲，需要幾天的時間。』這次草原盛會由於患病沒有參加，失去了一個與各地書友交流學習的機會。每天上網總是先打開甘肅黃岳年連載的《草原日記》，瞭解會議的經過。看到龔明德、馮傳友、張阿泉、陳克希等人的活動照片，更是感到遺憾。」

我留回覆如下：問候阿瀅兄！今日才看到這段文字，感覺受寵若驚了。兄台文脈，所連者多，實今日書壇之佳話。他日緣足，得與兄浮一大白，亦快慰平生矣！

發信給卓越網，再訂鄭偉章《墨爾本紀事》，並要求合併訂單。

晚間，寫關於《文獻家通考》的文字。

1月22日（一）　風

上午開會，定了幾件事，之後往市、區醫院看望住院的何其紅、葉志華老師。

下午收到廣東沈帥消息：「書款收到，書已經於今天下午為你發了，祝愉快：）」這是說王闓運的套書。真好。

最終在孔網馬睿古舊書店訂了《柏拉圖全集》一部。在卓越訂了張舜徽全集中的部分書，下午匯款175元。

『閒閒書話』〔私人藏書〕見到samwang996於2007年1月22日0：17：00提交的〈黃裳題記鄧之誠《東京夢華錄注》〉一文，略云：「非黃迷，但似乎很有緣分。近日購鄧之誠《東京夢華錄注》，竟翻到黃裳題記，也是購書一驚喜。書中有多處黃裳批註。題記寫於P17『自序』後，抄錄如下：『聞友人見告，此書刊行後，日本人有文評之，以為缺失不少，通常冊籍所著之事，此本往往以為未詳。其故可深長思，文如先生讀書，不為不多，然正史及通常大路書反有失之眉睫者，是近代學人多收奇書秘冊，反棄必讀之書不讀，乃有此失。余收書二十年，亦有此失。實未嘗學問也。念此愧怍。因記。一九七〇年三月七日夜黃裳記。』鄧之誠著作，為人批評缺失，似乎還不止《東京夢華錄注》，《清詩紀事初編》亦曾受到指摘。然鄧於史非僅於事實之完備，而實有寄託。鄧故重視『必讀之書』。《中華二千年史／敘錄》談之甚詳：『今人重視野史，斯編乃多取正史者，非謂正史以外無史，亦非輕信前人所信。誠以為自來史職甚尊，斷代之書，所以累代不廢，即由無以相易。自唐修晉書，李延壽修南北史，多取瑣聞小記，宋人宋歐之於新唐，司馬之於通鑒，採摭雜史，多至數

百餘種。此後私家撰述益富。然野史多尊所聞。沈括身在朝列，所紀宋事不實，遂為洪邁糾摘。明季野史，果一按其時地與人，則互相違迕，莫可究詰。故顧炎武以野史為謬悠之談，而萬斯同獨重實錄。正史為體例所限，往往不詳，且成書於後人，自不能盡得當時真相。野史佳者，多足以補史缺。然正史據官書，其出入微。野史據所聞，其出入大。正史諱尊親，野史挾恩怨。諱尊親不過有過不書，挾恩怨則無所不至矣。故取材野史，務須審慎，否則必至以偽為真，甚者以真為偽。』鄧之誠多讀野史雜記，以博文名，然其於正史野史，自有其見解及辨識。而非『反棄必讀之書不讀。』不過此點，也確實為近代學人之失，當代學人亦有此失。──當代學人之失，更在唯讀必讀之書。或必讀之書亦未讀。必讀之書需讀，奇書秘冊亦需讀。讀一定量奇書秘冊，再讀必讀之書，其體會自當不同。2007年1月21日於深圳。」

1月23日（二） 風雲

清晨，收到kunlunjade天涯消息：「你好，書已經郵局發出。」這是很好的，書友情分，已不薄矣。我作回覆如下：「謝過兄台！此亦天涯書林一段佳話也。」我可以靜待《夏承燾集》的第七卷了。

給孔網明志書店張熙志匯書款發消息：「張兄好！按照您的吩咐，訂單號1571690，購《百年齋號室名摭談》、《陳嘉庚回憶錄》、《周作人和他的苦雨齋》、《民國文壇探隱》、《書林一枝》、《柏拉圖全集》（全四卷）、《琉璃廠》、《夢蕉亭雜記 蕉窗話扇》、《太一叢話》等書的書款已經到您的工行存摺上，請查收。」

收到孔網老昆明書店寄來的《士禮居藏書題跋記續》，
佳書也。

收到當當網寄來的《費孝通文化隨筆》、《上海摩登——一種新都市文化在中國1930～1945》、《徐鑄成回憶錄》、《夢苕庵詩詞——當代名家詩詞集》、《讀書讀書——漫說文化叢書》、《同光大老》、《鄭孝胥日記——中國近代人物日記叢書》（全五冊）、陳平原《日本印象》、《再造文明的嘗試：胡適傳（1891～1929）》、《胡適之先生晚年談話錄》、《張岱評傳——中國思想家評傳叢書》等書。到郵局取書的時候，發現包裝已經很破了，工作人員說，大概不要緊吧，我說沒事，這些都是沒人要的，除了我。想想也是，偌大的地方，我提一個裝書的破紙箱子，在街上行走，絕無僅有呢。不過我自得其樂，感覺也很不錯。反正我是很快活的。

中午，黃長年來，談孩子就業問題。

覆友人信。

蕭餘，你好！

又看到你1月12日20：54：33的來信了。正好有些時間，就寫這封信了。我們已經到假期，但是補課還在進行。反正休息不休息也就是這樣了。前兩天揚州有一個會議，本來我是要去的，只是一轉念，覺得又到春運高峰期了，坐車往返很不方便，心理上已經懶了，就沒有去。今天的運氣真好，託人買書，結果大佔便宜，花小錢得了一大堆，本來不該有貪心，可是我又比較喜歡這些書，有什麼辦法，就自我安慰，說姑且就這麼著吧。

今年是暖冬，天不太冷。我在白天和晚上的大部分時間是看書，我把這個看作是聊天和解悶。聞見你信裏的酒意了。我喝酒不行，在酒場裏，我往往是一個逃兵，可是我卻很喜歡酒的味道。有意無意間，吃飯的時候，我就喝那麼一點點酒，以為其樂無窮。你的來信，我是在酒鋼一個朋友的辦公室裏看到的，那天也是晚上，大概是十一點多了，朋友們整煮了野生黃羊肉喝酒。今天看到信箋的青天星月，很覺清心。想想一年過去，似乎也沒有做上多少利國利民的事情，不過，檢點一下，似乎也有了些必要，權作是年終總結。我把這一年碼的字搜羅了一下，結成一個集子，似有二十來萬字，不免有些吃驚。現在把自己的序言貼上，供你一笑，並請批評。我還沒有讓別人看過，一來因為忙亂還沒有顧上，二來還想放一放，改一改，再見人。祝好！黃岳年2007.1.23

《看書隨記》序言（略）

1月24日（三）　晴

給昨天定的這些書匯款，它們是：《夢苕庵雜著二種》（李賀年譜會箋、吳梅村詩補箋）、《後村詞箋注》、《鄧廣銘學術文化隨筆》、《清代名人軼事》、《龍榆生詞學論文集》。

讀《沈增植集校注》。作錢仲聯札記。讀《琉璃廠小志》。中午，弟媳何新玲來家。

1月24日（三）　晴

匯網購書《近代詩鈔》（全三冊）、《人境廬詩草箋注》、《龍榆生先生年譜》（01年1版1印）的書款47元。

為孩子修表，為妻子買野菊花。在書店為自己買書兩本：《陳寅恪與柳如是》、《這個世界會好嗎？》。

午間讀《陳寅恪與柳如是》。

1月28日（日）　晴

早晨接到河南劉學文手機短信，他在書話上告訴了范書鳳先生地址。

和武漢黃正雨通電話。

〈千春孰比肩，九畹種蘭荃：關於錢仲聯〉一文寫畢，得6498字。

十時許，虎年哥打來電話，伯父過世。

中午，內侄徐彥結婚，參加婚典。

下午回家，弔唁伯父。

酒泉吳浩軍來，楊林昕作東。市方志局張志純局長等作陪。

收到書話短消息：「通知：你發表在『閒閒書話』內的帖子《（私人藏書）千春孰比肩，九畹種蘭荃：關於錢仲聯》，已被收入本版精品集（J臉標識），謝謝你的支援。」

1月29日（一）　晴

上午到國資局、會計事務所諮詢辦學事宜。回家時路過廣電大廈，買得DVD碟機一個，價225元。同時買下的還有幾

張碟片。下午看碟片。晚上，吳浩軍打電話說陪他去訪張志純局長，遵命一往。沒有再做任何事情。

詠馨樓主在『閒閒書話』有貼：「好消息：上海古籍出版社《中國近代文學叢書》第二輯即將付梓（轉載）》」：

《中國近代文學叢書》，有選擇地出版近代具有代表性的大家詩文別集，為廣大讀者尤其是文學研究者提供一個原始、可靠、完整、周全的版本。本叢書第一輯今年初已刊行，共六種：即陳三立《散原精舍詩文集》、樊增祥《樊樊山詩集》、范當世《范伯子詩文集》、易順鼎《琴志樓詩集》、楊圻《江山萬里樓詩詞鈔》及鄭孝胥《海藏樓詩集》。

《中國近代文學叢書》第二輯也即將付梓，計有：陳寶琛《滄趣樓詩集》、寶廷《偶齋詩草》、李慈銘《越縵堂詩集》、何紹基《東洲草堂詩鈔》、江湜《伏敔堂詩錄》及曾廣鈞《環天室詩集》等。其中，寶廷乃清宗室，詩壇地位崇高，類於詞苑之納蘭性德，為滿族第一詩人。曾廣鈞乃曾國藩之孫，詩作沉博絕麗，所謂「驚才絕豔猶是楚騷本色」，與楊圻一樣，同為近代中晚唐詩派之代表作家。此二者尤令人注目。

立此存照，為日後搜購之據也。

1月30日（二）　晴

上午往老家，送別伯父。

收到《湘綺樓日記》、《湘綺樓詩文集》、《寄廬雜記》等網購圖書。

下午，訂《黃遵憲詩注》，錢仲聯的文論集。

買得瑜加、狄仁傑、大敦煌碟片若干。

1月31日（三）　晴

　　早晨，讀《湘綺樓日記》26頁。王湘綺讀《漢書》，有每天半卷的，有每天一卷兩卷三卷的時候，總之是能堅持，所以效果也明顯。相比起來，王湘綺的日記，讀起來於我們是親切的，主要原因就在於他的生活，實際上和我們普通人相接近。王湘綺對王船山有微詞，大約也是那個時代的通病。

　　午間到水電賓館吃伯父過世後的待客席。虎年哥他們招呼。

　　下午，繼續讀王湘綺。讀書還是要寫筆記，記錄一些東西才對，特別是經過自己思考的，哪怕是錯了，也都很有必要。所謂不輕易著筆云云，只是叫人動彈不得，徒說空話而已，切不可上當。學問之道，最重要的恐怕還是動筆，在動筆的過程中，人的思路，想法，都才會有著落，如果不去記錄，再好的收穫，都會落空。對於這一點，要堅信不疑。這樣說來，今年的寫作，應該是要全面肯定才對。即便是有一些不是，也是進步中的不是，不足為慮。

南洋詩曆

2000年11月22日至12月14日，參加甘肅省優秀教師觀光團，自張掖出發，前往香港、泰國、馬來西亞、新加坡、澳門、深圳、廣州、珠海等地。眼界一開，耳目一新。期間，應好事諸公慫恿，歌以記其事。

泰國

11月27日夜間，航班向曼谷飛去。弟兄們多是第一次乘飛機，新奇之餘，也稍有不適。航班用英語播音，聽明白的少。泰人好客。一下飛機，就有人獻花，也有人拍照收費，這是泰人精明處。以後幾天在泰國的日子裏，也常常遇到這樣的情形，雖嫌多事，卻不討厭。泰國人口6000萬，首都曼谷人口600萬。泰國在中國古籍中被稱作暹羅，現在為君主立憲制國家。九世國王常常微服出巡，為百姓解憂。

> 暹羅古國在，於今國門開。
> 民富君王樂，遠客喜開懷。

佛緣

泰人奉佛，大唐玄奘大師取經曾經路過這裏。泰國崇四面佛。佛以金佛寺為家，遊客於此請如意、成功、平安諸佛護身，高僧則為佛像、遊客結緣。

佛像四面面如天，人心似海海無邊。
請回佛像結佛緣，保過成功保平安。

大王宮玉佛寺

　　與泰王宮毗鄰的玉佛寺是皇家寺院。絢麗奪目、金碧輝
煌的尖塔群和裝飾華麗的亭與閣，均由色彩豔麗的神話人物守
護著。有名的玉佛安放在那裏，《拉瑪堅》壁畫名揚四海。

　　金碧輝煌拜如來，佛心慈悲脫苦海。
　　燃燈焚香清供畢，展眉如儀慧眼開。

小金三角

　　小金三角在泰國、老撾、緬甸邊境處，係三不管地帶。
各國於此地均建有佛塔。毒梟坤沙曾盤踞製毒，坤沙伏法
後，這裏已成良田。

（一）

　　山間有洞高僧隱，肉身菩薩法身穩。
　　遊客朝聖心神怡，自淨其意自求真。

（二）

　　遠山如黛水如金，鐘鼓一鳴三國聽。
　　烽煙干戈收拾盡，坤沙死後阡陌新。

鄭王廟

曼谷有鄭王廟（又稱鄭皇廟），祀鄭成功，歷史上，泰國曾被緬甸佔領。鄭成功率五百壯士趕走入侵者，泰人感激，奉鄭為王。鄭氏治泰二十七年，為泰國歷史上的四大王朝之一。

鄭王當年扶弱時，壯士五百驅強敵。
功成身為大明去，名留泰宇說稀奇。

芭提雅

芭提雅是泰國有名的風景區，位於太平洋暹羅灣，有東方夏威夷之稱，世界各國均有遊客到此。有飛機拉降落傘在海上，乘客掛起，下落濺水，頗刺激也。

海風送海緣，乘風上雲天。
海水洗我衣，我心似海洋。

新加坡

12月3日在新加坡。新加坡又稱獅城，城市即國家，國家即城市。城雖小，但國家卻是世界經濟強國，國家外匯儲備居世界第六。新加坡很少有大富翁，也很少有太窮的人。在傳說中，新加坡鼻祖是一位老人。在新加坡聖淘沙，有全世界最漂亮的音樂噴泉，水泉靚麗，圖景動人。有龍虎相鬥、鼻祖發現等畫面隨泉樂而動。

獅城氣象新，老人萬年生。
泉吟龍虎在，華夏一脈承。

馬來西亞

12月4日抵馬來西亞。馬來西亞是由九個部落五個地區組成的聯邦國家。九個國王輪流擔任國家最高元首，決定國家大事。全國信仰伊斯蘭教，但不以伊斯蘭教義治國。

人言馬來好，海闊天也高。
君王輪流作，真主萬姓朝。

麻六甲

麻六甲為戰略要衝。鄭和七下西洋，留下萬古佳話。麻六甲人奉鄭和為神，並為之建廟、名山、立亭紀念。

乘風一路過海峽，滿眼深樹與紅花。
遙遙遠山藏宮闕，人道三寶鄭和家。

三寶山

三寶山有馬來僑胞墓二萬餘座。據稱，1985年，一個30多歲的人被任命為麻六甲市市長，他提出建議，要鏟平埋有2萬多座華人墳墓的三寶山（又叫中國山）。此議一出，全馬450萬華人大嘩，其他各民族、輿論紛紛聲援華人，馬來西亞社會震盪。最後，華僑各界籌備的三寶山基金會成立，對三寶山

一案申請司法裁決，結果，三寶山被裁定為華人財產，保留了下來。南洋華僑為祖國作出過特殊的貢獻。孫中山先生六到南洋，曾經五次住在麻六甲。僑胞為革命捐獻了大量的錢物以至自己的生命。黃華崗七十二烈士中，有十三位是這裏的華僑。中山先生曾感慨地說出了這樣的名言：「華僑是革命之母。」

> 一山魂繫華人心，僑胞愛國不惜身。
> 先人廬墓今猶在，萬歲千秋草青青。

三寶亭

麻六甲三寶亭，人稱三寶廟，俗謂鄭和廟。

> 三寶山前三寶亭，三寶亭內三寶井。
> 山寶水寶人最寶，說於世人仔細聽。

麻六甲買藥

千里追風油為麻六甲治風濕病痛聖藥，世界馳名。念及外祖母年邁身體疼痛，以為此藥可醫，遂購數瓶。

> 千里人追千里風，追來春風暖人心。
> 醫得世上人無病，春暉三月報春恩。

雲頂

雲頂為馬來西亞境內東南亞著名避暑勝地。海拔2000多米。華僑林梧桐建娛樂城於此，娛樂以博彩業為主。

樹木蔭蔭立雲頂，雲頂輕煙雲雨晴。
世界如戲也如賭，百態人生百樣情。

華僑

在馬來西亞經濟中，華僑扮演了極為重要的角色。首都吉隆玻的開發就是以154個華人勞工尋找、開發錫礦而為緣由的。華僑林梧桐是馬來西亞最大的富翁，他在東南亞著名的旅遊勝地雲頂所修建的雲頂娛樂城，其規模與氣度，可以稱得上是世界第一。每天，來自世界各地的遊客和東南亞節假日休閒的大中小學學生，源源不斷地向雲頂送來數不盡的鈔票和歡樂。雲頂以博彩業為主，兼之以應有盡有的其他娛樂項目。但雲頂惟獨沒有黑（黑社會）、黃（色情）、毒（毒品）。雲頂開發了二、三十年，勞工出身、只有小學文化程度、終身以「工作狂」著名的林梧桐也為世界貢獻了一個城與城相連、山與山相通的旅遊文化奇跡。

南行萬里憶金沙，華僑處處建新家。
當年吃盡世上苦，而今輩輩頌中華。

南海

12月7日飛越南海，俯瞰海天，白帆片片，海色深藍，好一番無垠蔚藍。

船行海上水拍天，浪打船行船載人。
借來五洲四海水，淨洗寰宇不染塵。

珠海

明珠照海鑒六合，九州同唱大風歌。
車似海洋人如龍，蓬萊閣上論伐柯。

無題

出海關時，導遊讓旅客帶出煙酒，云要賺小費。

攜酒提煙過海關，導遊生計亦可憐。
欲海沉陸山河霧，幾人迷蒙幾人安。

越秀公園

五羊鎮海亭相望，君臣祖山盼還鄉。
義士自古千秋在，浩氣長虹冠南天。

中山先生讀書碑

古木參天通幽徑，中山讀書濟蒼生。
訪得先哲蹤跡處，一掬清泉濯我纓。

中山紀念堂留影

中山堂前我留影，好將心志付青雲。
記得當年先生語，天下至善是為公。

車過岳陽

見說岳陽先望樓，洞庭水碧天際流。
范公去後千年暗，後樂先憂一悠悠。

中原

（一）

商洛舊戰場，中原新家園。
斗轉星移處，人民樂也忙。

（二）

列車中原行，車中人看景。
瑞雪飄大地，山河氣象新。

（三）

路通天下寬，金橋架人間。
太平好時代，百姓奔小康。

一路

一路浩歌一路風，滿懷豪情油然生。
趕上太平好日月，年年歲歲景色新。

陌上

陌上雲天隴上情，車行岸移日月新。
好山好水看不足，更喜前程花似錦。

三越

三越崇山六渡海，青雲直上迫人來。
最是水天一色處，風光絕勝天門開。

歸來

回家，親切感是最自然的。身熱，心更熱。北方已是冰
天雪地，但南國的鮮花卻正在開放。

遠遊歸來話桑麻，最喜中華是我家。
物阜民豐人氣旺，北花開罷開南花。

十隻鴻雁美

一

稼句先生安好！

雖是久未通信，可先生一直在念中。近來事多，忙亂常常。剛剛過去的大震，搞得人心惶惶。近日又有傳聞，說西北有震，估計無大礙，不過都在搞防震教育。最近所得書中，《緣督廬日記抄》、《翁同和日記》、《潘祖蔭日記》、《茶香室叢鈔》為可述者。「當代學人筆記叢書」中的羅繼祖等幾種，感覺也好。

《洞庭碧螺春》一書看過已經多時，寫了一份讀後感，現在附上，博先生一哂。

祝先生安康！

黃岳年上　2008.5.22

二

岳年：

大札收到，關於《洞庭碧螺春》一文已讀，寫得不錯，已將尊作轉發吳眉眉君，她最近買了鄉間別墅，住到那裏去了，見面也就更少。

你說的幾本書，惟《潘祖蔭日記》外，舍間都有，不知《潘》是那個社印的，請便中告下，可以找來讀讀。

我依然很忙，事情雜陳，有點力不從心。

專此，順頌安好。

王稼句謹覆五月二十八日

三

稼句先生安好！

前段時間到青海去了，看望岳母，也算避暑了，有十來天。抽空也看了看上游的黃河。一方水土一方人，還真有些不一樣的，儘管我這裏離青海本身也不遠。也帶了幾本書送人，那裏的基層書少，縣級圖書館裏的書，好像也不多。西寧之外，地方太大了，人則少。天氣是涼爽的，頗覺舒服。不夠好的，是那裏的金銀灘曾經弄過原子彈，很好的環境，似乎被污染過了。不然，可真要算是風水寶地了。

讀書年會即將召開，聽說先生要來，不知道是真的嗎？九月初的北方，是好時候。張掖離鄂爾多斯，尚有一千來公里，不過倒是有火車直達，若方便，很願意先生一游河西走廊，看看絲綢之路。

順頌書祺

岳年上　2009年8月18日

四

岳年：

青海消夏，固然是舒服的事，那裏我還未曾去過呢。

鄂爾多斯年會的通知已收得，我大概是去不了，有點事情正在忙著，也就辜負了吾兄的盛意了。

《聽櫓小集》本月將印出，另有一冊《看雲小集》，據說本月也將印出，究竟如何，尚不能確定。

餘言後敘，順頌安好。

稼句謹覆八月十八日

五

稼句先生安好！

內蒙開會的時候，先生沒去，我因事也沒有去。台版書三稿校完後已經去信發印，近來工作、看書，又趨於正常。因先生《說薛冰》，讀《金陵書話》，有所感懷，得札記一段，奉上以博先生一哂。聽說《黃侃文集》出版，中華書局版的是校點後所出，我定了一部，這部書在江蘇古籍出過後後出，應該好看些。十一長假將至，陽澄蟹肥，海宇秋高，想先生襟懷更開。敬祝書祺

黃岳年上　2009年9月23日

注：信末所附文章後有云「此日讀書記三校稿審讀畢，交秀威發印，收到小染新著《中國建築》。友人朝山，拜普陀觀音，喜悅也。」

六

岳年：

大札拜悉，談薛冰《金陵書話》一文已讀，拈出龍榆生的話題，挺有意思。尊作末署十八日，我正在北京，與止庵、韋力、謝其章等一起吃飯，小染也在席上。

　　拙集《聽櫓小集》已印出，給你寄上一冊，其中收入《弱水書話序》，聊存一段書情。

　　台版尊著是否與《弱水》內容相同？或有增刪。

　　餘言後敘，順頌安好。

稼句謹覆九月二十四日

七

稼句先生安好！

　　信剛發出，即收到先生覆信，真是暢快。京華小集，更欣羨也。止庵先生，素所仰慕，其書亦多所誦讀。《弱水書話》本擬寄去一冊，但看文章知道，止庵先生對書的品相要求頗嚴，怕是寄了又有磨損，徒惹不怡，故未敢造次。台版書名徑用《弱水讀書記》，大部文字，仍用了書話中的，按出版方要求，也抽去了一些，主要是書之外的，古一些的，先生序言，也收了進去。此外補入了後來寫的一些文字，其中有讀谷林、止庵、陳克希、揚之水、傅增湘、八道灣十一號等。

　　關於洞庭碧蘿春的那篇文字，也收了進去。書寄來後，當奉上請益。

　　另，昨從網上下載得章詒和《往事並不如煙》，正在閱讀中，頗為過去的劫難驚心。

　　即頌秋安

岳年上　2009年9月24日

八

稼句先生安好！

《聽櫓小集》讀過了。有讀書筆記一篇呈上，請先生斧正。

近日長假，在家休息之外正好看書。昨日收到《黃侃日記》，正在翻看中。昨日《張子語錄》讀罷，覺得教訓意味較多，距離今日有些遠了。文字上看，比《西湖夢尋》為弱，自然，這是兩類文章，類比或者為謬。章詒和《往事並不如煙》讀過了，對張伯駒、章伯鈞、羅隆基、儲安平、康同璧母女有些認識了。大的感覺，是畢竟今日是太平日月，能讀書是好的。

岳年上　2009年10月6日

九

稼句先生安好！

《弱水讀書記》台版寄出已有半月，想來應該到了先生案頭。印刷及其他方面，或有不妥處，尚祈先生指正。

日前中華書局李世文在北京開會，是小本文叢的座談會，未能前去，雖有憾處，但也很自知足了，因為有先生的簽名本在手，別的也可以放一放。昨日收得河南大學出的舊籍新刊一套，佳制也，正在流覽中。

近來大寒，敬希先生珍攝。

黃岳年上　2009年11月3日

十

岳年先生：

大札拜悉，今天午前收得大著《弱水讀書記》，印得還算精緻，惟繁簡之間，仍有訛誤，如自序中的「聯繫」，不當寫作「聯繫」，另外引號的用法，也有點亂。至於正文，尚未好好讀來。不管如何，當向你表示祝賀，希望明年能再讀到你的新書。

上週六，中華書局召開座談會，子善正好在北京，另外參加的作者就是止庵、其章、小洲，我也沒有時間去。昨得世文電話，云《聽櫓》即將重印，既有讀者，自然是高興的事。

河南大學出版社「舊籍新刊」收了些什麼書？

餘言後敘，順頌

安好。

　　　　　　　　　　　　　　王稼句謹覆十一月三日

十一個音符

一、致香港鄧麗麗

麗麗君：

收到你的覆信，很高興的。

令祖鄧之誠先生，以他不朽的著作，貢獻於國家民族，敬仰他的人，有許許多多。由於〈關於鄧之誠〉一文，與你接緣，在我，實在是值得長久記憶的。那篇文章在北京譚宗遠先生主編的《芳草地》上刊登過了。老譚還在這份雜誌上配發了鄧之誠先生的一張照片，這是我沒有見過的。鄧之誠先生的照片，不知道你的手邊還有嗎？真想多看看他老人家的風采。

有了你的地址，就可以通信了，真好。只是我沒有MSN，只有QQ，號碼是516390409，如果方便，也可以聊天的。或者我再抽空註冊一個MSN，也就可以聊天了。

先說到這裏，再會。祝好！

黃岳年上　07.11.6.

二、致南京董寧文

寧文兄：

《開卷》一百期，確實值得紀念。我把自己關於《開卷》的一些感受寫下，發過來，表達自己的感謝之情。

我不大會寫文章，不好的地方，兄可以改。

金陵一遊，得登龍門，觀佳書，高興得很。拙文中記述了這件事，是否合適，敬請斟酌並斧正之。主觀上，是想傳達一份真意。

寄來的《開卷》兩期收到了。謝謝啊！

《開卷》文叢第四輯出版了，如方便，希望訂購。徐雁先生的那一本，他說已經寄來了，可以除去。價格和工行卡號，麻煩兄在手機上發過來。本年度的《開卷》訂閱款，我也會同時打過來。郵費已經很貴，兄也該計算在內才好的。

春節將至，謹祝合府安康，來年好運！

黃岳年上　2008年2月2日

三、致蘇州王稼句

稼句先生：

近日聞說江南雨多，未知先生安好否？念念。

高考、中考事務結束，可以鬆一口氣，來讀書寫字了。書稿的整理工作已經結束，出版事也大致妥貼，將交付印刷。不太好意思的，是還在惦記著先生為拙書所寫的序言，甚望能撥冗一定，為拙稿添光彩。書名我想改一下，用《弱水讀書記》或徑作《弱水書話》，可能俗氣一些，但也明白一些。

閒來搜得三聯版何兆武《上學記》、羅爾綱《師門五年記》和江西版《晚近中國學人珍聞錄》，前兩種是名著，自然不錯，後一種本來讀有興趣，只是沒有索引，加上所繫也亂，出處不知，用起來不是很方便。這或許也是資料類書需要避開的。

敬祝書安

黃岳年上　2008年6月19日

四、致蘇州王稼句

稼句先生安好！

久未寫信，我之過也。十月份的讀書年會，本來想去，後來因故沒有成行，頗覺遺憾。書未能及時印出，更覺慚愧。

那本書，自牧先生說的等到春節過了之後才可以出來，也只好再等一等。他說要寄過來我再打磨一下，我想也好，多改一下，或者出來看的時候能稍微舒服一些。

近來讀《緣督廬日記抄》，深為葉昌熾當年的經歷歎息。緣督老人有四年時間在甘肅學政任上，曾經四次路過張掖，在河西走廊待了很長的時間，特別是和敦煌學淵源殊深，值得細細品味。老人生在蘇州，歸宿也在蘇州，宦遊以甘肅為最值得稱說，這是之前我沒有多想的。只是買書的時候貪便宜，只買了日記抄，沒有買影印本全套日記，看來是錯了。葉氏日記原稿在蘇州存放，先生當可一睹為快。

鄧之誠的書和日記，近來也在關注中，《古董瑣記》手頭已經有兩個版本，正在欣賞中。

先生書香飄天涯，讀書人受沾溉，快事也。

冬日已深，祝先生春節快樂！

2009年1月14日

五、致北京譚宗遠

宗遠先生安好！

您寄來的新書收到了，特別高興，謝謝您！書拿在手裏的感覺真好，也素雅，也歡喜。正在讀，給我的生活帶來的喜悅是難以用語言說清的。

陳克希先生在年前也寄來了一本書，我讀過後寫了一篇文章，不一定好，只是自己的一些感受，現在給您奉上，請您指正。如果可用，能發一下當然好。字數若多，您可以刪改。

我印的那本書出來後，會給您寄來，能博一笑，則心願足矣。

敬頌書安

黃岳年上　2009年2月17日

六、致南京徐雁

徐雁先生安好！

先生23日來信收到！本來聽說先生26日將到濮陽學文處，歡喜莫名，想立刻趕往一聚。未料到到達北京時已經把返回張掖的車票定好，加上單位事緊，只好先回去了。由於時間緊，此次山東之行，連圖書博覽會也只得錯過，此亦「原來世間不讀書」之一歎也。小童、小蕭、小林處都已寄過書，小榮也在寄書朋友之例，書已包好，回去會發出。不知徑寫南京大學圖書館系榮方超收可否收到？

接到閱讀研討會邀請，深覺榮幸，自然極願參加，只擔心身不由己，到時又脫不開身。基層單位，事情之瑣碎無奈，真是沒有辦法，深怕辜負先生厚意。先生門下作書評，不勝感謝！此情此心，不知何以報得！

敬祝文祺！

黃岳年上　2009.4.25.於國圖

七、致南通陳學勇

學勇先生安好！

接到您的來信，特別高興。草原別後，倏忽三年。想到先生，識得先生，讀先生的書，人生快事也。書第一，讀寫第一，也是我們人生的樂趣。先生能讀《弱水書話》，是書的榮幸。謝謝您！高考、中考臨近，我所在的中學，近日主要的工作，就是這個。感覺疲累些。

敬頌夏安

黃岳年上　20090521

八、致西安雷鵬

小雷你好：

來信看到好些天了，今天才複，是因為這些天一直在忙碌中。剛才張掖正好下過一場雨，還不小，現在坐下了，可以給你寫信。追求「思想、覺悟有一個新的突破」，你的這個想法我很贊成。一個人肯讀書，加上實幹，那這個人就有希望，假如在讀書之上再加上思考寫作，那這個人就真可以說得上前途無量。說到精神世界，愛書人就可以說是自由的，從這個意義上說高貴，當然也無可厚非。我自己的想法，倒是覺得讀書，會讓自己更踏實，更平和，更樸素的。也就是說，讀書本身，就是在做自己願意做的事。自然，這其中是有樂子的。

你還年輕，書要讀，事也更要做。生活的大書也是要讀好的。一定要把工作做好，之後來讀書，就讀好了。衷心希望你把書讀好，生活得更好。

祝好！

黃岳年　2009年5月7日

九、致濰坊鍾士濤

鍾兄如面：

遠遊回來已經有一些日子了，勞兄掛念，心裏暖暖的。人生有兄作知己，真是幸福的事。拙編不足處多，兄擇可讀的讀，已是感激不盡，細讀，如何敢當，如何敢當。此次山東之行，屬於計畫未周之事，否則，過濰坊，一見我兄，當是人生快事！說來慚愧，我離開青島的時候，由於時間太晚了，買到的車票就是到濰坊的，過了濰坊，就是補票了，補票，是沒有座位的，真想到濰坊下來。可是已經到半夜了，不忍打擾。只好站著，濟南也忍過來了，一直站到了北京。一夜沒有睡，留下了一個深刻的山東印象。

我的字不好，是已經給兄說過了的。不過有命難違，就塗了，不可用，棄之可也。估計應該快到了，寄出已經好幾天了。

山東回來也寫了幾篇文字，有機會了請兄指正。

祝好！

黃岳年上　2009年5月7日

十、致台北蔡登山

蔡先生好：

又搜得關於趙尊嶽的資料幾條，奉上。

1. 《吳興周夢坡先生年譜》記載，1930年7月，夏敬觀、黃孝紓等倡詞會於滬上，名曰漚社，每月一會，以二人主之。《漚社詞抄》云，題各寫意，調則同一。共二十九人，集會二十次，填詞二百八十四闋。

趙尊嶽即在其中，注云，字叔雍，號高梧，武進人，光緒戊戌生。

2. 趙尊嶽與詞人龍榆生、佛教居士呂碧城有交往。1938年呂致龍信云：「趙叔雍處祈代為解釋為幸。」

———以上詳《龍榆生年譜》。

3. 齊如山著作《京劇之變遷》曾於1927年（丁卯）出版，1935年再版，後收入台北聯經公司《齊如山全集》第二冊。大陸遼寧教育出版社2008年出版。書前兩篇序言一為趙尊嶽所寫，一為黃秋岳所寫。據說，趙後來曾在香港大學中文系任教，1959年後在新加坡大學任文學院院長。趙曾有《羅孚夢雜劇》，亦劇作家。趙曾任汪精衛政府鐵道部政務次長，中央政治委員會委員、副秘書長，上海市政府秘書長，最高國防委員會秘書長，宣傳部長等職。

黃岳年上　2009年6月24日

十一、致台北蔡登山

蔡先生好！

特別感謝先生校讀我的文稿。由於電腦操作上的問題，文稿中錯謬的地方一定不少，還請先生正之。關於趙尊嶽的資料，我又進行了徵詢和搜集，總還不如人意。可以補充的，有這樣一些：

1、陳衍《石遺室詩話續編》

2、陳巨來《安持人物瑣憶》（見《萬象》）

3、夏承燾《天風閣學詞日記》

4、錢仲聯著作、龍榆生著作

5、其他的還有發在《詞學》上的文章

6、網上有篇碩士論文：《趙尊嶽詞學研究》

未必有用，請先生斟酌之。

黃岳年上2009年6月19日

作客讀書堂

2009年10月29日傍晚，成都龔明德先生在明德讀書堂貼出博客文字：

徐雁和岳年光臨

龔明德

當然是南京的徐雁教授和甘肅張掖的黃岳年校長的新出大著光臨了我寓居的成都玉林北街宿舍。

徐雁教授的新出大著書名是《秋禾行旅記》，厚厚的一本，三百多頁，就是上個月在鄂爾多斯全國民間讀書年會上董寧文兄已經送給我其中三本的在南京師範大學出版社出版的六本一套的《鳳凰讀書文叢》中的一本。

徐雁教授的手快，腦子更靈光，他比我年輕十多歲，卻已經出版了那麼多的個人著作。這些著作有研究的也有散文隨筆的，都是書愛家喜歡的圖書。

這一本，是徐雁教授兩年來的行走性質的日記體裁的隨手記錄。我估計他是隨時提著手提電腦，在旅途中一旦空閒了就坐下來敲字。南京的董寧文、徐雁、薛冰等都是熟朋友，他們都是民間讀書界的聞人。

徐雁教授的弟子多，有一回我給他送書並寫信，他託他的一個女弟子代他給我回信。我收到徐教授的女弟子的手寫書信後，頗不適應這種做派，就寫了幾頁

回信給徐教授的女弟子。現在想來，好笑。我那幾頁手跡，說不定哪天會被曝光，供多事的後人來「研究」做文諸如題為《某某和某某因某某的誤會》等等。

這一次，徐雁教授一如既往，郵寄包裹上的名字是「榮方超」，有具體的大學名稱以及校區舍室的詳盡落款。

我一接到包裹，還以為是家人幫我郵購的書。等打開了包裹，才知道是徐教授的贈書。

這回，徐教授在他的大著的扉頁蓋了兩方印章。很可能印章也是徐教授讓榮方超蓋的。好在終於學會了適應徐教授的做派，仍之可也。

黃岳年兄的大著是台灣秀威的印本，書名是《弱水讀書記》。

我要說，秀威已經是中國大陸的書愛家們共同的秀威了。我也有一本書在那兒印，可能插圖麻煩，所以至今不見樣書。岳年一直是一個細心又有恒心的讀書大家，他的讀書心得文字典雅好讀，都有著自己的見解。

這一本書，紙張好，又是正體字，正合岳年的妙章。

我流覽岳年的大著，無意間在書尾發現有榮方超的文章。

真是緣分，我終於弄懂了這個代替徐雁教授的榮方超的所在。

山東的阿瀅兄隨即跟帖：「看題目還以為徐雁與黃岳年二位去了成都呢。呵呵。」吉林通榆的葛筱強則說：「呵呵，我與郭兄同感。問候明德先生。」淄博的袁濱兄說：「涉筆成趣啊！呵呵，問候我兄！」

第二天，呼和浩特的阿泉也來了，他發言說：

> 我今天上午也收到了岳年兄寄來的台版《弱水讀書記——當代書林擷英》一書，封面是素淡的金魚與荷葉，書名也是綠的，整體很雅致，明顯體現出了台灣書籍的設計風格。
>
> 可遺憾之處是：內文本是養眼的繁體字，仍多阿拉伯數字跳躍；校對也還不夠徹底。
>
> 譬如封底廣告文字：「書中的弱水與長沙的鍾叔河、蘇州的王稼句、成都的龔明德、南京的徐雁、董寧文、呼和浩特的阿泉、濟南的自牧等書墨往還」一句中，「徐雁」後面的頓號與其他頓號不在一個層次上。具體該怎樣處理這個層次？請教校對大師明德兄。

第三天上午，龔明德先生就阿泉的發問作答：「徐雁、董寧文——頓號訂正為『和』或者去掉就規範了。」

阿泉說：「對，這樣一改，就恰當了。」

阿泉接著說：「遍翻《弱水讀書記——當代書林擷英》，文采斐然，見解精當，果是一本好書話集子。但不知為何內文竟無一處插圖，全是文字——書話文章沒有實插圖片相映襯解讀，未免單調一些。明德兄的一本台版《昨日書香》，希望能消滅阿拉伯數字，另要保持一些必要的人像書影插圖。」

11月1日，書愛家劉經富說毛邊書局的傅天斌讓他到讀書堂來，以便及時請益。羅文華則發言說：「祝賀龔先生喜得好書。向徐雁兄學習。」

這天晚間，小彭向龔明德先生請教了一些問題，說在院資料室借出一本作為內部資料印行的《中國新文學大系續編導

言集》，該書沒版權頁！故不知何年出版！此書主要收集了香港六十年代末出版的《中國新文學大系續編》（1928～1938，共十冊）的序跋文字，具體收了《出版前言》、譚詩園寫的《總序》和每一冊前面的導言，共計十二篇。但是，這些編選者儘管用了不同的名字，但據《筆名錄》，發現除了《文學論爭集》和《電影集》的導言是由「藝莎」所寫，其餘的八篇都是由大陸的常君實所寫（分別是常君實、黃河、尚今、君實、嵩山、豫夫、南海和石橋），覺得《大系》就是由兩人完成的！但是《出版前言》中說該大系在東京、新加坡和香港三地編成，「編者都是國內外知名人物」，難道是個幌子？龔老師知道這套《大系》的一些情況麼？「藝莎」是誰的筆名？譚詩園又是誰？《筆名錄》（欽鴻等編）裏沒有！這些都是國內外知名人物？

對小彭的問題，明德先生說：「小彭：你見到的這書，我沒有見過，不敢妄言。估計算不上正規的出版物。」

我是在11月3日看到這些文字的，那天，我在讀書堂留下了這樣一些話：

> 問好先生！見到先生宏文，不免大驚：「不敢高聲語，恐驚天上人。」得先生、阿泉品題，拙編風光無限。於讀書堂獲教受益，有幸三生。

4日晚間，勞累後的龔明德先生打開讀書堂，給我留下了如許文字——

> 岳年：想到網路的快捷，權當復信；多寫自己思索踏實了的文字，這是我們要共同互勉的。明德

先生同時又對書友說：

> 經富：你要的書已經掛號郵寄給你了。感謝大駕光
> 臨！明德

那天，先生還未辭辛苦，找到我的博客，N次留言。我，則於感動和欣喜中念叨複念叨：記取先生語，多思多踏實。為記下這份高興和歡愉，我發出吩咐：明德先生光臨弱水軒，此日軒中，可張燈也。

5日下午，小彭進一步回覆明德先生：

> 謝謝龔老師的回覆！我估計這個就是所謂的「藍皮
> 書」，封面是藍色，而且左上角有五星紅旗和華表的
> 圖樣！

7日，南京作家王心麗來到讀書堂這間屋子，留了一句帶有總結意味的話：在《谷林書簡》中看到不少這個罈子裏的人！

弱水軒主人曰：緣之一字，真無上妙諦。想我居塞外大漠孤煙間，陋可知也，不意書緣盛大，書香淼淼，得預當世書界高人雅集，豈非大快事也。銷魂成說，何足道哉。姑一記之，作他日臨風之券。

2009年11月13日快雪時晴二日後述

【附篇】

弱水三千，我只取一瓢
——閱讀《弱水書話》

桔子

春天的時候，收到黃岳年從甘肅張掖寄來的掛號信。

拆開一層又一層的細密包裝，露出一本淡雅的書，書名是《弱水書話》。

翻開書，見扉頁題詞：「茗香持贈君，非此則何以。吾家橘子一曬。」

呵呵，吾家年兄厲害呢，不聲不響就把書給弄出來了。

書放進書櫃，束之高閣。

心想，這麼厚重的一本書，得等安靜的時候讀才好。

這一等，就到了冬天。

想起年兄曾被好友吳浩軍責問：「拙作有無拜讀？何至今不置一詞？輕蔑如此，不共戴天！」

怕兄如此問責我，不敢再等。

再等，2009年的花兒也謝了。

用了三個夜晚，一個白天，一頁一頁啃完了這本書。

閱後感受：一個字：苦；兩個字：清苦；三個字：微微苦。

放下書卷，出門，放風去也。

發短信給年兄：「你看過的書我都未看過，甚至看不懂，教人情何以堪？所幸，我還讀得懂生命和生活這兩本書。」

年兄是中學校長，教語文出身，文言文底子扎實，功力深厚。

之乎者也，是他的長項，他的愛好，卻是我的弱項，我的盲區。

《弱水書話》中，約三分之一的內容涉及古文摘引及古式句子。

我硬著頭皮，一目一行地覽過這些似懂非懂的東東，為了尊重他所注入的時間和精力。

難怪，年兄在〈沈虹屏和張秋月〉一文中，對鍾芳玲女士欣賞有加，稱她給大陸這一撥兒「衣帶漸寬人憔悴」的戀書魯男子帶去了「伊人在水、吾道不孤」的深度感動。

通覽《弱水書話》，我更願把它看作是一本淘書錄，一本尋友記。

王稼句在序言裏，稱讚年兄：「是一個純粹的讀書人，對於書，就像對待愛情一樣，忠貞不渝，一往情深。」

年兄亦坦承：「願意讀書的人，就是有福的人。眾書友聚集一堂，共論讀書嘉事，誠盛世盛事也，幸何如之。」

閉門弱水軒，開卷皆淨土。

年兄靜坐一隅，焚香品茗，把卷清心，沉醉其間，其樂融融。

室中人語之：「書為美人，君似王公。侯門如海，不知西東。清福豔福，無與倫比矣。」

年兄讀聖賢書，我跟在他後面讀書中的諸位神仙。

知堂老人：閒散、淡泊、重性靈、超功利。

聽他在《喝茶》裏說：「喝茶當於瓦屋紙窗之下，清泉綠茶，用素雅的陶瓷茶具，同二三人同飲，得半日之閑，可抵十年塵夢。」

袁中郎：在入世和出世之間，一面洞見人生的實質，一面懷有生命的熱情。

他說：「山有色，嵐是也；水有文，波是也；學道有致，韻是也。山無嵐則枯，水無波則腐，學道無韻則老學究而已。」

濟南自牧：崇真尚淡別封侯，書天酒地自風流。

他的《三清集》，崇尚「清真」「清雅」「清拔」，講究「一襲樸素和一團醇正。」

高濂：一位深通三教，取法中庸的智者。

所著《遵生八箋》，是本秘傳養生療疾之巨作，網上傳說：此秘笈，為康熙皇帝與慈禧太后從中年後開始隨身攜帶的一本書，是旅居海外的張學良、宋美齡晚年每日要翻閱的一部寶典──如此說來，我都想要一部《遵生八箋》了，怕看不懂，遂作罷。

王船山：與黃宗羲、顧炎武一起並列為明末清初三大思想家。

他是中國古代最淵博最深邃的思想家之一，被後人稱為中國的費爾巴哈，是中國古典哲學的總結者和終結者。許多讀書人願與《船山全書》相伴終老。

孫犁：願意看一些苦行、孤行的書。

印象深刻的細節是：當孫犁看見編輯抱著《孫犁文集》上樓的蕭穆情景時，甚至聯想到：編輯懷中抱的不是一部書，而是他的骨灰盒。他所有的，他的一生，都在這個不大的盒子裏。

蘇東坡：多睡善飯快活坡翁

《東坡手澤》──行雲流水，涉筆成趣。年兄重點為我們介紹了：東坡長貧、東坡遊廬山、東坡養生的故事。

徐雁：寂寂寥寥揚子居，年年歲歲一屋書。

棄官回家，一心讀書的徐雁有幸成為年兄的偶像。兄終於「墮落」為追星族：他買下了能夠買到的徐雁和有關徐雁的所有的書，看遍了網上關於徐雁的所有文字。徐雁的《故紙猶香》七章回依次排出，令兄拍案叫絕，禁不住「浮一大白」了。

名人故事說到這裏。

我們回到現實，看看作者黃岳年先生的幸福淘書生活。

生活中的年兄，就一書蟲，專啃書香的大書蟲。

瞧瞧他淘書的那個傻勁，那個樂勁，那個橫勁，那個韌勁。

他在書店淘書，在地攤淘書，在網上淘書。

他在潘家園淘書，在報國寺舊書市場淘書，在西單圖書城淘書，在琉璃廠淘書，在開封舊書攤淘書。

淘書淘得他，錢包未鼓過，就又空了。

朋友笑他：老是發誓不買書，可是老是在買，發誓不停，買書不止。

他購得的每本書，都有一個被淘的故事做開場白。

若某本書想不起在什麼情形什麼地方因何緣由所購，對年兄而言，是極少發生的情形。

由此可見，他在所擁有的每本書裏，都融進了自己的摯愛和渴望。

坦率地說，全書中，我個人最愛的章節是〈開封小記〉。

此篇開語不凡：「一千年了吧？想來開封。在宿命的輪迴裏，前塵後世，我們都是追夢的人。〈尋夢〉的大宋京都情結；〈范仲淹〉的「先天下之憂而憂」；〈大相國寺〉的心靈之約；〈黃河邊〉的嬉水泉湧；〈在開封城牆上〉聯想起卡爾維諾的城市碎片；〈吃在開封〉中的羊肉湯、灌湯小籠包子、黃燜魚、炒涼粉、杏仁茶、冰赤豆等等；〈開封茶事〉中

「手煎普洱留別，賞暖香冷香之芳，雪液清甘之味」；〈河南大學〉的小橋流水，小荷淡淡，虞美人嬌豔欲滴；《書緣》裏最後一本《周作人與鮑耀明通信集》在舊書攤上與君不期而遇。——如此生動青翠，如此溫馨曼妙，生活的氣息彌漫開來。

我甚至猜想：開封之行是否有佳人相伴，引得某人文思泉湧，文風大變了。

〈開封小記〉最後落筆：二〇〇七年五月佛歡喜日記於弱水軒（允俺挑根刺，此處漏打空白鍵，準確書寫應為：二〇〇七年五月　佛歡喜日　記於弱水軒）

孫郁在《周作人和他的苦雨齋》後記中說：「我的一部分生命，就這樣地彌散到書中去了。」

我想說：岳年兄的大部分生命，就這樣地彌散到他所熱愛的每本書中去了。

我非讀書人

我見過讀書人

但沒見過這麼愛書的讀書人，沒見過這麼純粹這麼乾淨的讀書人，如黃岳年君。

2009年11月19日冬夜　萬籟俱寂時分

《弱水書話》摘錄

黃嘯虹 輯

文章千古事，得失寸心知。

初出茅廬心似虎，江湖越老越心寒。

眾書友聚集一堂，共論讀書嘉事，誠盛世盛事業也，何幸如之。

書卷多情似故人，晨昏憂樂每相親。

閉門即是深山，開卷就為淨土。

再平凡的人生，只要心氣不餒，生命便成華章。

走上幸福之路的人，不是傻子就是聖人。

古人讀書，最重要的方法就是撮抄。

在那些沉靜簡練的文字下面，其實也有著流動的岩漿。

我的一部分生命，就這樣地彌散到書中去了。

作品越到晚期越是語淺情深。語淺，那是淡淡的鉛華，幽幽的絲竹，白描的神味都飄出來了。

有人能從書中學到很多東西，把這些東西變成自己的血肉，世事洞明，人情練達。

他一面洞見人生的實質，一面懷有生命的熱情，他把自己的這種生活方式稱為「適世」，與儒家的諧世、道家的玩世、佛家的出世並列同觀。

他的人生願望是：「春秋入山諮訪，冬夏則閉門讀書。」

山有色，嵐是也；水有文，波是也；學道有致，韻是也。山無嵐則枯，水無波則腐，學道無韻則老學究而已。

字字從真實悟門流出，故絕無一字蹈襲，又無一字杜撰。

他崇尚：清真、清雅、清拔，講究一襲樸素和一團醇正。

良言一句三冬暖，惡語傷人六月寒。

編輯懷中抱的那不是一部書，而是我的骨灰盒。我所有的，我的一生，都在這個不大的盒子裏。

我看青山多嫵媚，料青山看我應如是。

看過之後，選取一點因緣，生髮開去，便是文章爛然。

她看書，很少進行理論分析，完全憑直覺，靠心性的感悟，童言無忌，卻往往一語道盡天機。這是她的清靈過人處，更是讀書的最高境界。

歷經苦難的人，心靈中的智慧，多是以生命釀成的。

讀書人，多少都染了些不合時宜的習氣。

魯迅說，我開口，我感到空虛，我沉默，我感到充實。

讀書是欣賞別人，寫書是挖掘自己；讀書時接受別人的沐浴，寫作是一種自我淨化。一個人的兩隻眼用來看別人，但還需要一隻眼對向自己，時常審視深藏在自身中的靈魂，在你挑剔世界的同時還要同樣地挑剔自己。

寫作能使你愈來愈公正、愈嚴格、愈開闊、愈善良。

不要把寫作當作一種消遣，我在做上帝做過的事：創造生命。

用平實的語言寫自己想到的意思，是學文和行文的正路。

他沒有俗氣官氣霸氣惡氣，有的只是清氣正氣浩氣豪氣。他，一粥一飯，至簡至易，一徑一路，書屋為家。

千教萬教教人求真，千學萬學學做真人。

讀書而不能致用，是小人之儒。看來，讀書之後的消化使用，是讀書境界的一個試金石。

讀而不能用，不如不讀。百無一用是書生，讀書的人都要把這個警語貼在自己的天靈蓋上，去讀，去思考，進而去經世致用，之後才可以對得住自己所讀的書和所消耗的資財。

槍桿子消滅肉體，筆桿子殺人精神。

做學問靠命長，不靠拼命。

一千年了吧？想來開封。在宿命的輪迴裏，前塵後世，我們都是追夢的人。

你在樹木和石頭之間走了許多天，其餘一切都是靜默的、可以替換的，樹和石只是樹和石。

斟一杯酒，笑談汴梁古今；續一壺茶，細品大宋文化。

喝茶當於瓦屋紙窗之下，清泉綠茶，用素雅的陶瓷用具，同二三人同飲，得半日之閒，可抵上十年的塵夢。

一燈能滅千年暗，一智能破萬年愚。

天若不愛酒，酒星不在天。地若不愛酒，地應無酒泉。

希臘人的特性，是熱烈的求生的慾望，不是只求苟延殘喘的活命，乃是希求美的健全的充實的生活。

師傅說：不要問我這樣聰明的問題，我向來甘心做個快樂的笨人。那一瞬間他蒼茫的眼神，我這輩子忘不了，我為自己年少的淺薄愧疚。

最顯赫的業績不一定總能表示人們的美德或惡行，而往往一樁小事，一句話或者一個笑談……更能清楚地顯示人物性格和趨向。

仁義是存於草野的。

「有福之人」的書事札記
《弱水讀書記‧當代書林擷英》讀後

呂竹君

　　近得黃岳年先生贈予的《弱水讀書記》一書，心中甚是驚喜，我與岳年先生並無面緣，只是斷斷續續有拜讀過其文章，對其讀書之廣博、筆耕之勤奮崇拜久矣。這本由臺灣秀威公司出版的雅集，印刷皆為繁體字，隨手翻閱，一股濃濃的書卷味便飄散開來。現當代的文集我讀繁體版的較少，見《弱水讀書記》封面上幾條紅色錦鯉嬉戲於睡蓮葉邊，淡雅脫俗的書衣已令我愛不釋手。

　　黃岳年先生網名弱水月年，是受到過甘肅省政府表彰的優秀教師。他是一個勤勉的人，教書之餘，寫下了大量的文字。這些文字涉及到讀書、教育、旅遊、生態等方面，刊佈後引起了較好的反響。已出版作品《弱水書話》、《枕山集》等。《弱水讀書記——當代書林擷英》實為繁體版的《弱水書話》，作者將文稿進行整理，補入簡體版民國以後的文字，就形成了《弱水讀書記》。

　　「弱水」一詞始見於《尚書‧禹貢》：「導弱水至於合黎。」孫星衍《尚書今古文注疏》中有「鄭康成曰：『弱水出張掖。』」

　　岳年先生為甘肅張掖人，其讀書、藏書的地點必在弱水河畔，選擇這樣的書名，概是出於此意吧。王稼句曾說：張掖有這樣一位讀書人，既讀書，也藏書，還從書生發開去，寫成

一篇篇隨筆，不但有故事，有感情，還有自己的想法。《弱水讀書記》便是這些隨筆的一個集合。

粗略觀這本隨筆集，其涉及的內容大致分為了三個部分。卷一為作者讀現代著名作家作品後的心得與評論。卷二為作者對當代作家的認識以及與知名文化人交往的書事記錄。卷三是跟作者息息相關的書人書事書趣錄與作者已出版書籍的自序所形成雜集。我讀《弱水讀書記》是懷著輕鬆的心情的，這些篇幅不長的隨筆中時時透露出作者濃濃的愛書情節，滿滿的讀書幸福感。誠如作者所云：有了書，讀，就成了最好的享受，談讀書之樂的文字太多，我的感覺，是無論你怎樣說，都不會過分。

書卷多情似故人，晨昏憂樂每相親。黃岳年讀的書，縱橫廣博，關心的範圍很大，可以說是興趣頗廣，心得兼備。現當代作家中，胡適、周作人、傅增湘、孫犁、張舜徽、錢穆、施蟄存、張中行、谷林等皆有所涉獵，作了隨筆的，大多有較深的研究。讀現代作家的書，岳年先生通常會將作品與作者本身聯繫起來，這便有了充滿感情的讀書狀態。

由《弱水讀書記》中的文字，可以看到一個個鮮活的生命體，或喜或悲，或樂或憂，幾十年前的作家生活形態躍於紙上。每談及一位故去的作家，作者並非只專注於其學術上的成就，而是如同說故事般地娓娓道其生平，評定其成就時，則抱著客觀公正的歷史態度，不偏不倚，難能可貴。如在《書生胡適》一文中，作者在高度評價胡適在新文化運動中的作用後也毫不避諱其在青年時期受淫穢小說毒害的經歷，對很少為正統人士接受的胡適與韋蓮司之間的感情抱有容忍態度，「人類文明有野性的一面，這就是食肉，先生亦肉也，在刀俎上。」可見岳年先生讀書之寬容心態。不僅對待一位作家如此，對整本書中涉及的作家皆有如是態度。

讀的書多了，見識廣了，筆下的人物就豐富靈動起來了。都說一千個觀眾就有一千個哈姆雷特，這在讀書上也是適用的，每個讀者眼中體會出的作者創作意圖千差萬別，讀一個人的文化隨筆，也是在讀他的看書心緒與眼光。岳年先生還原的作家，由於內容充實，往往富有許多的談資。說到《清朝野史大觀》、《清碑類抄》等掌故筆記的作者徐珂，岳年先生就擇出了其十九個趣事特色：勤于著述、官員的「起身炮」、因填詞有幸被選作乘龍快婿……讀之有滋有味，不忍釋卷。

　　《弱水讀書記》收錄的文字，是作者近兩年所作，幾乎是每研讀一個作家，便作一文，可見作者對待書的認真姿態。在短短兩年時間內就集成了這樣的一本書，也足見岳年先生讀書之豐。得知他是中學的校長，能在繁忙的工作之餘有如此堅持的讀書雅興，在當今浮躁的社會中更顯難得。岳年先生言：讀書純粹是為了愛好和喜歡，許多年來，和書籍的遇合，為自己的生活加進了特殊的養分，我為此感到幸福。有人為酒而癡、有人為權而癡，廣獵眾書，閒來埋頭於書香之中，為書而癡，實為大雅。

　　讀書方有福，若能讀愛讀之書，結同道書友則是大福。岳年先生自認為中學老師，人到中年，村野之人，農家子弟，實際生活於他已是厚而不薄，而現實生活又能滿足其讀書之好，自己已是有福之人。能惜福固然是樁美事，但福氣也有大小之分，倘若渾渾噩噩於書堆之中，只為聊以消遣度日，此讀書之福並不能以高尚稱之。然岳年先生能從萬卷書中找出自己的興致所在，在讀書之外邁開腳步，于山河大地間尋覓書友，則不能不說是讀書帶來的大福了。

　　從岳年先生關注的作者來看，其對周作人及孫犁是有所偏愛的。卷一中與周作人有關的札記便有《知堂書緣》、《知堂與希臘文化》、《周作人和他的苦雨齋》，從買下最早

的上海文藝出版社版的《周作人早期散文選》起，岳年先生便
與知堂結下了不解之緣，後來不斷地購知堂的書，讀知堂的
書，終為知堂精靈般的文字所折服。岳年先生筆下的周作人思
想與行為上暫且不論，其在文學才氣上是完美的、精神上是深
邃的。知堂若得知在身後幾十年仍有如此的追隨者，該會充滿
安慰之情吧。關於孫犁的文章，《弱水讀書記》中收錄的有
《孫犁之遊記觀》、《孫犁推崇的文士七件事》、《晚年孫犁
的志趣》、《孫犁的〈曲終集〉》四篇。可見岳年先生對孫犁
的研究非常透徹，推崇孫犁所看重的重讀書、重旅行、重交
友、重唱和、相互鼓勵、相互幫助、相互提高的七件事，稱孫
犁為「大勇者，大智者，大福者」，從孫犁淡雅而雋永的文
字中領悟哲理，難怪作者有發自肺腑的感慨：讀孫犁，是快
樂的。

　　多年前曾聽一球迷坦言：看球沒有傾向性，還不如不看。
在我看來，讀書沒有偏愛，也不如不讀。芸芸作家之中，必能
找出幾位心意相通、觀點相似、文采欽慕的特殊之人，能在閒
暇之餘，靜心讀這樣人寫的書，才是真正的福氣吧。

　　《弱水讀書記》卷二中收錄了許多岳年與當代學人交往
的事蹟，作者不是一個悶頭苦讀書的人，借助于現代便利的通
訊與交通，拜訪讀書人，尋書、訪書也成了作者讀書之余的一
大愛好。當代的著名作家與讀書人中，岳年先生相熟的就有長
沙的鍾叔河，蘇州的王稼句，南京的徐雁、董寧文，濟南的自
牧，呼和浩特的阿泉等等。與這些儒雅文士的書墨往還，更
添了幾分書香與恬淡。該文集的許多札記中多次提到徐雁先
生，從《滿眼春風讀徐雁》一文可見岳年先生對徐雁的百讀不
厭。從推崇徐雁的文字，到兩人相識相熟，愛書的共同興致
連結著新舊書友。以書為緣，結識天下愛書之人，書牽「紅
線」，書友之間互通有無，相互切磋探討書趣，「蕭齋把臂足

清歡，聯句論文夜漏殘，」能將書齋生活的時空無限擴大，不能不說是讀書之人的一大快事。

　　讀完《弱水讀書記・當代書林擷英》一書，我感歎于作者黃岳年對書的濃厚感情，以書為題的集子，通篇不離一個「書」字，可以感到這一個字承載了作者幾多的喜怒與哀樂。弱水軒中，古今中外的書皆不乏，作者心裏，有書能讀即是福。在《弱水軒記》一文裏，岳年先生說：閉門即是深山，開卷就為淨土。得先哲神韻的時候，信手翻開一冊，就有盎然春意從紙山書卷中氤氳升起。舊書故我，新書怡顏。縹緗盈屋，福地琅嬛……願天下書生，都能如我，有樂讀之福。當代書林能出岳年先生如此「癡書」一人，身體力行孜孜不倦地弘揚讀書之風，乃大幸也，《弱水讀書記》不失為讀書之人的優秀文化札記。

河西第一讀書種子

吳浩軍

「河西第一讀書種子」，是我送給黃岳年君的稱號。

2004年秋，我去河西學院查閱資料，工作結束後，輾轉聯繫到同窗好友黃岳年君。雖說當副校長有年，但他面目依舊，言談舉止還是書生本色。乍一見面，即出語驚人：「為學問的事來張掖，不來找我黃岳年，到河西學院幹啥？」小敘片刻，即相邀家去做客。多年未見，想到他現在應該有不少藏書可供參觀了，禁不住歡喜踴躍，載欣載奔。他供職於張掖四中，家也安在校園深處。一進大門，即見一座巍峨莊嚴的漢白玉雕像矗立在那裏——是孔子。也許是我的驚歎，更激起了他的得意：「學校要搞修建，我提議立孔子像。別的學校也說要立，但遲遲不見動作。我們先立了，取曲阜孔府的造型。以後別處要立，也只能是亞聖了。呵呵。」

瞻仰過孔夫子像，繞過兩棟樓，再上樓，進到他家，果然插架盈室。單冊的且不說，印刷精美的成套的集子也不少，《朱熹集》、《船山全書》、《黃宗羲全集》、《袁宏道集箋稿》、《吳梅村全集》、《錢牧齋全集》、《劍南詩稿校注》，等等。巡視一周，坐下來品茗，話題的中心仍然是書。因我在做河西古舊方志研究，正四處搜集相關資料，話頭自然地轉到這方面來了。他引我到陽臺，打開窗臺下暖氣罩旁邊的裝修，裏面竟然也是放書的地方。興之所至，他當即贈我幾本自己參與校點過的張掖舊志，給了我一個大大的驚喜。我也乘機又將他的藏書檢索一遍，看到有重複的藏品，又順手抽

出幾本，弄得他豪氣頓失，趕緊關了書櫃，拉我到餐桌前坐下，以酒肉饗之。我卻不肯甘休，仍念叨著其中的幾種，說以後可能用得著，並嘲弄他：「俗話說，不怕賊偷，只怕賊惦記。以後你可別睡不著覺了？」

張掖之行，收穫頗豐。此後的兩年多時間中，我陸續收集了數十種河西古舊地方誌的整理校點本或原刊複印本，並將各志序、跋、弁言、凡例之類作了彙集、校點和注釋。在《酒泉古舊方志存佚及研究整理考述》一文修訂完成後，又一鼓作氣，著手撰寫《張掖古舊方志存佚及研究整理考述》。手頭所有的紙質資料都已使用過了，還缺很多，只好在網上遊弋。這時，一個「弱水月年」的網名進入了我的視野。在「天涯社區」的「閑閑書話」中，此人有大量的以書人書話為題材的隨筆，意蘊深厚，文筆典雅，讀來引人入勝。有一天恍然大悟：「弱水月年」，莫非是那個黃岳年？沒錯，從這些文章的語言風格上看，應該是他的，並且我對他的讀書是有一些瞭解的；但是，他有這麼高的水平嗎？我訂閱《讀書》、《隨筆》雜誌和《文匯讀書週報》多年了，一向認為，這樣的飽學之士，只誕生於清末民初的那一代人學人中，只在名都大邑，在江浙一帶文物昌明之區，不可能在僻遠的河西，更不可能是如此親近的同窗好友。帶著這樣的疑問，我發了一條短信探問：「網路上遊蕩著一個大號『弱水月年』的幽靈，是何方神怪？」「呵呵，近來在忙什麼呢？」不置可否，算是默認？我驚喜，也嫉妒，思緒不禁回到了二十年多年前的金城黃河。

那時的他才二十出頭，已表現出頗與眾不同的讀書傾向：興趣廣泛，古今中外，經史子集都有所涉獵——《詩》、《書》、《禮》、《易》、《樂》、《春秋》自不在話下，深奧的佛經也讀得如醉如癡；不打算行醫，卻精研中醫高校教材，在自己身上試著紮遍了可以夠得著的針灸穴位，通過考試獲得了行醫

資格證書,並將《黃帝內經》、《傷寒雜病論》讀得滾瓜爛熟;重誦讀,常常懷揣一本小冊子,徜徉在黃河大堤上,念念有辭;不跳舞,不下棋,不參加任何娛樂活動,每週必定去逛一趟西關什字以西的古籍書店和黃河新橋北端草場街的舊書店;買書要看版本,非中華書局、上海古籍、人民文學、商務印書館的不買,還有理論——買書如娶妻,必須看門第出身;看上一本折價的舊書,喜歡得不得了,卻捨不得幾毛錢,一趟趟地跑,站在書店裏看半天還不買,一套新出版的《魯迅全集》,幾個月的工資,卻毫不猶豫地背回來,到放假時再抽出被臥下的毯子,細緻地打包捆紮,找到一根木棒,拉來一個同鄉跟他一起扛抬著上火車站;滿口的甘州話,好與人辯,喋喋不休,理由充足,邏輯嚴密,你不認輸,他不甘休……

那時的他意氣風發,豪氣干雲,不僅讀萬卷書,還要行萬里路。也許是臭味相投,畢業那年,一起結伴出遊,「越秦嶺,赴巴蜀;放足峨眉金頂,指顧巫山雲雨;閱黃鶴樓,看龜蛇鎖江。登匡廬,游鄱陽;俯黃山煙雲,感受『立馬空東海,登高望太平』的豪邁。過滬跨海,觀泰山日出,采太華煙嵐。三十日行二萬里,情滿山河,詩注青春,快意人生,此樂何極」,他早已著文述備矣!

2007年元月,剛放寒假,春節將至未至,我帶上《張掖古舊方志考述》草稿再次到張掖,做實地考察,搜集補充資料,以修訂完善。他雖然帶著一個高三班的語文課,還在補課,但還是抽空陪我參觀大佛寺,使我結識了年輕博學的吳正科館長,得到了正科先生新著《大佛寺史探》;引我拜訪張志純先生,探討《甘鎮志》和《肅鎮志》的關係,並獲贈校點本《甘州府志》和《重刊甘鎮志》等數巨冊張掖舊志;領我逛一禾書城,使我意外地買到顧頡剛《西北考察日記》,使缺失已久的《西北行記叢萃》第一輯終成完帙……

有一天清晨，他陪我吃過張掖的特色小吃——張掖小飯後，恰好路過四中，即邀我到辦公室小憩。先拿出上好的茶沏上，說是浙江的書友寄來的。話題所及，興之所至，他出示一件又一件在書事往還中書友們的便箋尺牘，一同欣賞把玩。鍾叔河、龔明德、徐雁、王稼句、自牧、範笑我……那精美的箋紙，淡淡的墨香，優雅的筆跡，以及洋溢於其間的書情、友情，都讓我欽羨、陶醉，恍若置身於六朝時期的流風餘韻中。

2008年，江南，鶯飛草長的季節，岳年兄過蘇州，訪王稼句先生，會諸多書友。宴罷，王稼句親自送他回酒店，姑蘇才女吳媚媚開車，他抄來它山憶君的話表達彼時的感受：「她的車，和她的人一樣，充滿閨閣氣息，駕駛座的椅背上，鋪著一塊大紅絲綢的繡花披巾，綴著長長的，長長的流蘇。」酒不醉人人自醉，我想，這長長的，長長的流蘇一定會久久地，久久地縈繞在黃岳年們的心中，成為一個揮之不去的意象。

還有那個「桔子黃紅」。聽聽名字就有溫馨的感覺，仿佛置身於果香縷縷的山林田園，心中洋溢著豐收的喜悅。岳年兄每有新文刊出，她必定跟帖品讀；大著出版，她在冬夜萬籟俱寂時分貼出《弱水三千，我只取一瓢——閱讀〈弱水書話〉》，文字清麗，不染一點塵滓，讓人真真感受到什麼是「水做的骨肉」。相形之下，就連岳年兄這些極具文化底蘊的「之乎者也」也不免顯出幾分造作，露出些些鬚眉濁氣來。岳年兄在其書話中屢屢言及「福氣」，我想，因書為媒，得遇這樣一些仙品書友，心儀神交，漁歌互答，才是他最大的福氣。不然，他怎麼會有這樣的靈感：「茗香持贈君，非此則何以——吾家橘子一曬」？

　　當然，他的讀書收穫的並不僅有風雅。我文稿中敘及《陝西行都司志》的存佚時，沿襲了張維《隴右方志錄》的說法，標以「佚」字。他提醒說，此著不一定「佚」了，《古今圖書集成》之《方輿彙編‧職方典》中有《陝西行都司部彙考》，或即《陝西行都司志》，亦未可知。第二天，我去拜訪王秉德老先生，老先生看到這個「佚」字時，指著直接屋頂的書架，示意讓我取下一遝資料，原來正是《陝西行都司部彙考》的複印件，而這複印件正是岳年兄幾年前提供的。循此線索深究下去，兩年後，我大體理清了這部明代唯一的行都司志的存佚情況，完成了《〈陝西行都司志〉存佚考》這篇至今代表我最高學術水平的論文。

　　他得知我在彙集校釋河西古舊方志序跋，打來電話，說談遷——就是明末撰《國榷》的大史學家——作有《河西總鎮圖說序》，收在《棗林集》中。我大喜過望，因為我知道，《河西總鎮圖說》久佚，後世學者都是只聞其名，莫知其詳，現在找到其序，雖不能知其詳，但也可說是重大發現了。於是從網上郵購到遼寧教育出版社的《談遷詩文集》，錄出了《河西總鎮圖說序》，並將《河西總鎮圖說》作為一個條目補進了文稿中。

　　凡此種種，不一而足。

　　而他所知道的這一切，都不是有意為之，全從日常「無用」的讀書中得來。著名作家鐵凝曾在一篇談閱讀的文章中寫道：「『無用』的閱讀，正如文化給人的力量一樣，更多是緩慢、綿密、恒久的滲透。然而一切都有痕跡，我們沉重的肉身會因此而獲得心靈的輕盈和潔淨。」正是這「無用」的閱讀，不僅使他獲得了真知，更使他享受了閱讀的樂趣，從而賦予他的讀書以一種高古的格調和清新俊逸的氣象。

讀得廣，悟得深，有成效，一往情深，樂在其中，是我對他的讀書所作的總結。所以，當我在「閒閒書話」中讀過他的《一月書事》之後，禁不住給他發短信：「半夜醒來，月光如水。讀宋慶森《現代書話世紀回眸》，突發奇想：寫一部河西書話史。從誰說起呢？該不會是那個什麼弱水月年吧？」他回覆：「呵呵，捨我其誰？」

由此，我私自贈他「河西第一讀書種子」的稱號。

但他並不接受。

子曰：「不得中行而與之，必也狂狷也乎！狂者進取，狷者有所不為也。」岳年兄身上向有狂狷之氣。其狂，在他的博覽群書，在他的有所不為，有其底氣作支撐；在他的勇猛精進，有他的弘揚傳統文化、營造讀書氛圍、匡正時弊的理想情懷在其中。這是我所欣賞的，也正是他的魅力之所在。因而，多年不見，乍見之下，即有如本文開頭的那些言論。

但他還有中庸的一面；面對世俗，他也不能不有所顧忌。畢竟，他讀過的不僅是有字之書，人生閱歷他也是有的；更何況，他是一個有悟性的讀書人。太史公云：「事未一二為俗人言也。」他也是深得其中三昧的。

但元稹《與白樂天書》中又說：「不可使不知吾者知，知吾者亦不可使不知。」天地廣大，吾德不孤，更何況，還有那在水伊人呢！

那個同樣「嗜書、讀書、購書、淘書、著書、教書、評書，以書為友，以書為樂，以書為生」的南湖藏書樓主人余三定又有更為極端的言論：廣義上的讀書應該包括讀書、藏書——藏書還包括購書、淘書、贈書——著書；不著書算不得真正的讀書人。而我知道，岳年兄寫了那麼多的書話，是有彙聚成編、付諸鉛槧的打算的。所以，2008年國慶期間，我曾發短信促他：「你的書話何時面世？書評早已寫好——正標題：河

西第一讀書種子；副標題：黃岳年其人其書；提綱：憑興趣讀，讀得廣，悟得深，有成效。」到春天的時候，散發著油墨芬芳的《弱水書話》即捧在了手上。金秋時節，臺北版的《弱水讀書記》也同書友們見面了。這不，「2009年的花兒也謝了」，我預支的書評尚未草成呢，他的第三本書話又將在內蒙古人民出版社出版。

有了這等身的書話著作，他也算是將讀書人做地道了。所以，值此良辰美景，賞心樂事，我不得不重提「河西第一讀書種子」的老話。

如果有誰不服，明年秋天九月初八，燕支山上見。

按：燕支山，古書謂太陽的故鄉，屈子和後世詩人多有詠唱，固關氏梳妝扮靚之地，隋帝大會西域二十七國使節處，在張掖境內山丹縣，風景秀美異常，正論道之佳處，比高之勝境也。

河西，是河西走廊，即甘肅省西部，烏鞘嶺以西，祁連與合黎龍首兩山夾峙，東西長千餘公里的狹長地帶。舉世聞名的「絲綢之路」，就從長安出發，經這裏一直向西延伸。走廊的河流全發源於祁連山，《尚書·禹貢》裏稱說過的弱水是這裏最大的水系，水向西流。貫通亞歐兩洲的現代鐵路公路大陸橋是今日河西的交通大動脈。古今地域為武威、張掖、酒泉所屬，敦煌亦在其間。老子騎青牛出關所入的流沙，即此。古人詩寫此地景觀，於「葡萄美酒夜光杯」之外，有「大漠孤煙直，長河落日圓」的名句。

弱水君的《讀書記》

林偉光

弱水君，即甘肅張掖之黃岳年兄，弱水即是流經張掖之河，岳年兄信手拈來，或也一份戀戀之情也。其實弱水及張掖，卻都是屢見古籍的，雖說是唐之西域，卻是文明昌盛令人嚮往的地方。不過，以前的神往，卻因有了弱水君這樣本真的讀書人，而顯出別樣的溫煦與親切了。

這本《弱水讀書記》，不久前來到我的眼前，本來也不算怎麼特別，因為書友饋贈，在我也屬尋常，並不見得都能令我留意。不過，這本《弱水讀書記》，卻真就讓我有眼睛一亮的欣喜，一種心心相契、聲氣相求的投合，把我們連在一起。這些天來，我把弱水君的《讀書記》，放在桌旁，有暇時就緊看幾頁。像這樣字數的書，以我的閱讀速度，一兩天就可打發，如今許多個一兩天過去，依然在讀著，似乎害怕太快讀完了。這種感覺，不瞞你說，已經有好長時間沒有遇到了。

如此，弱水君書的好處，卻已不待贅言了。想想呵，今天這書籍泛濫年月，有多少書值得我們去期待與留意？弱水君應該感覺到高興。那麼，這書的好處在哪兒？書卷氣息之濃郁，當然不待乎言，更打動我們的心的，卻是那一顆單純的、明淨的心，這麼不染片塵的心，即使同是喜歡書的我們，恐怕都難得有的。難怪弱水君的一篇《願意讀書的人，就是有福的人》，一經揭櫫，就引來多方喝彩。讀書即幸福，唐弢說，「書卷多情似故人，晨昏憂樂每相親。」是一種怎麼的美妙境界。然而，這物化的世界，欲望沈浮中的人們，讀書已

漸行漸遠；即或讀書，也已漸不能品嘗到幸福的感動了。於是，弱水君的幸福的感動，就顯得多麼的令人羨慕。

這是一個知足的人，更是惜福者，青燈黃卷，再有書友的聲氣相求，已是十分快樂了。我雖仍未與弱水謀面，卻無端地為他感到幸運，張掖這歷史文化底蘊深厚的高原古城，賦予他乾淨、明亮的質樸精神，使他遠離塵垢，以讀書澡雪完善自我。讀書有什麼快樂的？或見仁見智，有的可以十分漂亮地堆砌出許多辭藻來，在我以為，或者相信弱水君也有同感，其實卻很簡單，曰「美的健全的充實」。這是知堂老人筆下古代希臘人的特性。說到知堂，這卻是弱水所服膺的人物，他的字裏行間，我們隱約可以見到搖漾的知堂文風；另外的，許多他所景仰的人物，孫犁、張中行、谷林、孫郁、鐘叔河、揚之水、陳子善、止庵、王稼句、徐雁們，其實都跟知堂有千絲萬縷的關系。他似乎為知堂所潛移默化了，甚至愛屋及烏，情不自禁地為之做辯護，這可以理解，卻也大可不必。人生活在這個世界裏，囿於時代或個人侷限，有種種不盡如意，其實也在所難免，卻也無須為賢者諱，未知弱水君以為然否？

說到這本《弱水讀書記》，其讓我感興趣，或者說好處，讀後歸納，或有如下若干：其一曰抄書，這是知堂盛年時慣用之法，褒貶不一。在我看來卻也十分不容易，一者必須有識，否則必無從抄起，甚且抄得一塌糊塗；二者必須瀝沙淘金，有過人耐性，想想，有時抄一段文字，要翻撿多少本書呢；三者必得不沈悶，要抄書而令人不悶煞，沒有一定本事不行。當然，弱水君的抄書，還不能與知堂翁比，不過，卻也花費了不少工夫，有時還抄得相當巧妙，已成文章的有機部分，組織的很好，讀來不感沈悶，該算十分難得了。其二曰散漫，這可不是貶辭。這散漫就是由此及彼，由古及今，從舊書中讀出許多嶄新的意趣來，有時甚至不乏有皮裏陽秋的筆

法。這當然是一種活的讀書法，如此讀書，不僅幸福，還大長見識，我們是撫掌贊嘆一聲：好。其實，散漫也是很不容易做到的，必須讀得書多。弱水君當然讀得書多，這也就是他下筆能左右逢源，搖曳生致的原因。

詩意地棲居

袁濱

　　弱水在地理上，是一條河流的名字，如今卻是一個愛書人的暖巢，因了書香的存在，弱水的意義顯得非同尋常，超越了生硬、冷漠的地理坐標和區域限制，讓人多了一份親切和熟稔。

　　甘肅有個張掖，張掖有個黃岳年，岳年是愛書人，「好而能聚，聚而能讀者」（清‧劉堅），他把自己的讀書文字編成了書，我見到的就有《弱水書話》和《弱水讀書記》兩種，我知道張掖這個地方，實在就是因為有了岳年和他的弱水軒。

　　我與岳年是未見面的朋友，天隔一方，偶通音問，但我喜歡他的文章，把他引為同調，心裏常有個念想，聯系即使不多，卻從來沒有感到過生疏。讀了他早些時候的《弱水書話》，覺得很純粹，有一種知識和情趣在裏邊。這次讀了臺灣繁體字版的《弱水讀書記》，明顯有一種讀古籍的感受，清雅的版式，率性的文字，帶著天然的古趣，承襲著一脈餘韻，是一見傾心的讀物，也是賞心悅目的藏品。

　　弱水軒的風景，是愛書人心裏嚮往和傾慕的。我與岳年的趣味接近，他喜歡的書，我大都讀過，他所收藏的我也有一些，像《胡適文集》、《周作人自編文集》、《鄭振鐸全集》、《俞平伯全集》、《孫犁文集》、《中國讀書大辭典》、《普希金詩集》等，尤其他寫到的那些人，像陳子善、王稼句、徐雁、止庵、陳克希等，還有已經作古的谷林先生，我都見過他們，因此，翻開《弱水讀書記》，撲面而來的是一

片溫情。熟悉的地方沒有景色，一般來說，都是熟人熟事，難免顯得陳俗，但在岳年這裏，風景還是熟悉的好。因為一個「熟」，岳年更加得心應手，他善於撲捉讀書細節，他的寫，都很細膩，見出了讀書的細心和用心，這些書人書事，或印證著一段歲月的痕跡，或負載著不能承受的生命之輕，經過岳年的素描，點點滴滴，匯聚成涓涓溪流，反映出別致的一面。

岳年讀書有自己的視角和分寸，他的見解和感想都很豐富，全書呈現出了一幅立體交叉式的讀書畫卷：岳年有滋有味的悅讀景象，其實也正被讀者分享著。這就像卞之琳的詩描述的那樣：「你站在橋上看風景，看風景的人在樓上看你。明月裝飾了你的窗子，你裝飾了別人的夢。」在這裏，明月不僅裝飾了岳年的書房，而且也裝飾了讀者的夢，書香讓人癡迷入夢，醉意朦朧。

《弱水讀書記》是岳年的一份關於讀書的備忘錄，是他多年來與書傾心懇談的紀要，也是他新鮮開採出的一片悅讀寶藏。《弱水讀書記》裏的文章都很可愛，首先是因為所寫的書可愛，其次是所寫的人可愛，再就是文章的作者可愛。可愛是一種態度，也是一種情懷。岳年的可愛就在於真情，他是書的奴僕，也是書的主人，在浩瀚的書海裏，他情願被吞噬，而在讀書的精神上，他又是弄潮的貴族。泰戈爾說：「綠葉戀愛時便成了花，花崇拜時便成了果實。」岳年對書的愛也是這樣的境界，在弱水軒，詩意地棲居成為一種讀書品格。

《弱水讀書記》散發著古典的氣息，岳年傾瀉的筆意體現出紮實的底蘊。我讀這本筆記，更多地是讀出了岳年的一種悅讀姿勢和精神追求。他的趣味與我們這個浮躁的年代形成了反差，是士大夫身上才具備的那種傳統血脈。落差不是落伍，失落不是墮落，我註意到岳年的讀書箚記裏，已經包含著一些讀書之外的哲學思考，有了對社會的關照和民生的體

恤，讀書才能堅實，「弱水」才不至於枯竭，這正像朱熹所詠嘆的那樣：「問渠那得清如許，為有源頭活水來。」

2009-11-29，夜晚

國家圖書館出版品預行編目

書蟲生活：悅讀中人在天堂 / 黃岳年著. --
一版. -- 臺北市：秀威資訊科技, 2010. 08
面； 公分. --（語言文學類；PG0403）

BOD版
ISBN 978-986-221-524-1（平裝）

1. 讀書 2. 文集

019.07 　　　　　　　　　99011437

 語言文學類　PG0403

書蟲生活
──悅讀中人在天堂

作　　　者 / 黃岳年
主　　　編 / 蔡登山
發　行　人 / 宋政坤
執 行 編 輯 / 胡珮蘭　邵亢虎
圖 文 排 版 / 黃莉珊
封 面 設 計 / 李孟瑾
數 位 轉 譯 / 徐真玉　沈裕閔
圖 書 銷 售 / 林怡君
法 律 顧 問 / 毛國樑　律師
出 版 印 製 / 秀威資訊科技股份有限公司
　　　　　　台北市內湖區瑞光路583巷25號1樓
　　　　　　電話：02-2657-9211　傳真：02-2657-9106
　　　　　　E-mail：service@showwe.com.tw
經　銷　商 / 紅螞蟻圖書有限公司
　　　　　　台北市內湖區舊宗路二段121巷28、32號4樓
　　　　　　電話：02-2795-3656　傳真：02-2795-4100
　　　　　　http://www.e-redant.com

2010 年 8 月　BOD 一版
定價：340 元

讀 者 回 函 卡

感謝您購買本書,為提升服務品質,煩請填寫以下問卷,收到您的寶貴意見後,我們會仔細收藏記錄並回贈紀念品,謝謝!

1.您購買的書名:＿＿＿＿＿＿＿＿＿＿＿＿＿＿＿＿

2.您從何得知本書的消息?

　　□網路書店　□部落格　□資料庫搜尋　□書訊　□電子報　□書店

　　□平面媒體　□ 朋友推薦　□網站推薦　□其他＿＿＿＿＿

3.您對本書的評價:(請填代號　1.非常滿意 2.滿意 3.尚可 4.再改進)

　　封面設計＿＿　版面編排＿＿　內容＿＿　文/譯筆＿＿　價格＿＿

4.讀完書後您覺得:

　　□很有收獲　□有收獲　□收獲不多　□沒收獲

5.您會推薦本書給朋友嗎?

　　□會　□不會,為什麼?＿＿＿＿＿＿＿＿＿＿＿＿＿＿＿＿

6.其他寶貴的意見:＿＿＿＿＿＿＿＿＿＿＿＿＿＿＿＿＿＿

＿＿＿＿＿＿＿＿＿＿＿＿＿＿＿＿＿＿＿＿＿＿＿＿＿＿

＿＿＿＿＿＿＿＿＿＿＿＿＿＿＿＿＿＿＿＿＿＿＿＿＿＿

＿＿＿＿＿＿＿＿＿＿＿＿＿＿＿＿＿＿＿＿＿＿＿＿＿＿

讀者基本資料

姓名:＿＿＿＿＿＿＿＿＿＿　年齡:＿＿＿＿　性別:□女 □男

聯絡電話:＿＿＿＿＿＿＿＿　E-mail:＿＿＿＿＿＿＿＿＿＿

地址:＿＿＿＿＿＿＿＿＿＿＿＿＿＿＿＿＿＿＿＿＿＿＿

學歷:□高中(含)以下　　□高中　　□專科學校　　□大學

　　　□研究所(含)以上 □其他＿＿＿＿＿＿＿

職業:□製造業 □金融業 □資訊業 □軍警 □傳播業 □自由業

　　　□服務業 □公務員 □教職　□學生 □其他＿＿＿＿＿

(請沿線對摺寄回,謝謝!)

秀威與 BOD

BOD（Books On Demand）是數位出版的大趨勢，秀威資訊率先運用 POD 數位印刷設備來生產書籍，並提供作者全程數位出版服務，致使書籍產銷零庫存，知識傳承不絕版，目前已開闢以下書系：

一、BOD 學術著作—專業論述的閱讀延伸
二、BOD 個人著作—分享生命的心路歷程
三、BOD 旅遊著作—個人深度旅遊文學創作
四、BOD 大陸學者—大陸專業學者學術出版
五、POD 獨家經銷—數位產製的代發行書籍

BOD 秀威網路書店：www.showwe.com.tw
政府出版品網路書店：www.govbooks.com.tw

永不絕版的故事‧自己寫‧永不休止的音符‧自己唱